LE SIÈGE D'ANGERS.

LE

SIÈGE D'ANGERS

PRÉCÉDÉ ET SUIVI DE DIFFÉRENTS

MORCEAUX BIOGRAPHIQUES ET LITTÉRAIRES,

Par F. G. Malvoisine.

« Il aiguise volontiers la raison, la bonne
» et loyale raison, en épigrammes ;
» dans sa bouche elle devient railleuse ;
» il est vrai qu'elle a une revanche à
» prendre : on s'est tant moqué d'elle !
  » DE SACY. »

A ANGERS,

Chez Victor PAVIE, Imprimeur-Libraire, rue Saint-Laud.

A PARIS,

Chez TECHNER, place du Louvre.

1841.

LE CAUCHEMAR.

> « Comme un médecin, qui d'un beau
> » zèle épris, pince le nez de son
> » malade, lui desserre les dents et
> » le contraint d'avaler force pilules
> » et purgations.
>> GUY-PATIN. »

A vous, mon cher et digne oncle, à vous ces pages écrites dans un élan de philosophie amère!

J'attache votre nom à mon livre, comme on met une cocarde à son chapeau. On me croira sincère, franc, loyal, puisque je marche sous vos enseignes, et l'on me pardonnera d'être un peu aigre en voyant l'heure à laquelle je mets sous presse et les événements bizarres ou funestes qui se déroulent rapidement sous nos yeux.

Je ne vous parlerai point de mon volume; à quoi bon? Vous le lirez; c'est peu de chose. Je ne coule pas en bronze, vous le savez; je trace mes portraits sur le sable, et le flot des mers à chaque lune les efface.

Je pourrais dire comme Epicure, ou comme Sénéque à Lucilius : « Ceci est pour vous seul et non pour la multitude. Nous sommes l'un pour l'autre un assez grand théâtre. » L'étude de l'homme peut remplir toute une vie, et c'est dans les relations de la sainte amitié qu'est l'ivresse pure, exempte de regrets. Je voudrais ne m'occuper que de vous, qui en valez bien la peine et qui avez tant de droits, de mille manières, à mon respect et à mon affection.

Votre esprit est plein de verve encore, et les ans n'ont rien ôté à votre imagination brillante. Rien de ce que vous avez vu dans une longue et laborieuse carrière n'est oublié par vous, rien n'est terni; tout a le reflet et le relief des plus vives clartés, des plus piquantes figures, et la vaste érudition qui vous distingue, par un rare privilège, n'enlève rien, chez vous, à la grâce de la forme ou à l'énergie de l'expression.

J'aurais donc et beaucoup et sans cesse à dire sur un sujet qui me toucherait de si près et me serait tant, à la fois, aimable et profitable. Mais que voulez-vous, mon oncle, j'ai un instinct secret et maudit. qui me tient sous sa loi. C'est un démon incarné dont je suis la victime et le hochet. Il m'enveloppe, m'enserre, m'entraîne et je n'ai point de raison qui lui puisse résister. C'est lui qui fait que j'écris, qui fait que j'imprime; il met tout exprès le papier sur ma able, la plume dans mes doigts et puis il me crie : obéis et marche!

Que faire en face d'un tel tyran?

Ah! du moins, oncle cher! si, dans ces publications que je hasarde, il est un suffrage que j'ambitionne, c'est le vôtre; s'il est une censure que je redoute, c'est la vôtre aussi. Rappelez-vous ma jeunesse et vos bontés; ne sortez point de ce lien et de ce cercle; il y a en eux quelque chose de magique; vous me tenez et je tiens à vous par le sang, par les mœurs, par mille rapports où vous avez eu la première place, moi la seconde. Ces proportions et ces distances se conservent à travers les accidents et les âges : vous fûtes mon guide et vous êtes mon juge. Que me fait, après cela, le public? qu'est-il pour moi? de quels éléments est-il formé? qu'appelle-t-on la masse? Une cohue!

Je commence, et je vous le dis tout haut, je commence à craindre que la majorité ne soit qu'une sotte. Je fuis le *nombre* et veux vivre dans l'obscurité. Rien de plus facile et de plus sûr. On me laisse en vérité bien libre; on n'arrache point mes habits pour me retenir; on ne me suit point à la piste comme un lièvre; on ne s'informe guère de ce que je deviens et je peux disparaître à mon gré sans faire brèche.

J'ai souffert, j'ai langui, nul ne s'est affligé de ma fièvre; et nul ne s'inquiètera de mes œuvres. Mon livre broché ou relié passera inaperçu comme ma personne. Hé! tant mieux. Je ne veux ni du bruit, ni du lucre. Je n'ai l'art ni d'attirer les lecteurs, ni de gagner de l'argent, ce dieu du jour! Il y a des auteurs favorisés; il y en a même de pitoyables qui trouvent des éditeurs à tous les coins de rue; on les paie, on les vante, on leur fait à plaisir une réputation colossale. Ils sont de toutes les académies, et l'on tresse pour eux de tous côtés des couronnes. Mais moi, rien ne me va, rien ne me vient, rien ne veut de mes inventions et de mes feuilles; toute ma typographie est à mes frais, et par le chemin où d'autres s'enrichissent, moi je me ruine. On n'achète point mes exemplaires, et quand je les donne, quand je prie qu'on les accepte, on ne prend pas même la peine de les couper; y a-t-il un sort plus étrange que le mien?

Cette préface que je vous adresse, mon oncle, je la fais après le texte et, comme lui, par passe-temps, ou plutôt par fatalité. Je vous remets à la caractériser avec rigueur ou avec indulgence, comme il vous plaira, sans qu'aucune instance de ma part ne vous vienne exciter, gêner ou interrompre. Pesez, examinez et prononcez en toute conscience. Il n'y aura pas la plus légère plainte sur mes lèvres, et je trouverai, quoi qu'il arrive, votre arrêt équitable; j'aurai accompli mon destin.

Ce que rien ne peut me donner, ce que rien ne peut m'ôter, faut-il vous le dire? Le voici nettement : c'est le plaisir intime et indicible qui naît et s'élève au sein du travail même de la composition; qui croît et se nourrit par les efforts qu'on fait pour atteindre à la couleur et au style; et qui n'a rien de commun avec la vente; rien de commun avec le dehors; rien de commun avec le succès ou la chute, mais qui comme un if solitaire résiste aux vents et brave les orages en se balançant dans la nuit.

Pourquoi me faire une douleur ou une joie de l'opinion fugitive d'un monde que je regarde, moi, comme gâté?

Et qui le gâte, qui le corrompt, qui le perd? c'est le luxe et tout son étalage!

Le luxe est le père de tous les vices, et il y aurait ici sur ce chapitre, à débiter une longue litanie.

L'homme n'y peut rien quand la femme s'en mêle. Or, c'est la femme cette fois qui a pris l'initiative. Il faut que je m'en explique en termes clairs : nouvelle Ève, nouvelle tentation, nouvelle crise pour le genre humain. La femme qui, sur cette terre, exerce tant d'empire, la femme veut des bijoux, des tapis, des voitures; l'hôtel est vieux, il faut le replâtrer; le parc est antique, il faut le rajeunir; on abat les arbres, on abat les murs, on change les ruisseaux, les fossés de place. Il faut à la belle un groom habillé de panne; il lui faut des valets et des servantes qui rongent la maison jusqu'aux os, qui l'ébranlent jusqu'aux fondements. Si le mari est ladre et ne veut rien donner, on le déteste; s'il est pauvre, on a des amants riches.

Je n'attaque pas les femmes, les bonnes, mais les mauvaises; je n'atteints pas la candeur, mais l'audace. Ce n'est pas Angers que je peints, mais le pays entier, le royaume entier, car je l'ai visité, et j'ai eu peur.

Les femmes ont eu mon encens et mes vœux; je m'en occupai toute ma vie. J'en ai vu d'attentives et de dévouées; j'en ai vu d'admirables, d'enchanteresses. J'en ai vu au lit des malades qui avaient une charité et une patience inépuisables. J'ai vu les femmes au plus fort de nos calamités publiques, il y en avait de sublimes, il y en avait dont le courage et l'action dépassaient de bien loin tout ce que l'homme, dans sa plus grande exaltation, aurait pu faire.

Mais ce temps n'est plus. Tout se dissipe et s'éteint; et qui remontera, qui retrempera les ames? qui fera luire la clarté dans ces ténèbres? L'éducation? elle est perverse; une émulation vaniteuse qui exclut toute réserve et toute modestie; un empressement d'être et de paraître qui mène aux plus fâcheux écarts; des romans impurs, des drames horribles; des salons, des bals, des concerts où le poison se distille et pénètre aux plus secrets replis du cœur. Aux fruits jugez de l'arbre : la famille se dissout et se brise; le sanctuaire est violé, et tout ce qui fut auguste et sacré tombe en pourriture et en poussière.

Les jeunes filles ne sont plus naïves et tendres. Elles sont avides, calculantes, égoïstes; elles se moquent de l'amour, non de l'éclat. Elles épient l'épouseur qui a de hauts emplois, des dignités, des rentes, qui attend un héritage ou deux et qui (notez-le bien) promet de leur laisser la bride sur le cou.

O licence adorable, c'est toi qui es le bonheur suprême! et le mari déplaisant qui ne s'y accommode pas est en danger, ma foi, de trahison ou de quelque chose de pis : interrogez les cours d'assises!

Le règne de Fénélon est bien loin; nous sommes à celui de Georges Sand. Bossuet baisse pavillon devant Soulié,

Balzac ou Janin. Les femmes veulent être libres, archi-libres. Il faut créer des mots pour la nouvelle école. Les femmes ont un code qui tue celui de Napoléon. Le joug conjugal est désormais trop lourd pour elles. Mal soignées moralement par leurs mères, mais cajolées et dorlotées lâchement par elles, qu'arrive-t-il? C'est qu'elles regagnent le giron maternel en poste, au premier signe d'humeur que fait le mari. Que demandent-elles à mains jointes à leur patron? Un phénix, un héros, un ange! un homme tout sucre, qui admette tout, pallie tout, ne s'effarouche et ne s'offense de rien; un fournisseur, un complaisant, une espèce de factotum et d'intendant qui règle les comptes, solde les mémoires et laisse la dame aller, venir, saluer les officiers et les dandys, leur sourire et les recevoir chez elle ou leur donner le bras à la promenade; les écouter, leur écrire, faire avec eux de la musique; ou encore chasser, courir, monter à cheval et se livrer à toutes les incartades; c'est là le mari qu'elles désirent; un *bon enfant* qui voie tout se passer à son nez et à sa barbe sans sourciller, sans frémir, sans gronder, sans lever la main!

« Lever la main! ah! grand Dieu! c'est un monstre! »

On ne dit plus de son Sganarelle comme dans Molière : « Si je veux qu'il me batte! » A un regard, à un mot de travers, on intente un procès, on fait scandale, on ameute la ville et la banlieue, on a des avocats par douzaine qui prennent pour vous fait et cause. C'est leur chef a tous qui s'élance à la barre et qui plaide à ravir. Toute la gent féminine est sous les armes. La salle du tribunal est trop étroite, on y perd le boire et le manger; on y achète des chaises, on s'y pâme : des sels! des sels! Deux ou trois curieuses trop sensibles sont dans le couloir pâles, évanouies, mourantes! C'est une comédie. On puise là des maximes vigoureuses qui font au cœur un bien infini; et de ces fêtes juridiques, où l'on assiste en grande toilette, il sort une conviction profonde : C'est qu'une loi du divorce est un des besoins urgents de l'état social!

Voilà les goûts actuels et les principes; c'est le siècle de l'émancipation : plus de nœuds, plus de fers. Qu'est-ce qu'un contrat de mariage? Une feuille timbrée et paraphée, qu'on biffe et qu'on jette au feu, à l'occasion, sans plus de mystère.

Mais que deviennent les enfants? Vous en avez donc fait? Ce n'est plus la mode. Les grandes lignées, autrefois en hon-

neur, ne sont plus de bon ton, les nourrices sont décrédi-
tées, on laisse cela aux petites gens ; est-ce à moi de vous
l'apprendre ?

Les enfants ? on les partagera comme les sacs de la dot,
comme les bestiaux de la ferme. Il suffit, c'est là tout, et plus
rien à présent n'embarrasse : ici les garçons, là les filles,
chacun son lot et son paquet.

Nous comprenons ainsi la société, *nous autres !*

Et si cette base est détruite, que deviendra le reste ?

Pour peu, mon cher ami, que je vous presse de questions
vous ne saurez bientôt plus comment me répondre. Où est
la probité ? cette vieille vertu française, fille intacte de l'é-
conomie ; je vous en conjure, où est-elle ? Nulle part !

Passons en revue les professions : le marchand, qu'est-ce ?
Courez la foire, arrêtez-vous à toutes les boutiques, et dites-moi quelle confiance le vendeur vous inspire. Pour un
honnête, combien qui ne le sont pas ! Où est l'aune et le
poids ? Où est le bon et le faux teint ? Dans les étoffes de
laine et de soie, où sont, pour le prix, la souplesse et la
durée ? Ah ! mon cher oncle, on vous attrappe, et vous êtes,
dans ces barraques, dévalisé comme en un bois.

Et le juré politique ? C'est un homme de parti qui punit
ceux qu'il hait, qui absout ceux qu'il aime.

Et le soldat, le député, la pudeur, la patrie, ô frêles ro-
seaux que courbe un souffle de l'air ! ô manteaux légers ;
malheur à ceux qui vous soulèvent : il n'y a dessous que mollesse et misère.

La retraite est ton recours à toi qui veux mourir en sage !

Il y a non loin d'Angers, sur les bords de la Loire, un pic
élevé qui domine tout le canton. C'est là que s'est retiré non
pas un homme isolé et morose, mais un homme gai, robuste
et qui vit avec un ami et deux fort jolies femmes. Jolies n'est
pas assez ; ces femmes sont douces, accortes, spirituelles. Ce
quatuor est dans une harmonie que rien n'altère. Jamais
de querelle, de nuage ou d'ennui. On a de bons lits, une
bonne table, une bibliothèque choisie, un air excellent, une
vue superbe. Le courrier apporte tous les matins des lettres
de quelques gens de bien qu'on a laissés à Paris, à Turin, à
Vienne. Les gazettes arrivent à l'instant du déjeuner, et l'on
a compassion de cette diplomatie d'Arabes et de fourbes qui
enlace tout dans ses filets. Tout se décide à la bourse, à
croix ou pile ; et quel dédain de l'humanité ! Quel effronte-

rie ! quel tripotage ! Heureux de planer au-dessus de cette fange, on se reporte aux jours de triomphes ; on se berce du passé et l'on rêve un noble avenir : c'est une illusion qui soulage.

J'imiterai ces couples fidèles. J'aurai mon roc et mon nid loin des fous. Adieu, parvenus ridicules, qui ne savez pas même jouir du rang et des trésors que vous acquirent vos pères. Adieu, pédants infatués d'un savoir douteux, vide et qui ne servit qu'à vous rendre insipides et gauches. Adieu, financiers-compteurs-d'or, qui n'avez d'esprit que dans vos coffres ; adieu, radicaux envieux, démocrates pillards et piaillards; barons de vieille ou de fraîche date, tous pareils, pleins de fiel et de morgue, las et fiers de votre oisiveté; adieu, je vous ai trop vus, trop hantés, trop portés sur les épaules. Vous êtes brouillés tous ensemble à l'heure qu'il est, et dans vos divisions brutales, vous avez, chacun de votre côté, appelé les étrangers à votre secours : celui-ci les rois, celui-là les peuples. Les étrangers viendront, mais pour vous châtier, vous fouetter, vous étouffer dans leurs bras d'airain, comme vous l'aurez mérité.

Oui, vous l'aurez mérité par cette soif odieuse que vous avez tous, soif de biens matériels ; ignoble et incessante ardeur qui vous fait mépriser les dons du génie et de la gloire.

Créatures dégénérées, faites à l'image de Dieu et qui reniez la source et mentez à l'origine !

Bavards, qui vous faites les esclaves de ceux dont vous avez été les maîtres !

Vous mendiez la paix dans une basse attitude et vous ne l'aurez pas, je vous en avertis. Au printemps qui s'annonce, un cri s'élevera du fond des brumes et des neiges ; des nuées de vautours fondront sur le Rhin, et le nord, encore une fois, envahira nos plaines fleuries.

Vous sortirez alors peut-être de la torpeur où vous êtes plongés. Vous reconnaîtrez le péril, et vous voudrez y échapper, mais il sera trop tard. L'ennemi, comme un torrent, débordera sur nos villages, et l'inondation sera sans digues, l'irruption sans remède ; le réveil pour vous sera inutile, la valeur sera perdue, la rage impuissante ; le plomb et le feu auront tout dispersé, tout mis en cendres, et comme de vils troupeaux vous serez tondus, marqués, joués aux dés, et traînés en captivité à *Babylone!*

Affreux tableau, pressentiment funeste ! ô deuil anticipé !

O terreurs de mon ame, ô pleurs involontaires qui coulez de mes yeux ! O France, où es-tu? France de 89, de 94, de 1805, de 1830 ! ô victorieuse patrie, qu'ont-ils fait de toi? Comment en si peu de jours t'es-tu affaissée, anéantie ? Ne me trompé-je point? n'est-ce point une erreur? n'est-ce pas s'abandonner à trop d'alarmes? Ah! ces maux sont réels: l'indifférence est visible, la plaie est saignante et la blessure profonde! Qui nous guérira, qui nous défendra? Où sont les Hoche, les Desaix, les Bonaparte? Où sont les Mirabeau, les Vergniaud, les Barnave? Où sont les Foy, les Constant, les Manuel? Il n'en fallait pas tant! et nul ne s'est trouvé, nul ne s'est levé, nul n'a répété ce cri de nos pères : Vaincre ou mourir !

Je ne vois que honte partout et confusion : des factions, des coteries, des ambitions puériles, des combats individuels, une absence totale d'esprit d'ordre, absence de raison, absence de patriotisme ; un orgueil sans frein : Lamartine et Lamennais qui étaient amis se séparent ; Béranger et Chateaubriand qui se donnaient la main n'écrivent plus, ne chantent plus ; Lafayette a plié sous le faix, Périer l'a suivi dans la tombe. Thiers et Barrot se découragent. On fortifie moins Paris qu'on ne le cerne. Chaque pavé porte un garde, et pour qui cet appareil de guerre? Pour nous? Contre nous!

Bedford encore une fois nous menace! et il y a des voix pour dire : Alliance.

O renversement! ô démence! C'est l'Anglais qui se montre impérieux et railleur, tandis que vous, les enfants de la grande nation, vous êtes humbles et à genoux, dans l'ombre! Il y a un effroi qui vous glace, une avarice qui vous aveugle, un vertige qui vous égare! et ce qui se passe, ô ciel, est-il la fin des prophéties? La France périra-t-elle et Paris sera-t-il rasé ?

C'est là une triste dédicace, et je vous ai conduit, ô mon oncle, par des sentiers non pas semés de fleurs, mais de ronces !

Excusez mon trouble et croyez à ma vénération.

F. Gr. MALVOISINE.

Le 6 janvier 1841.

GARAT.

VIE POLITIQUE ET LITTÉRAIRE. — LECTURE DE L'ARRÊT DE MORT. — DICTIONNAIRE DE L'ACADÉMIE.

De l'esprit et point de caractère, une imagination vive et un jugement irrésolu, de sages vues qu'il n'osait pas toujours émettre, une sensibilité réelle et profonde, mais qui s'effaçait dans le péril : tels sont les traits principaux de la physionomie de Garat.

Des Garat, on en cite par douzaine ; j'en ai connu quatre : le *grand Garat*, Fabry Garat, Garat de la banque, Garat le sénateur.

Le premier donna des leçons de chant à la reine Marie-Antoinette ; il la pleura malgré la *terreur*, mais il chanta toujours, dans les concerts, au salon, au théâtre. Il fut célèbre par sa mise exagérée jusqu'au fantasque ; c'était l'*incroyable* par excellence, on ne jurait que par lui dans l'empire de la mode et quant à sa voix, à l'expression de ses notes, à sa méthode exquise, à son goût ravissant, il n'y avait rien ni au-dessus, ni de pareil, et, pour le peindre d'un trait, Cherubini s'écriait, dans son baragouin expressif : « Garat ! c'est la mousique en chair et en os ! »

Fabry, suivit les traces de son frère, et quoique avec moins d'éclat, il se fit un nom par sa douce manière de chanter la romance, en s'accompagnant de la guitare, qui était alors de meilleur genre que le piano. Quand il arrivait tout le monde voulait l'entendre et les dames se mettaient en prière autour de lui. Il refusait, il était une heure à se décider, et puis quand il était en train il n'en finissait plus, il chantait, il chantait, et l'on était parti, que tout seul avec le maître de la maison, il chantait encore.

Le gouverneur de la banque était leur oncle, et ce n'est pas lui qui va m'occuper, c'est le sénateur : il vient avant les autres et quand je pense à lui, je ne sais comment il se fait que je le place, par une singulière confusion de temps, à côté de Sénèque le philosophe.

Garat eut, il est vrai, plus d'un rapport avec Sénèque, mais il y eut entre eux encore plus de différence, et par leur mort surtout ils n'ont rien de commun. Le *romain* se mit au bain et s'ouvrit les veines ; le *français* trouva plus simple de terminer ses jours tranquillement dans son lit.

Par un instinct, fort bien avisé, de conservation personnelle

Garat se mit du côté du plus fort toutes les fois qu'il y eut quelque danger imminent à se prononcer. Jamais, quant à cela, il ne fit fausse route et ne perdit la tête. Il aimait la vertu et serrait convulsivement la main au vice. Il faut avouer qu'il se trouva dans des circonstances critiques et dont il était assez mal aisé de se démêler ; aussi ne s'en tira-t-il pas sans honte : au sein des troubles et des haines, ce ne fut pas son énergie qui le sauva, mais sa faiblesse.

Lié tour à tour avec la Montagne et la Gironde il faillit à toutes deux ; il fit l'apologie des 2 et 3 septembre, non par conviction, mais par peur ; il renia ses amis au 31 mai et porta, mais en secret, des fleurs sur leur tombeau ; et, remarquez la bizarrerie de sa fortune, sans avoir voté la mort de Louis XVI, il fut, comme ministre de la justice, chargé d'aller lui lire sa condamnation.

Roulant vers le Temple dans une voiture à numéro, et l'œil baissé, comme un pénitent, ayant à sa gauche l'abbé de Firmont, qui avait le regard fier et l'air calme, Garat répétait à chaque cahot : « quelle commission ! » et il la remplissait avec une scrupuleuse exactitude.

Homme assurément fort étonnant et fort étrange, il méritait un portrait à part.

Les biographies ordinaires ne peignent rien ; elles ne montrent les choses que sous une face. Les renseignements avec lesquels on les compose, sont fournis par des amis qui flattent ou des ennemis qui calomnient. Il faut bien que quelqu'un arrive pour dire enfin la vérité, sans fiel, sans colère, mais sans mollesse, classant le mort par l'œuvre du vivant.

Garat fut appelé *modéré*, c'est le synonyme d'égoïste ; fourré partout il échappe à tout. Bons et méchants, tout périssait. Mais lui, restait debout, trahissant et plaignant ceux qui, sur le chemin et devant ses yeux, bronchaient et tombaient. Le *Sauve qui peut* était sa devise : Beugnot, qui le connaissait bien, lui conseilla plus tard de la mettre sur son écusson.

Quand Bonaparte vint, ce fut son héros. Garat flaira vite ce génie et, des premiers, il se tourna vers ce pouvoir naissant et grandissant. Sous le Directoire il avait été envoyé à Naples comme ambassadeur, et, à son retour, il fit un rapport sanglant contre Ferdinand IV et ses ministres. Ce rapport est aux archives des *affaires étrangères*, je l'ai vu un jour dans les mains du comte d'Hauterive ; M. Mignet, directeur actuel doit bien savoir où il est, et, puisqu'on se met à ouvrir les cartons, puisqu'on donne au public toutes les vieilles pièces diplomatiques, on ferait bien de ne pas oublier ce document qui serait certes un des plus piquants du recueil.

— 3 —

Garat donc, rentré à Paris, attaqua rudement le roi des
Deux-Siciles, mais il était de bonne composition et il se rallia
chaudement au principe monarchique dès que le *premier consul*
eut fait voir *clairement*, que c'était le seul qui convînt à notre
pays. Il s'attacha si étroitement à l'empereur, il se cramponna si
bien au char du *victorieux*, il lui fit une cour si constante et si
assidue, que, sans être pourtant fort considéré par lui, il trouva
moyen d'entrer au sénat et de se faire à propos créer comte et
grand officier de la Légion-d'Honneur.

Le radicalissime devenait impérialissime, et vraiment il n'était
pas le seul; il y avait foule au tourne-bride, et le plaisant, c'est
que tous les transfuges et apostats, tous les jacobins convertis
s'efforçaient de trouver des raisons pour justifier leur virement
de bord. Garat ne demeurait point en arrière et l'on n e peut se
figurer toutes les belles phrases qu'il débitait, en public, pour
démontrer les avantages de la monarchie universelle. Mais ajou-
tons que dans les diners d'intimes, il prédisait avec sagacité que
le despotisme nous menerait à la chute; conclusion qui le désespérait pour ses traitements, ses dignités et ses cordons.

Je me hâte après cela de déclarer qu'il resta, même après l'invasion, fidèle à la *quatrième dynastie* et que, dans les Cent
Jours, après la seconde abdication, il vota franchement pour
Napoléon II; il parla hautement aux alliés pour que la couronne
fût mise sur la tête du jeune prince, qui depuis est mort à Vienne,
mais qui en ce temps là, semblait le seul *de qui le règne* (pour
emprunter le langage de l'époque) *pût assurer la paix du continent*. Garat était dans les couloirs et dans la salle des confé-
rences du palais Bourbon; il prenait à part les représentants, il
déclamait, gesticulait et ne cessait de leur recommander la cause
d'un enfant qu'il liait au destin de la patrie. Cette résolution et
cet effort, si contraires à ses habitudes et qui après tout étaient
l'effet d'une inspiration généreuse, ne m'échappaient pas dans ces
grandes scènes où j'étais fort envieux d'assister; elles s'étaient
gravées dans mon souvenir et je ne pouvais ici les passer sous
silence.

En l'an ix, Garat prononça sur la place des Victoires, l'é-
loge de Kléber et de Desaix. On venait de décider que sur cette
place même la statue du second de ces généraux devrait être éri-
gée. Dejoux était chargé du travail. Il ne le fit que lentement, et
cette figure, colossale, en bronze, ne resta qu'un moment sur
son piédestal. Elle était nue et c'était Denon qui l'avait voulu
ainsi; mais sous l'empereur même qui l'avait fait élever, on
trouva qu'elle blessait la décence publique. Le ministre eut ordre
de la faire enlever et porter aux magasins de la Foire-S.t-Lau-
rent, où ensuite (au retour des Bourbons) on la mit en pièces,

pour en faire entrer la matière dans la fonte de la statue de Henri IV. Le buste seul fut conservé et donné à la famille Desaix.

Garat, dans son discours sur les deux généraux amis qui avaient servi si glorieusement en Egypte, saisissait l'occasion qu'il avait là de laver Bonaparte du reproche de jalousie contre ces deux guerriers ; et ensuite, à propos de Kléber, il donnait sur la guerre de la Vendée, sur Savary, Marceau, Beaupuy, des faits et anecdotes qui se classaient et se fondaient dans son plan avec une grande habileté.

Ce discours est devenu rare ; on fera bien de le chercher et d : le lire.

Voici d'autres temps et d'autres idées : en 1814, quand le traité de La Villette fut signé, Garat publia un ouvrage sur Moreau. Il le porta lui-même à Alexandre avec lequel il eut de longs entretiens. Il s'était accoutumé à parler aux empereurs, et il avait tout à fait mis de côté ses projets sur l'organisation d'une république. Alexandre voulait introduire en Russie toutes celles de nos institutions qui pouvaient, dans les sciences et dans les arts, convenir à cette vaste contrée. Garat avait beaucoup de notions sur les établissements scientifiques ; il avait été ministre de l'intérieur, et de plus il avait professé dans les hautes écoles ; il avait siégé à l'institut depuis sa création, cela le mettait à même de donner au czar des avis précieux et qu'il tournait de façon à les faire accueillir. Le métaphysicien cajolait l'autocrate : « et voyez le mal, disait-il, si ces petites concessions contribuent à l'avancement d'un grand peuple, et mènent à la régénération du genre humain. »

Garat avait précédé Ginguené dans la présidence de la commission de l'instruction publique, et en cette qualité il avait participé à la fondation des écoles centrales, des bibliothèques publiques, des jardins de naturalisation et à une infinité de sages mesures pour l'amélioration de l'enseignement et l'encouragement de tous les arts.

Chaptal, qui fut ministre aussi, croyait que Garat avait coopéré à la rédaction du dictionnaire de la langue française. Mais il n'en était rien, comme on va le voir par une lettre que j'ai transcrite sur le manuscrit original.

« *Garat au citoien Chaptal,*

» J'étais à la campagne, citoien ministre, lorsque votre lettre a été remise à ma porte, à Paris, et c'est ce qui a retardé ma réponse.

» On vous a mal informé, citoien ministre ; je n'ai point surveillé l'impression du dictionnaire de l'académie française en l'an 6.

» Vers la fin de l'an 5, je crois, je déterminai le comité d'instruction publique à demander un décret pour faire imprimer et publier ce dernier travail de l'académie, abandonné dans un coin à la poussière.

» La convention nationale en confia l'impression à deux imprimeurs, Maradan et Smith.

» On pensa que ce travail de l'académie avait besoin d'être revu. J'engageai Smith à choisir pour cela des hommes de lettres qui auraient été membres de l'académie. Je lui indiquai MM. Suard, de La Harpe, l'abbé Morellet, Guillard.

» A mon retour d'Italie, vers la fin de l'an 6, l'impression de l'ouvrage était achevée.

» Smith m'avait demandé depuis long-temps une préface. Je fis le discours préliminaire qui a été imprimé. Ce n'est pas pour réclamer ce morceau que j'en parle, c'est pour l'avouer.

» Voilà, citoien ministre, toute la part que j'ai eue dans cette affaire. Je l'ai provoquée, je ne l'ai pas dirigée. J'ai bien eu soin de me séparer entièrement de tout le travail du dictionnaire, de toute la gloire, de tous les profits.

» Recevez, citoien ministre, mes salutations fraternelles.

» GARAT.

» Paris, 29 messidor an 9. »

Né en 1760, à Ustalritz, Garat avait plus de 60 ans quand il publia les *Mémoires de Suard.*

Suard paraît fort peu dans ce livre qui est en deux volumes. C'est moins l'histoire d'un homme et de ses pensées, que celle de la philosophie du siècle tout entier. Garat se donne carrière dans cet ouvrage, et il y raisonne à perte de vue sur des principes qu'en politique ou en morale il adopte ou rejette sans s'appuyer toujours sur de bien surs arguments. Il crée un monde à lui, il y trace des routes selon sa fantaisie et son caprice, ne s'informant guère si on peut le suivre; il s'élance sur une mer où sa nef laisse peu de sillage et descend sur des îles inconnues, où nul n'est disposé à aller troubler sa solitude. C'est le sort des idéologues d'avoir plus de pages que de lecteurs, et de travailler pour un cercle d'affidés qui trouvent plus commode d'applaudir que de comprendre.

En 1816, il fut rayé du tableau de l'institut. Il avait aidé à l'établissement de ce corps illustre, et il s'en voyait *chassé comme un laquais* : c'était son mot. Cette brutalité avait trois causes, deux patentes, la troisième occulte. Les deux premières étaient la lecture de l'*arrêt* au Temple et le *vote* du roi de Rome; l'autre la voici : M. de Vaublanc lui avait montré son *dernier des Césars* ; Garat avait souri et s'était tû. Il avait été impossible de lui arracher une parole, un signe de complaisance ou de faveur. Or, le poète était devenu ministre, et il se vengeait de son critique.

Cependant Garat, par ses *Mémoires* et par d'autres écrits qui parurent ou séparément ou dans les journaux périodiques, fit voir, quoi qu'on ait pu dire et que j'aie prétendu moi-même, qu'il n'avait pas perdu ses titres pour être de l'académie, et il est certain qu'il y fût rentré, comme Arnault et comme Étienne qui en avaient été expulsés avec lui, si la mort inexorable ne fût venue mettre ordre à cette tardive réparation.

M. de Sainte-Beuve, en parlant tout récemment de Fontanes, a maltraité Garat et sur aucun point ne lui a fait grâce. Je ne l'ai pas non plus ménagé. C'est un cours d'équité spéciale que nous faisons aux dépens du pauvre sénateur comte. Il y perd, mais la raison y gagne et le choix pour nous ne pouvait être douteux.

Il y a pour chaque homme deux fortunes très distinctes : l'une pendant qu'il respire et qu'il marche ; l'autre quand il a perdu le souffle et qu'il dort étendu sous le gazon. Je prends pour exemple Garat et Descartes entre mille : Descartes pendant sa longue et laborieuse carrière eut à se défendre de toutes sortes d'embûches. Ses jours, abreuvés de chagrins, se terminèrent dans l'exil. Mais depuis qu'il n'est plus on lui dresse des statues ; on pare son front de lauriers et d'immortelles.

Quant à Garat il s'arrangea si bien que, sauf quelques inquiétudes passagères, la vie ne fut pour lui qu'une série de succès et de bonheurs. Mais à présent qu'il a franchi les portes éternelles et qu'il est descendu aux sombres bords, une autre ère s'ouvre pour lui ; on le pèse, on l'épilogue ; ses erreurs ont leur correctif, ses fautes leur châtiment ; plus d'une brèche est faite à sa renommée ; on déchire le voile, on brise le masque, et son ombre, courbée aux pieds de l'autel expiatoire, a trempé ses lèvres dans l'absinthe !

SACCHINI.

LA MUSIQUE ANCIENNE ET NOUVELLE.—UNE SALLE DE CONCERT.

BERLIOZ.

RÉVÉLATION SUR UNE MORT DOULOUREUSE.

I.

On donne la Juive, Robert et les Huguenots, et je n'ai garde de me plaindre qu'on marque de la prédilection pour nos

compositeurs contemporains , mais je regrette qu'on ne mêle pas
à ces grandes partitions du nouveau répertoire les plus brillantes
du répertoire ancien , telles qu'Armide , Orphée , OEdipe et la
Vestale.

On joue le Postillon , la Muette , Lestocq et le Domino Noir;
j'en suis fort aise ; la représentation en est amusante ; mais pourquoi négliger et oublier le Mariage secret, le Barbier de Séville,
la Pie voleuse , Emma , Joconde , qui ne sont pas moins diver-
tissants ou attendrissants , et qui donneraient aux soirées du
théâtre une variété piquante , tout à fait indispensable quand on
veut attirer et contenter cette foule tour à tour impassible et ner-
veuse qu'on nomme le public.

En vérité , la mode va trop vite , passe trop vite ; elle nous
emporte et nous abuse , si bien que l'oracle et l'idole de la veille
sont baffoués le lendemain et barbouillés de lie.

Pendant qu'à Angers on ne jure encore que par Aubert, Adam,
Mayerberr , Halévy , voilà qu'à Paris on est fou de Berlioz , on
ne vit qu'à ses concerts ; et la fièvre est si forte , que la jeune
Garcia , la sœur ravissante de la Malibran , malgré les prophéties d'Alfred de Musset, est presque abandonnée, pour qui ? pour
les drames fantastiques de l'Amphyon moderne , qui se passe de
libretto , qui se moque des vers et des rimes , et qui met en jeu
toutes les passions par la seule puissance de ses notes et les mo-
dulations de son riche et formidable clavier.

Si Berlioz venait à Angers , où le recevrait-on? où est la salle
appropriée aux exigences d'un tel maître? où est l'orchestre? où
sont les instruments?

Nous avons à l'hôtel de ville quelque chose de large mais de
bas et d'insonore ; nous avons une autre salle , mais petite encore et qui n'est point publique , surtout qui aujourd'hui est dé-
serte et fermée. Personne ne s'entend , on ne se prête à rien , la
flûte bat le violon , le cor tourne le dos à la harpe , ce n'est pas
une symphonie , mais une cacophonie épouvantable. La crise
n'est pas seulement en Afrique , mais en Anjou. Nous avons nos
Abd-el-Kader qui mettent tout en feu , en fuite ou en poudre , et
qui font au plaisir une guerre d'extermination.

O bienheureux jour de l'an ! puisse ton retour prochain apaiser
ces troubles funestes et ramener les cœurs et les cordes au mé-
tronome et au diapason.

En passant dans la rue Toussaint , je voyais l'église des cha-
noines réguliers; mais que dis-je ? je n'en voyais que les ruines.
La voûte est tombée , les vitraux sont absents ; d'un monument
si renommé par son élégance , il ne reste que des murs et un
squelette de rosace que le temps et la pluie minent et dévorent.

Et moi je voudrais qu'on arrêtât cette destruction cruelle ; je voudrais qu'on refît, sinon en pierre de taille et en plomb, du moins en charpente et en ardoises, la couverture de ce vaste local et que là on établit, dans une portion, un musée d'antiquités, dans l'autre, une salle dédiée à Polymnie, où les enfants chéris de la muse se réuniraient toutes les semaines pour entretenir dans la cité le goût et le culte d'un art qui a sur la vie et sur les mœurs une si puissante et si utile influence.

Figurez-vous ce que serait, dans une salle bien disposée, bien éclairée, et où l'on aurait admis la population, non pas *moyenne* seulement, mais *ouvrière*, en bon ordre et religieusement attentive, ce que serait, dis-je, l'exécution du second acte d'Œdipe, de Sacchini, de cet acte où la piété filiale est mise dans un si beau jour, et se produit par de si admirables accents!

Il y aurait là de quoi ranimer tous les cœurs, enlever tous les suffrages et donner à tous les esprits une impulsion vive, qui aurait plus de part qu'on ne peut croire au progrès des intelligences, au développement des idées, et par là au bonheur des familles et à la prospérité du pays.

Au lieu de se réfugier, faute de mieux, à la *cour d'assises*, on chanterait à la *salle Toussaint*, et la recette de ces séances lyriques tournerait de toute manière au profit de ceux qui souffrent, car ils auraient le même jour, de l'argent et de la joie, ce qui ne va pas toujours de compagnie.

II.

J'ai nommé Sacchini et je vais parler de ses derniers moments, d'après Berton de l'Institut, qui cent fois m'en conta les détails.

Sacchini qui était de Naples, passa à Rome, puis à Venise, puis à Londres. Le musicien est un oiseau qui vole de climats en climats et qui fait son nid loin du buisson natal. A Londres, l'artiste *roula sur les guinées* comme il l'écrivait à Framery, l'auteur de la *colonie*, parodiée de l'*isola di amore*. Mais s'il gagnait de l'or avec une extrême facilité, il le dépensait de même. Il le jetait aux femmes à poignée et s'enivrait, se perdait avec les plus jolies.

Criblé de dettes, poursuivi et traqué, il eut de la peine à sortir de la Tamise et à venir donner en France *Chimène* et *Dardanus*. Piccini, Gluck, Grétry vivaient alors. Quelle bonne fortune pour les dilettanti! Il y avait à l'opéra le coin du roi, le coin de la reine et la haine des gluckistes pour les piccinistes, sans coûter autant de sang, fit peut-être autant de bruit que la querelle des *montagnards* et de la *gironde*. Il faut toujours que l'homme dispute : pour des rois ou des fleurs, pour des croyances ou des cocardes.

Suard aimait Grétry; il exerçait de l'empire sur le monde littéraire et artistique; il conseilla à Guillard de confier à Sacchini la musique à faire de son poème d'*OEdipe à Colonne* que venait de couronner l'Académie Française. Guillard était pauvre; Grétry, qui était opulent, lui porta mille écus, mais il tomba malade presque aussitôt et ne put de long-temps s'occuper d'harmonie. Guillard était désespéré. Il dinait deux fois la semaine chez M.me Berton, mangeait de bon appétit et ne s'en écriait pas moins, en croquant l'aile de poulet truffé et en sablant le Champagne : « jamais, jamais, ô ciel! mon OEdipe ne se tiendra debout, comme un dieu, sur les planches! »

M.me Berton était veuve de l'ancien directeur de l'académie royale, elle avait bonne maison, bonne table et deux enfants, un fils et une fille qu'elle élevait comme des princes. Elle aimait les poètes, les artistes; un cercle charmant se formait chez elle, et Guillard, qui était son *favori*, débitait un jour devant elle et d'autres et Sacchini, les passages principaux de son opéra.

Sacchini en fut transporté : « que n'ai-je ce poème! quel parti j'en tirerais! avant deux mois Paris l'applaudirait; et vous et moi, Guillard, nous irions ensemble à l'immortalité! »

Et Guillard aussitôt de reprendre : « ah! que n'ai-je mille écus pour les rendre à Grétry et dégager mon honneur et ma parole! »

—Mille écus! dit M.me Berton, je vous en fais l'avance; vous me les rembourserez après le succès. »

L'offre est accepté, et Loraux, l'avocat, qui était présent, qui aimait M.lle Berton et qui se maria plus tard avec elle (car c'est toujours là qu'il en faut venir), courut chez Grétry, négocia l'affaire et rapporta le soir même l'OEdipe à l'Italien.

Grétry était au lit et ne cédait qu'en pleurant : « Ce qui me console un peu, disait-il, c'est que du moins Guillard passe en de bonnes mains; nous allons avoir un chef-d'œuvre.» L'homme supérieur aime à louer ses pareils. Sacchini justifia la prédiction; en six semaines sa partition fut prête. Mais prête et jouée sont deux. Intrigue infernale des coulisses, tu as été créée et mise au monde pour éprouver la patience des auteurs!

La reine, Marie Antoinette, voulut avoir les prémices de l'opéra nouveau. Elle fit venir le maëstro et, quand il eut fini, elle lui dit, toute émue : « Ah! Sacchini, vous vous êtes surpassé; votre pièce est la première qui sera jouée sur le théâtre de Fontainebleau, au prochain voyage de la cour. »

L'artiste, encouragé par ces paroles, se mit à écrire un autre opéra de Guillard : *Arvire et Évélina*, que la reine aussi voulut entendre. Elle en faisait exécuter les morceaux pour elle seule et M.me de Polignac, à mesure qu'ils étaient composés : en sortant de la messe elle emmenait Sacchini, et tous les jours elle était plus émerveillée de la fécondité, de la science, de la profondeur et de la grâce de son compositeur préféré.

Cependant il arriva que plusieurs jours se passèrent sans qu'elle ne fît signe à Sacchini de la suivre. Surpris et inquiet, il se perdait en conjectures. A la fin, n'y pouvant plus tenir, il se plaça droit devant la reine et se montra si affligé, si sombre, que la princesse, touchée de sa contenance, lui dit à demi voix : *Venez.*

Il entre dans le salon de musique, mais à peine y a-t-il mis le pied, que la reine toute tremblante, laisse échapper ces mots : « Hélas ! je ne suis souveraine que de nom. Je souffre comme vous, mais j'obéis et je sers. On se plaint que j'ai trop de penchant pour les étrangers, on murmure, on me presse et par des raisons... invincibles... il faut...

— Ah ! madame, que vais-je apprendre ?

— Il faut que la Phèdre de Lemoyne...

— Passe avant Œdipe ?

— Oui !... »

Là se termine l'entrevue. Sacchini s'incline et sort sans répondre. Il court à sa voiture et revient à Paris au galop. Il descend chez M.me Berton. Guillard et Loraux y étaient ; Berton, fils, y était aussi. Sacchini étouffait de douleur et de colère. « Les traîtres m'ont assassiné ! Ze souis un homme perdou ! La reine ne m'aime piou, la reine ne m'aime piou ! O male ! ô disgrâce ! ô ingratitoude ! »

On ne put le calmer. Il fallut l'emporter chez lui. On le coucha et il ne se releva plus. A trois jours de là il était mort.

Il aimait Racine, Andromaque, Bérénice, Esther, Iphigénie. Dans les beaux jours il allait aux Tuileries sous les marronniers avec le jeune Berton, et lui faisait réciter des scènes de ces ouvrages adorés. Il s'inspirait de ces drames délicieux, et dans ses moments de verve il marchait à pas précipités, ou bien quand c'était un *andante* qu'il rêvait et notait dans sa tête, il allait lentement, majestueusement, modelant sa marche sur le thème et la situation qu'il voulait peindre.

Souvent il poussait la promenade jusqu'aux Champs-Élysées, et quand il était devant le jeu de boule du Grand-Carré il s'arrêtait tout court, aimant ce jeu là de passion comme l'aimèrent aussi Haydn et Mozart.

Né en 1755, il mourut en 1786, à 51 ans ! Il n'était venu en France qu'en 1782. Il n'y passa donc que quatre années, et il y laissa un nom chargé d'honneurs et un souvenir plein de tristesse.

Depuis plus de trois mois il était dans la tombe quand son Œdipe fut représenté. Il eut le sort du Tasse et n'assista point à son triomphe. Brûlé de la divine flamme il fut consumé avant l'âge, et pourtant je veux croire qu'avant de rendre le dernier soupir il goûta cette gloire intérieure qui est l'aliment du génie ; il entendit cette voix céleste qui perce au cœur du poète et qui lui révèle secrètement les hommages de l'avenir , l'éclat de ses chants , la grandeur de sa destinée !

BONPLAND.

SES COURSES , SES OUVRAGES , SES REVERS ET SES TRIOMPHES.

L'empereur dit à Bonpland : « Je vous donne une rente sur le grand livre , car vraiment ce n'est pas une pension ; ce n'est pas une grâce que je vous fais mais une dette que j'acquitte. Vous avez voyagé pour l'état , vous avez apporté des milliers de plantes au Muséum , et quoi que je fasse pour vous , nous serons fort au-dessous de ce que vous méritez.

— » Sire , j'ai fait mon devoir.

— » Et je fais le mien. Allez voir le ministre ; fixez le chiffre vous-même.

— Je ne puis.

— Deux mille écus !.. c'est peu , parlez , dites franchement.

— C'est trop... j'en accepte la moitié.

— Allez donc , allez mon digne ami , vous êtes en France , ce que vous étiez en Egypte , habile , dévoué , généreux.

L'empereur avait pris sur sa table un modèle imprimé de décret et tout en causant il en avait lui-même rempli les blancs. Quand il estimait un homme , il savait le lui montrer. Quand il aimait on le voyait bien , et quand il voulait plaire , il était charmant. Le son de sa voix , son sourire , et des signes pénétrants d'affection , tout vous enchaînait pour la vie.

Bonpland se rendit au trésor. Mais il y eût des formalités sans nombre à remplir. Les bureaux ne vont pas si vite que le souverain. On s'inquiéta des deux noms que portait le naturaliste ; on demandait s'ils appartenaient réellement à la même personne , et par ce doute presque injurieux, on refroidissait cruellement la parole impériale. Bonpland ne dissimulait pas l'humeur qu'il en ressentait, et dix fois il fut sur le point d'abandonner la partie. Il n'y eut que les instances de ses amis qui purent le déterminer à ne pas jeter le manche après la cognée et à avoir un peu de patience.

Le ministre des finances avait écrit au ministre de l'intérieur pour le prier de lui fournir des renseignements ; et celui-ci, sans se déranger, s'en était remis à l'un de ses chefs de division pour correspondre avec le voyageur et lui faire toutes les questions d'ordre que son collègue avait posées. Bonpland répondit en ces termes :

« Paris, le 2 floréal an XIII.

» Aimé-Jacques-Alexandre Goujaud Bonpland à son excellence monseigneur de Champagny, ministre de l'intérieur.

» Monseigneur,

» J'ai l'honneur de satisfaire à la demande qui m'a été faite le 20 du courant, par la lettre de M. Barbier de Neuville, secrétaire général par intérim du ministre de l'intérieur.

» Cette lettre a pour but de savoir mes prénoms, le lieu, la date de ma naissance, etc., pour les transmettre à M. le conseiller d'état directeur général de la dette publique, afin qu'il immatricule sur le grand livre la pension qui m'a été accordée par le décret du 22 ventose dernier de S. M. l'empereur.

» Je suis né à la Rochelle, département de la Charente Inférieure ; mes prénoms sont Aimé-Jacques-Alexandre, et mon nom est Goujaud. Je fais mon domicile à Paris, rue des Postes, près l'Estrapade, n° 5. Le nom de Bonpland, sous lequel je suis généralement connu, n'est qu'un surnom dont mon père s'est constamment servi, et dont par suite se servent ses enfants, ainsi que le prouve l'acte de notoriété que je joins ici. Plusieurs fois, dans les papiers publics, j'ai été désigné sous les noms de Goujaud Bonpland ; sous ces deux noms, j'ai servi comme chirurgien de marine à Rochefort ; j'ai été reçu à l'école de médecine de Paris comme élève interne et salarié par le gouvernement. Le certificat ci-joint de l'école de médecine et celui de mon débarquement de la frégate l'Agricole pour venir à cette école en sont d'irrécusables témoignages. Je suis donc bien certainement celui qui a accompagné M. Humboldt, et celui par conséquent à qui S. M. l'empereur a, par son décret, (de propre mouvement) accordé une pension en récompense du don fait au muséum d'histoire naturelle des plantes colligées dans l'Amérique méridionale pendant six années de voyages.

» Cette confusion de noms, monseigneur, est bien éclaircie, il me semble, par les pièces que j'ai l'honneur de présenter à votre excellence, et auxquelles je joins mon extrait de baptême.

» Je suis avec le plus profond respect, monseigneur,

» De votre excellence,

» Le très humble et très obéissant serviteur,

» Aimé Goujaud Bonpland. »

Cette lettre envoyée au ministre des finances avec les certificats et les pièces fit enfin inscrire et payer la rente viagère.

Cela se passait en 1805.

Bonpland était fils d'un médecin ; et d'abord il s'était livré à l'étude de l'anatomie avec une ardeur soutenue : on le distingua sur la frégate, on le distingua de même à l'école de Paris, mais par je ne sais quel malentendu, ou par défaut d'argent peut-être, il sortit des hôpitaux où il était mal payé, pour entrer dans une administration financière où on lui allouait un bon traitement. Mais il avait pourtant fort peu de vocation pour les chiffres, et quand l'expédition d'Egypte fut décidée, il obtint d'en faire partie comme botaniste. Il forma au Caire un jardin qui eut bientôt de la réputation ; il y attirait la population, les Juifs, les Coptes, les femmes mêmes ; il y naturalisait des plantes d'Europe et d'Asie, et il jouissait de ses succès en véritable conquérant, lorsqu'au milieu de ses triomphes, la capitulation du général Menou vint le forcer à se rembarquer, et à laisser sur le Nil toutes ses graines, ses fleurs et ses couronnes. « O ciel, s'écriait-il, dans un pays où jamais il ne pleut, qui arrosera mes plates-bandes chéries ! »

Après le 18 brumaire, il battait le pavé de Paris, et ne savait pas bien où donner de la tête, quand Bonaparte, qui l'avait vu au Caire et qui ne l'avait pas oublié, l'envoya comme agent commercial à Wilmington, dans la Caroline du Nord. Il y remplaçait Bosc, naturaliste comme lui ; c'était fort bien de placer ainsi des savants, des botanistes, des agronomes chez un peuple adonné à la culture des céréales et des arbres, peuple qui faisait par dessus tout le commerce des produits de la terre et qui avait fort peu de goût pour les arts du luxe et les rêves de l'imagination.

Bonpland ne resta pas sur la côte. Il visita les forêts, les savanes, récoltant et analysant ; mais un jour il manqua de périr dans ses courses. Sa voiture fut emportée par un torrent qu'il avait cru pouvoir passer à gué, et il ne se sauva qu'à la nage et à grand'peine. Mécontent de l'aventure et peu satisfait de sa position sous le rapport de l'argent, dont il avait trop peu à cause des frais excessifs auxquels il était obligé, il demanda son rappel ; et dès qu'il fut en France , il pensa à partir pour Alger. Skioldebrand , le consul de Suède , devait l'emmener , et lui fournir les moyens de visiter l'Atlas : il y avait là des contrées que Desfontaines n'avait pas vues , et c'était un attrait qui piquait notre voyageur. Cependant il ne put exécuter ce projet ; en 1799 il partit, non pas pour les Etats Barbaresques , mais pour l'Espagne. Il vit en détail le royaume de Valence, et se plaignit vivement des chemins, des auberges jusqu'à Madrid où il eut le bonheur de trouver M. de Humboldt chez l'ambassadeur de Prusse.

Ce fut là que se forma cette liaison qui devait immortaliser les deux amis. Munis de passeports du roi d'Espagne pour les gouverneurs des colonies, munis de lettres de change sur les banquiers du Mexique et du Pérou , ils partirent comme deux frères , et vingt volumes ont attesté au monde leur courage et leur constance pendant les six années que durèrent leurs expéditions. Les montagnes, les fleuves , les villes, les monuments, les mœurs, les lois , les habitans , les productions des règnes divers, tout a été peint avec une sagacité et un talent qui n'ont rien laissé à désirer. M. de Humboldt s'est montré dans la partie historique , politique et mathématique , M. Bonpland se reconnaît davantage dans tout ce qui touche aux sciences naturelles. Mais tous deux se confondent sans cesse , et c'est l'esprit des deux associés qui préside à cette composition aussi vaste que les régions qu'ils ont laborieusement explorées.

A son retour , Bonpland, fut pensionné, comme je l'ai dit en commençant, mais ce n'est pas tout : l'impératrice-reine, Joséphine , le nomma intendant de ses jardins de Navarre et de Malmaison. Il en a décrit les belles plantes dans un ouvrage qui fait suite à celui de Ventenat.

Malgré la guerre , Joséphine recevait des graines de tous les pays les plus éloignés ; les rois lui en faisaient hommage ; tout en levant des armées, ils entretenaient de douces relations avec elle, et en échange de leurs bons procédés , Bonpland expédiait des fleurs rares pour Vienne et pour Berlin, au nom de sa souveraine.

Mais quand vint la chute de l'empire , quand Joséphine fut morte, Bonpland ne put rester en France. Toutes ses idées étaient bouleversées ; il avait le cœur navré , l'esprit sombre. En vain de Humboldt lui offrit son appui près des puissances, il ne put se résoudre à demeurer dans sa patrie quand tous ceux qu'il avait aimés, servis et honorés n'y étaient plus : il termina quelques publications qu'il avait entreprises et puis il retourna en Amérique , descendant cette fois à Buénos-Ayres.

Hardi , entreprenant, il forma sur les bords du Rio Parana , un établissement où il cultivait en grand *L'ilex Matha* , le thé du Paraguay, dont il comptait bientôt faire un grand commerce.

Mais Framia sut bien l'en empêcher. Ce docteur intrépide qui s'était fait chef et maître de l'ancienne domination des Jésuites, le fit enlever par un bataillon de ses gardes, et jamais depuis il ne voulut le relâcher quelques instances que lui fissent les rois de France et d'Angleterre, l'empereur du Brésil et Bolivar, et toutes les sociétés savantes de Paris, de Londres et de Madrid.

Framia traita bien son rival mais il le fit sévèrement garder à vue, sans jamais consentir à l'admettre en sa présence : « Qu'il cultive le thé mais pour moi ; je ne connais de bon gouvernement que l'absolu ; je ne sais de bon commerce que par le monopole. »

Ainsi donc sur la Plata, on prêchait les mêmes maximes que sur le Nil. Framia suivait la marche de Mehemet-Aly, mais il n'a pas vécu si vieux, et c'est seulement à sa mort ou vers ce temps là, que Bonpland a recouvré sa liberté (1).

Les dernières nouvelles qu'on a eues de lui étaient de *Corrientes*. Il aime les Indiens et les Sauvages. C'est tout au plus s'il écrit à l'Institut et s'il donne signe de vie à la Rochelle.

Il a le portrait de Bonaparte en médaillon ; il a un camée qui représente Joséphine ; ce sont là ses amulettes. Ce n'est pas seulement une *habitation* qu'il a, c'est une province qu'il exploite et régit mais non pas dans son intérêt seul et unique. Il y a fondé un état semi républicain où tous les *citoyens* sont *laboureurs* et où les fêtes ressemblent un peu à celles de la Chine ou plutôt de la vieille Rome. La charrue et la bêche jouent là un grand rôle, mais on n'y néglige pas la morale ; et des lettres de Montevideo disent que la colonie est florissante, ayant eu le bonheur d'échapper aux convulsions qui ont bouleversé, tout autour, les gouvernements et les peuplades.

Que d'événements, que de dangers, que d'efforts dans la vie d'un homme !

Un bourgeois froid et calme fait valoir son bien, et reste obscur dans son village avec ses trente ou quarante mille livres de revenus, dont il arrive souvent qu'il ne donne pas un sou (le fou qu'il est !) à ses enfants ; tandis qu'un savant téméraire court les mers, remonte les rivières inconnues, et va sous un ciel de feu et d'orages créer des villes au bout de l'univers, par l'inspiration de son génie et le brillant appat de la gloire !

---

(1) Le bruit court que Mehemet-Aly a détruit le monopole. C'est la contre épreuve du hatti-shérif du sultan Medjid-Abdul, qui a de son côté renoncé au despotisme. Mais qu'est-ce que cela veut dire ? quelle foi y ajouter ? Combien de temps ces manifestations dureront-elles ? Il faut se souvenir que l'Orient est le pays des fables.

LE SIÈGE D'ANGERS

Dans le mois de décembre 1793.

LES BRIGANDS ET LES BLEUS. — PASSAGE DE LA LOIRE.

CONFUSION. — COURAGE. — WESTERMANN.

> Malheur à qui épuise, pour la foule,
> sa voix et sa langue.
>
> **MICKIEWIEZ.**

I.

La frivolité est triomphante : où est le deuil pour les maux passés ? nulle part. Où est l'indifférence de l'avenir ? partout.

Ce monde actuel, qui se pique d'être penseur et positif, n'en est pas moins amusé par des chiffons et absorbé dans ses duperies et ses fadaises. Jamais tant d'instruction et tant de travail, et jamais de résultats si pauvres !

Orgueil de l'homme sur quoi te fondes-tu ?

Où vont ces routes ? que portent ces diligences ? que vont faire à Paris ces familles ? suivez-les, observez-les, et dites-moi si l'œuvre valait le déplacement et la dépense ?

Parmi tant de livres imprimés, que Beuchot enregistre sur son calepin, avec le scrupule d'un maniaque, qu'achète-t-on de préférence et que recherche le public ? l'insouciant *gamin* de Jules Janin et tous les petits cahiers des Français ou des Anglais peints par eux-mêmes. Que tout cela est vif en effet et pétillant ! que de feu et de bluettes ! que ces gentillesses flattent l'esprit, que ces sentiments font de bien à l'âme !

On s'arrache les feuilletons de Cassagnac, qui a voué sa plume au paradoxe. D'honnêtes bourgeois les dévorent le soir au coin de l'âtre et se pâment d'aise à tous ces jugements faux qui ne leur coûtent du moins qu'un abonnement modique. On ne demande que du bon marché. On ne veut que des légèretés et des folies. Que souffre-t-on au théâtre d'Angers ? les pièces du Palais Royal ou de l'Ambigu. Qui a fait de l'argent à ses représentations ? Frédéric, dans Robert-Macaire ; il a vaincu Polichinelle. La salle était comble, on s'arrachait les billets, on arrivait de la campagne pour en avoir sa part, et les jeunes femmes qui donnent le ton étaient là trépignantes et haletantes, rouges de plaisir, transportées de joie.

La mode justifiait leur ivresse.

Donnez Racine ou Molière ou même Casimir de Lavigne, les loges seront désertes et le parterre montrera de l'humeur.

On entre au spectacle en revenant de la chasse, ou en sortant du café. On a couru, on a dîné, on a bu, on a joué. On veut rire à présent et surtout on ne veut pas écouter. Si l'on pouvait fumer le cigarre à la galerie ou à l'orchestre, ce serait charmant La police le défend, non qu'elle craigne l'inconvenance, mais elle a peur de l'incendie. Le peu de pudeur qui nous reste ne tient pas à la délicatesse mais au calcul.

En un temps pareil, que vais-je écrire? qui me lira? Je remonte à 93. Il y a tout à l'heure un demi siècle que se passaient les choses que je veux raconter. La ville était alors bien différente de ce qu'elle est aujourd'hui. C'était la ville noire, c'est la ville blanche; le tuffeau remplace le schiste. Des boulevards fort jolis, qu'on doit en partie à Villemorges (rendons justice à qui elle est due) sont percés et plantés là où furent de hautes murailles, de grosses tours, de larges douves. L'homme fait et défait; tantôt un régime, tantôt un autre; le dernier est le meilleur. Tout était fermé, tout est ouvert. La plupart des maisons, dans ma jeunesse, avaient encore des barreaux de fer à leurs croisées. Les boutiques, maintenant, envahissent tout et l'on ne voit que de belles glaces à leurs chassis; des stores peints aux balcons, des persiennes et des jalousies aux fenêtres; en été des fleurs sur les terrasses. La ville féodale a cédé à la ville marchande; de Philippe-Auguste et de Saint-Louis elle a passé au roi René; de René elle s'est traînée jusqu'à nos jours sous son mantelet de mousse et sa cape de lierre. Puis, nous tous, au cri du génie démolisseur, nous avons tout abattu, tout rasé, tout nivelé, tout réduit en poudre. Avec quelle ardeur on se porte à détruire, en un moment, ce que les générations, qui dorment, s'étaient pris lentement à édifier! Tout ce qui était debout est à terre; tout ce qui résistait est battu en brèche et ruiné; tout ce qui était ducal est peuple. Tout ce qu'occupaient la noblesse et le clergé, tout ce qui fut donjon ou chapelle est transformé en comptoirs et en magasins, en ateliers et en fabriques. Où était le chartrier est la la caisse; où était le prie-dieu est l'enclume, la meule, la machine à vapeur et la presse mécanique. Arrêtez donc ce torrent; refaites donc des mœurs avec ces débris! On va, on va, on tourne, on pivote, on fouette les chevaux, on se fouette le sang, c'est une agitation sans fin qui succède à nos agitations à nous, et à la fièvre de nos pères, aussi brûlantes et aussi vaines! Ce sont des soins, des tracas, des tourments greffés et entés sur des tourments qui ne furent pas minces !

II.

Je trouve qu'on ne parle point assez du *siège d'Angers* par les brigands, aux jours sombres de la guerre civile. Quelques lignes ou même quelques pages qu'on a consacrées dans différents ouvrages, de diverses couleurs (et quelques uns même sans couleur) ne donnent point assez d'importance à un événement qui eut des conséquences si graves. Il fut fécond, dans les deux partis, en traits de courage et de fureur aussi, en actes de désespoir et d'héroïsme qui méritent pourtant qu'on en garde la mémoire.

On a tout dit en gros, mais j'y reviens en détail : aujourd'hui un mot, demain un autre ; d'abord un tableau, puis un second, jusqu'à l'épuisement du sujet. Qu'on se borne à un récit rapide pour les faits généraux et qui ne se rapportent à nous que de loin, je le comprends ; mais j'aime les particularités pour les scènes qui nous touchent de près, qui se sont tramées et passées sur notre sol, et qui intéressent toutes nos familles.

Il faut en croire ma parole : les grandes guerres de la Vendée n'ont pas encore eu leur historien. Nous n'avons fait que rassembler des matériaux. Ces luttes sacrées auront un jour leur poète patriote : pas un sillon que le sang n'ait engraissé ; pas un écho qui ne redise la plainte ; pas une pierre qui ne couvre une tête, un bras, un corps brisé. Qui fouillera ces cendres, qui remuera cette poussière, qui fera parler ces ossements blanchis, et qui en tirera des leçons pour les âges futurs ?

Je ne donne ici qu'un épisode. Reportez-vous avec moi en octobre, à 47 ans en arrière. Ce fut le 18 de ce mois là que, malgré des périls et des difficultés sans nombre, s'effectua le passage de la Loire par les brigands, à Varades et à Ancenis.

Les postes et les bivouacs républicains formaient, en vue de Saint-Florent, un demi-cercle hérissé d'artillerie et qui, jour et nuit, vomissait la mitraille et la mort. Il n'y avait plus à balancer, il fallait passer ou se voir pris, enchaîné, lardé, fusillé, sans rémission, sans choix ni de condition, ni de sexe.

Ce fut un horrible adieu qu'il fallut faire à la terre sainte. Il y avait des groupes à genoux qui embrassaient les croix, les arbres, qui baisaient l'herbe et le rivage. Tout-à-coup on se lève comme un seul homme à un tonnerre de fusillade qui redouble sur les hauteurs. On fuit pêle-mêle devant le drapeau tricolore, on se précipite dans les bateaux. O jour de tristesse et d'erreur ! Là, des chants de victoire ; là, des chants funèbres : partout la France déchirée, mutilée ! La mère perdit sa fille, le frère perdit sa sœur. La foule écartait et étouffait les faibles.

On jetait les mourants et les valises dans le courant. L'effroi tuait l'avarice et la pitié. Les flots tourbillonnants engloutissaient tout dans leurs abîmes. Ce n'était que pleurs et hurlements. Quatre hommes mirent Bonchamps dans un carrelet de pêcheur et le déposèrent dans une maison du hameau de la Meilleraie, où il rendit son ame à Dieu. Lescure, atteint d'une balle au front, à la Tremblaie, ne mourut qu'à Fougères.

Nos généraux craignaient que les rebelles ne se portassent sur Nantes ou sur Angers, sur Angers surtout qui n'était qu'à huit ou neuf lieues. C'était l'armée de Mayence avec les *grenadiers réunis* commandés par Bloss et une brigade venue de Luçon, qui avait gagné la bataille de Cholet ; bataille terrible et décisive qui força les Vendéens à quitter les genêts, les chemins creux, les landes, qui les débusqua du *Bocage*, et les fit sauter sur la rive droite.

Au lieu de prendre par Angers ou par Nantes, les brigands montèrent par Candé, Craon, Laval. Leurs généralissimes Cathelineau, d'Elbée, Lescure, Bonchamps, étaient blessés ou morts. Ils élurent Henri de la Rochejaquelein pour leur chef suprême. Stofflet fut major-général ; il avait des paysans vigoureux pour adjudants et pour *guides*.

L'armée catholique et royale était composée de 5 à 6000 *braves*, toujours au premier rang et en alerte ; de 5 ou 6000 autres, assez bons tireurs qui marchaient sur leurs traces, et de 18 à 20 mille hommes qui, presque tous en sabots, ne faisaient que nombre et ne se battaient guère. Cette armée traînait à sa suite trente ou quarante mille femmes, enfants, vieillards, prêtres, religieuses, nobles cassés, infirmes et domestiques, avec une cinquantaine de pièces de canon de tout calibre, deux forges, une vingtaine de caissons, deux à trois cents charrettes, fourgons, voitures, carrosses, cabriolets, char-à-bancs de toute espèce chargés de bagages, et ne portant ni tentes, ni médicaments, ni rien de ce qui pouvait être utile au ravitaillement d'une telle multitude.

L'organisation de cette troupe était nulle. Les grades, mêmes supérieurs, n'étaient qu'une fiction. Chacun était là pour son compte. Chacun agissait à sa tête. On voulut former des divisions, des bataillons, mais qui n'existèrent que sur le papier. Il était impossible aux chefs de se faire bien reconnaître et, au besoin, obéir. Quelquefois, dans le combat, un officier qui s'était créé tel et qui, de son autorité privée, se faisait appeler *le capitaine*, parvenait à rallier quelques hommes et à les attacher à sa fortune. D'Autichamp, Scépeaux, Duhoux, Desessarts, Marigny, étaient de ceux qui exerçaient ainsi un douteux et personnel empire. Le plus souvent on courait et l'on combattait sans ordre, par une inspiration soudaine qui n'attendait aucun signal, n'admettait aucune discipline, aucune tactique, aucun genre de dispositions préalables.

On marchait en longues bandes confuses sans mesures de précaution et de prudence. Quand les bleus paraissaient sur un point, ceux qui les voyaient les premiers se ruaient dessus *en masse ;* les autres *s'égaillaient* sur les flancs, sous le pretexte de cerner l'ennemi et pour tirailler à l'aventure.

Chose remarquable : Lechelle et Rossignol, et tous les généraux *sans-culottes*, ordonnaient aussi à leurs soldats de marcher et de combattre *en masse ;* de faire des trouées comme des bombes sans regarder ni à droite ni à gauche, et de ne s'arrêter qu'à la nuit close quand tout devant eux serait écrasé.

Mais les généraux expérimentés tels qu'Aubert - Dubayet, Kléber, Canclaux, Beaupuy, ayant fait la guerre aux frontières, combattaient *en règle*, et on leur reprochait de tendre ainsi, par trop, à isoler leurs colonnes, à les tenir éloignées et séparées les unes des autres, risquant de les faire battre tour-à-tour et mettre en déroute sans recours et sans remède, ce qui, de fait, finit par arriver.

Westermann qui plus tard périt sur l'échafaud, mais dont le nom ne s'effacera pas dans nos contrées ; Westermann un des chefs de nos brigades, était fougueux, volontaire, ambitieux ; toujours en avant, faisant tout à sa guise, et se livrant à mille chances fatales par une impétuosité qui allait jusqu'au délire et à la barbarie. Vingt fois il engagea nos troupes dans des défilés et des positions inextricables, dont il parvint pourtant à les tirer par des efforts inouïs d'audace et d'intrépidité.

C'était le *démon des bleus*, et les brigands disaient qu'au lieu de sabre l'enfer lui avait mis à la main un tison enflammé, pour l'extermination des pécheurs et des tièdes. Quand il chargeait à la tête de ses hussards, il passait à travers les lignes, les redoutes, les fossés, les haies. Il faisait taire les batteries en tuant les canonniers sur leurs pièces. Les boulets et les biscayens sifflaient par milliers à ses oreilles. Il allait toujours, il fonçait toujours. Il avait les bras nus, teints de sang ; ses habits étaient en lambeaux, ses bottes déchirées. Il ne ramenait jamais que la moitié de ses gens. Son cheval, blessé, expirait au retour, et son chapeau, son plumet étaient criblés de balles !

CANCLAUX ET LECHELLE.

LES REPRÉSENTANTS DU PEUPLE ET LES GÉNÉRAUX.

CONSEIL TENU PAR LES BRIGANDS.

BATAILLE D'ENTRAMES.

BLOSS ET LES CHASSEURS.

III.

Canclaux avait eu le commandement en chef des républicains. C'était un homme instruit et généreux, qui joignait la politesse des manières et un son de voix plein de charme à une fermeté indomptable de caractère. Brave et calme à la fois, manœuvrant sur le champ de bataille comme s'il eût été à la parade, impassible au milieu des dangers, ne redoutant rien, apercevant et franchissant tous les obstacles, épris d'un vif amour de la patrie et aussi d'un profond amour de l'humanité, faisant la guerre et la déplorant, toujours prêt à vaincre et à traiter, honnête homme, excellent ami, honoré à Angers et à Nantes, adoré du soldat, respecté des Vendéens mêmes, qu'il n'épargnait pourtant qu'après le combat.

Il fut destitué par la Convention et remplacé par Lechelle. La stupidité succédait au génie. Le comité de salut public qui dirigeait les choix en faisait alors d'inconcevables. On l'accusa de trahison, on dit qu'il voulait perpétuer la guerre civile pour en faire le ressort de son pouvoir. Il n'en était rien. C'était une ardeur de triomphe au contraire qui ne savait comment s'y prendre pour atteindre plus vite au but. Les représentants du peuple qui suivaient l'armée, ou plutôt qui la précédaient, qui en étaient l'ame ou le boute-feu, étaient enragés de voir la résistance opiniâtre des brigands. Ils attribuaient aux généraux ce qui n'était que la faute de l'ennemi ; ils ne concevaient pas qu'une *poignée de paysans* (comme ils s'obstinaient à appeler l'insurrection) tînt en échec la nation entière. *Pour en finir*, suivant l'expression favorite, ils donnaient des ordres qui n'avaient rien de militaire. Les hommes expérimentés faisaient des objections, parlaient d'impossibilité, et rien que ce mot soulevait la bile des commissaires. Il fallait des chefs plus dociles, des instruments, des effrontés cupides et imbéciles, qui obéissent et marchassent en aveugles. On en trouvait de pareils dans les clubs de Paris, et on les dépêchait dans la Vendée, où ils venaient faire preuve de civisme et d'idiotisme ; brûlant, saccageant tant qu'on ne tirait pas le canon, fuyant à toute bride dès qu'ils sentaient l'odeur de la mêche.

Lechelle était de ceux-là. Il faut voir le portrait que fait de lui Kléber dans ses Mémoires. Ce mannequin à écharpe et à panache embarrassait l'armée et la compromettait de mille façons. Il n'avait été pris aucune mesure sérieuse de défense sur la rive droite de la Loire. Les postes d'Oudon, d'Ancenis, de Varades, d'Ingrandes étaient à peine gardés par deux mille hommes disséminés, mal vêtus, mal armés, sans émulation, sans discipline. Si les brigands étaient en sabots, les patriotes étaient sans souliers ; jamais plus de misère et de gueuserie n'éclatèrent dans deux troupes plus hargneuses, plus intrépides, plus acharnées l'une contre l'autre. C'était pitié que cette colère en lambeaux.

Tabary commandait à Ingrandes. Il avait avec lui un demi-bataillon. Il se porta sur la Riottière et Montrelais, mais la masse vendéenne le fit rebrousser chemin au pas de course. On le soupçonna de s'être vendu. Il fut arrêté et conduit à Angers. Traduit à la commission militaire, il fut interrogé, et condamné séance tenante. L'exécution fut promise pour le soir. L'échafaud était en permanence sur la place du Ralliement. Les groupes se formèrent, tout le peuple affluait, les enfants suivaient, curieux et inquiets, tremblants et barbares. J'étais avec d'autres dans l'amphithéâtre de médecine dont on a fait la *Comédie*.

La commission siégeait en face, dans la maison qu'habite M. Gennevraye. Tabary était à la prison des Halles. On l'amena par la rue Haute-du-Figuier. Il était à pied, et marchait au pas de charge entre deux haies de grenadiers. Il monta en courant l'escalier de la guillotine, et s'adressant au peuple : « Je suis innocent, j'ai le cœur d'un citoyen, je meurs pour la liberté, vive la... » Le bourreau le saisit, l'attacha, et le couteau en tombant coupa la tête et la phrase.

Ces scènes là ne s'effacent pas de la mémoire.

Vous qui vivez sous le régime des lois nouvelles, dans la paix des institutions protectrices, vous ne savez pas combien votre charte et vos codes ont coûté à nos pères et à nous !

Au moment de l'exécution, Félix, qui présidait la commission et tous les juges étaient sur les marches de la porte ronde donnant le signal, et puis, avant que la place ne fût évacuée, ils rentrèrent en séance pour expédier d'autres affaires.

IV.

Quand les Vendéens furent à Craon, ils tinrent conseil et délibérèrent : « Que ferons-nous ? quelle route prendre ? à quel parti s'arrêter décidément ? »

Les avis étaient partagés. Tous les esprits étaient en suspens. On veillait à la porte des chefs, on s'interrogeait, on murmurait, on pleurait : « Irons-nous à Caen ? irons-nous à Paris ? irons-nous à Cherbourg ? » Paris tentait les jeunes. Le prince de Tal-

mont brûlait de s'y rendre. La hardiesse même d'une telle résolu
tion était un attrait , une amorce. L'extraordinaire lui plaisait.

Le curé de Saint-Laud , l'abbé Bernier votait pour Caen , et
faisait valoir des raisons solides : « Nous y avons des partisans
nombreux , là nous donnerons la main à Rouen , ville de parle-
ment, lasse du joug des Jacobins , et dont le marché et les richesses seront pour l'armée catholique une mine et un grenier
inépuisables. »

Stofflet, qui avait l'instinct de la grande guerre , disait en termes que je traduis : « Il faut s'établir dans le Cotentin , entre
Port-Bail et Carentan , faire là des fossés , des redoutes , mettre
les femmes à Montebourg , les bagages à Valognes ; nous serons
aidés par les Anglais ; et plus tard nous reprendrons l'offensive ,
quand nous serons exercés et refaits. »

Scépeaux s'écriait : « Faisons mieux que cela ; jetons-nous
dans la basse Bretagne , passons entre Saint-Malo et Rennes ;
par Dinan gagnons Saint-Brieux , Tréguier , Morlaix. Nous serons là dans des bois et des rochers inexpugnables. Les Anglais
de même nous prêteront secours , et la fortune bientôt rentrera
sous nos bannières. »

Larochejaquelein se recueille et vient le dernier. Il voudrait, lui,
faire un coup de maître, profiter de l'enivrement des républicains
après leur *conquête* de la Vendée et le passage de la Loire par
l'armée royale : « Ils sont divisés , ils sont en pleine marche ,
les uns à l'est , les autres à l'ouest , dans un grand mépris de nos
forces , et à cent lieues de se douter que nous ayons des moyens
d'exister et de résister , bien moins encore des moyens de vaincre. Eh bien! écoutez-moi , secondez-moi ; tombons par Bécon
et la Meignanne sur Angers , ne perdons pas un moment , marchons la nuit, avec les mieux montés et les plus braves ; arrivons
aux portes avant le jour , et je vous réponds de la victoire. C'est
ici comme à Thouars et à Saumur , l'audace fait le succès. La
ville est à nous , le château est à nous, les Mayençais accourent
mais trop tard ; et à cheval sur toutes les rivières de Loire , de
Maine , de Loir , de Sarthe , nous tenons et dominons la campagne , battons en détail toutes les colonnes , ressaisisons par
l'aide de Dieu toutes nos positions, tout l'avantage , et rentrons
dans ce pays sacré où sont nos biens, nos espérances, nos joies. »

On parle , on querelle , les heures s'enfuient, et l'on ne prend
point de détermination. Talmont, comme général de la cavalerie,
au moins de nom , quitte la salle où l'on est assemblé , monte à
cheval , pique des deux et pousse vers Chateaugontier. Il voulait
de là marcher sur Alençon , et les troupes qui étaient à Pré-en-
Pail , rien qu'au bruit de son approche , commencèrent à se dé-
bander. C'était pour lui un encouragement et un espoir. Il allait ,

il allait, mais les brigands, au lieu de le suivre, menacèrent de l'abandonner. Force lui fut de revenir sur ses pas. Il grinçait des dents et mordait la lame de son épée en rejoignant le gros de ses bandes : « Ah ! malheureux, vous n'entendez pas la voix du ciel ! » Mais on lui tournait le dos, on se bouchait les oreilles, et lui, voyant la lassitude et la stupeur, prit le chemin de Laval et alla coucher à Entrames.

C'est un petit village sur la rive gauche de la Mayenne, entre les cours d'eau de la Jouanne et de l'Ouette. La position était sûre ; les brigands s'y logèrent, et bien leur en prit de s'en être emparé.

L'armée républicaine était sur leurs traces ; la tête à Villiers, à deux lieues de là, Westermann criait : « Point de relâche, point de lit, point de repos, attaquons les scélérats pendant qu'ils dorment, car s'ils prennent pied, nous sommes perdus. »

Il avait raison. Kléber voulait marcher aussi, mais Lechelle hésitait, n'allait qu'au trot ; et le soldat harrassé, sans eau-de-vie, sans pain, était loin d'en être à l'enthousiasme.

On piétina dans la boue jusqu'à la pointe du jour. L'armée était distribuée par colonnes de deux ou trois mille hommes. Les unes avaient passé la Loire à Liré, à Saint-Florent, à Chalonnes ; d'autres étaient remontées par les Ponts-de-Cé et Angers ; d'autres avaient descendu par Nantes. Toutes se réunirent sur la droite du fleuve à l'armée de Mayence, qui eut un camp de quelques jours à Saint-Georges ; toutes filèrent au nord, à marches forcées.

L'ennemi donc était à Entrames ; ce fut là qu'eut lieu la rencontre et le choc. Les brigands tinrent bon ; les bleus s'élançaient sur eux avec furie. Léchelle était en queue, le misérable ! Selon sa coutume il n'avait pas fait de dispositions. Et dans le vertige qui le saisissait au déchirement de l'air par les boulets et les balles, il laissait tout aller au hasard, sans faire un mouvement, sans un signe. Sa langue se collait à son palais ; ses doigts se crispaient sur la poignée de son sabre. Kléber s'indignait d'une telle ineptie, et pourtant il fallait courber et combattre sous la verge de plomb de ce lâche !

La valeur des troupes n'y put tenir. Le courage à la guerre n'est pas tout ; c'est le parti qu'on en tire ; c'est le placement stratégique des corps qui fait leur force principale. Laissez la cavalerie et l'infanterie sans guides, l'artillerie sans direction ; qu'il n'y ait ni plan ni règle, qu'on ignore quelle est l'avant ou l'arrière garde, le centre ou la réserve, qu'on ne sache où courir dans le succès, où s'abriter en cas d'échec, alors il n'y a ni sûreté, ni aplomb, ni confiance. On se heurte, on se gêne, on se démoralise, on tire les uns sur les autres, et c'est à l'ennemi par là qu'on fait beau jeu.

La bataille d'Entrames fut comme celle de Watterloo. Elle m'en donne une idée par le terrain, l'aspect, les suites. Les brigands étaient retranchés comme le furent depuis les Anglais, et protégés par des haies épaisses qui masquaient leurs pièces. Nos troupes, échelonnées dans les ravins et dans les plaines, firent des prodiges. Mais leurs files enlevées par la mitraille s'éclaircirent et s'ébranlèrent ; dix fois revenues à la charge, dix fois repoussées, elles finirent par se ralentir, se rebuter. Un *sauve qui peut* sortit des rangs. Lechelle fut le premier à prendre la fuite. L'armée, l'armée de Mayence, qui n'avait eu jusque-là que des victoires, fut mise dans une déroute complète. Elle rétrograda en désordre jusqu'à Chateaugontier, jusqu'au Lion, jusqu'à Angers. La consternation fut générale.

Bloss, Kléber, Beaupuy, Chalbos, Savary, Westermann, Marceau, tous les généraux irrités sabraient les fuyards. Ils leur barraient le chemin : « Halte ! halte ! soldats, à nous !... Quelle bassesse !... ô républicains !... en avant, en avant !... » Cris impuissants, rage inutile. On jetait ses fusils, ses cartouches, ses sacs. Nous perdîmes vingt-trois pièces de canon. Les Vendéens les pointaient contre nous et foudroyaient nos brigades avec notre poudre.

A Chateaugontier, ils arrivèrent aussitôt que nous. Ils étaient dans les maisons, et fusillaient nos soldats par les fenêtres. Savary trouva Bloss au bas du pont : « Où vas-tu, cher et digne ami ? ne me quitte pas, viens, je connais une ferme en arrière de la ville, où je veux avec toi rallier nos bataillons.

— » Non, non, c'en est fait, je ne puis... des Mayençais !... grand Dieu !... mais je ne survivrai pas à tant de honte !... »

Il avait reçu deux coups de feu dans la tête. Il n'avait plus de manteau, plus de chapeau, mais une serviette qui lui ceignait le front. Le sang ruisselait sur ses épaules. Il se jeta vers le pont « Pars, pars, je le défendrai seul... »

Sept chasseurs le suivirent. Il tomba le premier percé de balles. Les autres tombèrent près de lui. Les roues du canon de l'ennemi écrasèrent leurs membres.

V.

J'ai revu la ville, j'ai revu le pont, j'ai revu le pavé sur lequel ces huit hommes se dévouèrent. J'ai demandé où était le monument qu'on leur avait élevé, et l'on m'a regardé avec de grands yeux qui semblaient me dire : Qu'est-ce ? de quoi veut-il parler ?... est-il fou ?...

L'ARMÉE DE MAYENCE.

SON ORIGINE, SES HAUTS FAITS, SA CHUTE.

FOYER DE L'OPÉRA.

LES LOGEMENTS. — L'ORGIE. — LE DÉCRET.

> Ce n'est pas le monde qui est la vérité, c'est l'intelligence ; ce n'est pas le fait qui est le premier dans l'ordre des croyances, c'est l'esprit.
>
> EDOUARD GANS.

VI.

Ce soir, pendant que j'écris à la lueur de ma lampe, que fait-on, que dit-on au foyer de l'opéra, centre du monde politique et littéraire ? écoutez : les uns discutent avec passion sur le mérite d'Esler, de Gran, de Mayhood, ces trois jolies filles qui dansent à ravir ; ils ne savent à laquelle donner la préférence. Les autres s'inquiètent d'apprendre quel sera le commandant ou le major de la prochaine expédition d'Afrique ; Vallée ou Cubières, Trezel ou Gazan ; les paris sont ouverts, car aujourd'hui tout se résout en pièces d'or ; c'est gain ou perte, rien de plus. Ceux-ci, dans un coin, s'occupent du fauteuil vacant : est-ce Hugo, Berryer, Bonjour ou Aimé-Martin qu'on appelle et qu'on favorise ? C'est la question posée et qui tient en suspens l'institut. Ceux-là enfin jurent, dans un angle, que Louis Napoléon a vu la reine Victoria, et que le comte de Chambord doit passer l'hiver à Rome.

Vif intérêt, piquantes nouvelles ; Paris les jette à la province béante, tandis qu'en proie aux douloureux souvenirs j'évoque les ombres et je fais bondir des fantômes.

VII.

L'armée de *Mayence* est dissoute. Elle n'a pu échapper à son sort. C'était un corps d'élite qui, enfermé dans cette ville, sur le Rhin, se défendit jusqu'à la dernière extrémité : après un siège long et glorieux, la garnison sortit avec armes et bagages, et tous les honneurs de la guerre ; une seule condition lui fut imposée ; celle de ne servir plus contre l'Autriche ; la Convention l'envoya dans la Vendée (1).

Tous les membres de ce corps étaient unis comme une famille. Les chefs et les soldats se connaissaient tous par leur nom, et le mot de *frères et amis*, si en vogue à cette époque, était pris au sérieux par eux tous.

---

(1) La Convention voulait qu'elle fît la route en poste. On partit de la sorte, mais faute de chevaux on finit par aller à pied.

Ils s'étaient vus dans le danger , ils s'étaient mesurés sur la brèche , ils s'estimaient , se chérissaient et leur marche à travers la France fut pour eux une suite de triomphes. Ils portaient sur leur front l'empreinte de la dignité et du courage : un regard fier , une parole simple et franche , un cœur loyal , le culte du drapeau , une discipline admirable , une merveille en des jours pareils (1)!

Tous les officiers étaient des hommes rares. J'en ai vu plus de trente dont pas un de médiocre. Tout enfant que j'étais ils jouaient et s'ouvraient avec moi. Ils joignaient la naïveté à la vaillance; tous distingués parmi les supérieurs. Élégants, doux, affables dans les relations ordinaires de la vie , et des lions sur le champ de bataille. Les généraux firent tous un chemin rapide ; presque tous eurent une mort prématurée. Dubayet (2) fut ambassadeur à la Porte et conjura au Bosphore la malveillance russe ; Marceau (3) fut tué général en chef aux frontières , et la Prusse, à présent encore, entretient à ses frais son monument; Kléber gouvernait l'Egypte après le départ de Bonaparte. Il était grand de taille , plus grand de cœur. Il eût régénéré l'Orient. Nul ne peut dire où nous eussent, par lui, conduit les destinées, si le

---

(1) Dans les mémoires rédigés ou revus par M. de Barante, on fait croire que l'armée de Mayence mît tout à feu et à sang.

Le fait est que sa discipline fut toujours incomparablement meilleure que celle d'aucune des troupes qu'on envoya dans la Vendée; qu'elle ne fit de mal que celui qui est inévitable dans une guerre comme celle qu'elle avait à soutenir; que son état-major fut toujours sans tache , et que le seul château de la Chardière, qui avait été pris après une forte résistance, fut incendié par un de ses détachements.

(2) Il commandait en chef l'armée de Mayence au siège de cette ville; il la commandait encore à son entrée dans la Vendée.

Ce commandement lui fut retiré après les affaires de Torfou et de Tiffauges, sur une dénonciation que Ronsin *commandant de l'armée révolutionnaire*, avait faite contre lui et Canclaux, à une séance des Jacobins de Paris.

(3) Il avait débuté par servir dans l'armée des côtes de la Rochelle

La première fois qu'il vit Kléber, ce fut sur les hauteurs de Cholet, au mois d'octobre 1793.

Kléber était dans une position critique avec son armée, et voyant arriver à lui Marceau qui venait de son camp tout exprès pour le saluer, il le reçut par ces mots : « Vous n'auriez pas dû quitter votre poste, retournez y promptement, nous aurons le temps de faire connaissance une autre fois. » Marceau piqué d'un tel accueil se retira fort mécontent, mais il en fut dédommagé le lendemain ; Kléber lui témoigna beaucoup de confiance et , de ce moment, ils furent étroitement unis.

poignard d'un fanatique ne fût venu un matin en trancher le cours (1).

Mais suivons ces brigades qui défilent sur la levée. A Orléans, il y a eu des fêtes à leur passage, des fêtes aussi à Blois ; il y en aura à Tours. A l'issue du repas on crie aux armes ! Les rebelles sont ici, les rebelles sont là ; les rebelles sont partout : aux armes ! aux armes ! De quel côté marcher, de quel pied partir? Poussera-t-on de Saumur aux Sables-d'Olonnes et à Nantes, pour acculer ces brigands dans la mer ; ou bien, pénétrant par Nantes, sur les terres que souille l'insurrection, coupera-t-on aux royalistes toute communication avec l'Océan et l'Angleterre, pour les refouler sur la Loire menaçante, et les précipiter sur les redoutes et les batteries qui vont être élevées, en hâte, sur la rive droite?

A Nantes! s'écrie-t-on de toutes parts (2). L'armée s'élance, elle court, elle a des ailes. A son approche les Vendéens frémissent. Un secret pressentiment les agite. Une voix intime leur révèle-t-elle l'avenir?. Ils n'ont eu jusque-là que des succès éphémères. Rien de solide n'en est résulté... Des canons pris, des exploits, de l'éclat ; mais point d'établissement, point de conclusion, point de terme. Voici l'heure des combats terribles ; voici le chant de victoire ou le signal des défaites. Le ciel est noir, les cœurs sont serrés ; tout annonce une lutte corps à corps, une crise épouvantable, une guerre à outrance : tous les chefs sont présents, tous les prêtres redoublent de prières ; on bénit les chapelets, on bénit les étendards, on entonne les litanies : *A genoux! A genoux!* Ce cri répond à celui des patriotes.

Cependant les Mayençais paraissent, s'élèvent, grandissent. Ils vont comme une colonne d'airain, ils vont comme un rocher mobile qui écrase tout devant lui ; comme un nuage d'où partent l'orage et les éclairs. En vain toute la valeur poitevine se croise au devant de leurs pas, rien ne les étonne, rien ne les arrête ; l'échec d'un jour est réparé le lendemain ; Tiffauges venge Torfou, et la mission de mort s'accomplit.

VIII.

Mais, ô trouble ! ô renversement ! cette armée victorieuse où va-t-elle ?

Au tombeau !

---

(1) Il fut d'abord commandant de l'avant-garde, puis d'une division et même de l'armée entière, par intérim ou par l'influence qu'il avait sur les titulaires.

(2) Ce cri, ce vœu de l'armée fut confirmé et consacré par un conseil que les représentants et les généraux tinrent à Saumur.

Le projet de pousser les brigands dans la mer était de Ronsin ; celui qui fut adopté était de Biron, de Grouchy, de Canclaux.

J'ai dit Cholet, j'ai dit Entrames : deux batailles de géants, à dix jours de distance. Dans la première les brigands dispersés et dans la seconde les Mayençais flétris.

Le 17 et le 27, deux dates à jamais mémorables !

Le 17, Larochejaquelein désespéré ; le 27, Kléber anéanti !

Je reprends la suite des événements. Kléber est en travers sur le pont du Lion-d'Angers. L'Oudon roule à pleins bords sous les arches. Le temps est froid, humide, tous les ruisseaux sont devenus des torrents. La rivière coule de l'ouest à l'est ; elle reçoit l'Araise et la Verzée, passe à Segré et va se jeter dans la Mayenne à Grez-Neuville. Le ravin est profond, c'est un retranchement naturel, un abri, un refuge ; c'est là qu'il faut rallier les fuyards.

Lechelle couché déjà dans une auberge, se lève, s'habille et vient les haranguer : « A bas Lechelle, à bas le traître, à bas le gredin !... Vive Dubayet, qu'on nous le rende !... Vive Kléber !... » Ce cri, comme une tempête, sort à la fois de toutes les bouches. Lechelle ne sait plus où se cacher. Les femmes elles-mêmes, dans leur exaltation et leur transport, répètent du haut des fenêtres : « à bas ! à bas ! »

Lechelle, en sortant du Lion-d'Angers, eut l'impudence de dire : « Faut-il que le sort m'ait donné à commander de tels lâches ! » Un Mayençais blessé qui l'entend le couche en joue et lui riposte « Faut-il que le sort nous ait donné pour commandant un tel J ..f.....! »

C'est l'esprit du temps qu'il faut bien que je reproduise. Je ne lèche ni ne cadence mon style. Je redis ce que j'ai vu ou ce que j'ai su, ce que tout le monde savait alors, et ce qu'aujourd'hui tout le monde oublie ; je ne fais que rassembler mes idées, qu'achever mes ébauches, et je prie en grâce qu'on se souvienne que je ne me crois nullement propre à écrire pour un salon ou pour un athénée, mais pour le peuple d'où je sors, et au milieu duquel je vis, lui consacrant mes veilles et ma plume, sans lui imposer de reconnaissance.

IX.

Kléber à son tour voulut avec Marceau passer en revue les bataillons. Il y en avait qui ne montraient plus que seize hommes, d'autres que vingt. Non pas que le reste entièrement fût mort, il s'en fallait de beaucoup ; mais il était en fuite, dans les champs, dans les bois. Toutes les brigades étaient mêlées, tous les uniformes confondus : dragons, fantassins, canonniers, tous allaient en foule, à qui s'en irait le plus vite et le plus loin. Il y en avait même, non pas des Mayençais, mais des *bataillons soldés et des réquisitionnaires*, des hommes enfin de toutes les autres divisions, il y en avait, dis-je, qui se croyant en lieu de sûreté, et n'entendant plus la fusillade, riaient, sifflaient, et s'amusaient de leur désastre avec une détestable insouciance. Il se forma des pelotons de huit et dix hommes qui s'organisaient pour eux seuls, s'isolant des officiers, afin de marauder à leur aise. Ces groupes de *ravageurs* ne perdaient pas absolument le drapeau de vue, mais par la pluie ils craignaient la belle étoile, ils évitaient le bivouac et se blottissaient la nuit dans les granges, dans les caves, souvent dans le lit des pauvres villageoises.

Ce fut le 29, de très bonne heure, que Kléber parcourut les rangs de ses troupes décimées et abattues : « Est-ce vous, leur disait-il, est-ce vous, Mayençais, qui vous mêlez à des pillards ?...

— » Non, non ! crièrent-ils tous ensemble.

— » Est-ce vous qui vous déshonorez en fuyant devant ces mêmes brigands que vous aviez culbutés dans la Loire. »

Il pleurait.... et ils pleuraient aussi.

Il ne put tenir à ce spectacle. Il savait au fond quelle était leur bravoure. Il l'avait cent fois éprouvée. Il y avait eu un moment de vertige, un songe, un spectre, une terreur panique. Les soldats l'avouaient en s'arrachant les cheveux, et le repentir de ses vieux compagnons remuait le général jusqu'aux entrailles.

Sa division seule avait donné ; j'en garde la composition. Cette phalange là sera immortelle. Toute la vertu n'est pas dans le succès, elle éclate aussi dans les revers ; elle est surtout dans la constance. Il y a des jours où l'homme fléchit sous un pouvoir irrésistible ; et puis d'autres où il se relève par un sentiment qui l'enflamme, sans qu'il puisse le définir. Il y a une fatalité qui le renverse, il y a une providence qui le sauve. Le mot de ces énigmes est inconnu, et Dieu ne nous dévoile pas tous ses mystères.

J'inscris les noms comme ils me reviennent à la mémoire :

La légion des Francs, la légion de Cassel, un bataillon de la Haute-Saône, un de Seine et Oise, un de la Nièvre, un du Haut-Rhin, un de l'Eure, un des Vosges, puis le bataillon des *Fédérés* et le bataillon des *Amis de la république.*

Ils laissèrent plus de deux mille hommes sur le terrain ; les colonnes qui n'avaient pas ce jour là vu le feu perdirent le double d'hommes par la déroute. Tout le pays en fut jonché et empesté. Les corbeaux obscurcissaient l'air, et du haut des nuages ils fondaient sur les cadavres que le paysan dépouillait mais n'enterrait pas.

C'était le paysan de la future chouannerie.

Il fallut des ordres exprès donnés par les brigands mêmes et leurs prêtres pour faire enfouir dans de larges trous ces corps *d'une argile trempée de larmes !*

X.

Parmi les chefs blessés, je cite Beurnmann, Barris, Cuisinier, Petit de Courville, Beaupuy. Les trois premiers périrent en chargeant à la tête des troupes. Courville fut enlevé du champ de bataille par ses soldats et porté au Lion, chez M.me Pontchateau, qui le soigna, le guérit et le rendit à l'armée. Il est mort long-temps après, dans un voyage qu'il avait fait à Paris. Il était commandant de la garde nationale de Caen, et il fut décoré dans cette ville au passage et de la main même de l'Empereur, en 1811.

Beaupuy fut trouvé dans un fossé. Il avait la cuisse fracassée. Un chirurgien le vit et voulut le panser, mais lui s'y refusait, et il disait d'une voix éteinte : « laissez-moi là, prenez ma chemise teinte de mon sang, montrez-la à mes grenadiers, et qu'ils me vengent. »

On le transporta malgré lui dans une ferme ; on lui mit le premier appareil, et on le plaça sur une charrette à bœufs pour l'emmener au Lion, puis à Angers, où je le vis arriver, sur la paille, cruellement secoué, mais ne donnant aucun signe de douleur, et n'ayant de pensée et de regret que pour la perte de la bataille.

XI.

Choudieu, Merlin, Turreau, Prieur de la Marne, conventionnels déterminés, étaient au Lion-d'Angers, et ils voulaient tout de suite franchir le pont et se porter de nouveau sur les brigands.

« Eh ! avec quoi, leur dit Kléber ? Avez-vous des troupes ?

— » Les tiennes !

— » Epuisées, harrassées, entraînées par l'exemple.

— » Et toi aussi, tu recules ? »

Il fit un geste, et reprit avec calme : « Ordonnez le combat, et à cent pas d'ici vous serez seuls sur la route avec moi et mes officiers... C'est ainsi que je paie vos outrages.

— » Mais que veux-tu donc ?

— » Rentrer à Angers.

— » C'est un gouffre où le soldat va se perdre.

— » Oui se perdre et puis se retrouver. Je connais ses instincts, sa marche. Il va s'enivrer, se gorger ; ce qu'il a d'assignats il va le manger, il va s'oublier chez les femmes, mais ces femmes mêmes le feront rougir de sa faiblesse. Les femmes n'ont que du mépris pour les poltrons. Les plus mauvaises seront en cela fidèles. Elles s'ennuieront de lui, il s'ennuiera d'elles. Le repos et la débauche lui deviendont odieux ; il a été battu, il voudra prendre sa revanche ; il s'excitera dans les cafés et les spectacles, et de l'excès du mal naîtra le bien. Pendant cette orgie, se réorganisent les cadres. Un jour, à l'aurore, on bat le rappel et je vous promets une armée formidable qui, rhabillée, rajeunie, remontée, reprendra la campagne avec ardeur et tombera sur les brigands comme un tonnerre. »

L'avis passa : « nous partons pour Angers », à ces mots qui circulent et se répandent, plus de dix mille hommes rejoignirent ; en quatre heures on fit les six lieues de poste, et à midi sonnant à S.t-Maurice, le 30, l'avant-garde était sous la porte Lionnaise.

XII.

Ce n'était pas tout que d'arriver, il fallait se loger, et notez bien qu'alors il y avait plus d'hôpitaux que de casernes, celles qui existaient du moins mal tenues, mal pourvues, étaient dix fois insuffisantes.

Le soldat, l'officier, le charretier, les chevaux, tout logeait chez l'habitant, et c'était, comme on pense, une charge énorme mais pour laquelle il n'y avait pas à sourciller. Quand on n'avait pas de chambre ou de lit, on envoyait à l'auberge et l'on payait. Quand un soldat partait, il en revenait un autre. Plus d'un sous-officier fit le commerce de billets ; il en demandait cent pour cinquante hommes et rançonnait les citoyens en leur promettant des exemptions dont il tirait parfois d'assez gros bénéfices.

Cela se faisait ainsi dans les temps ordinaires, mais après la déroute d'Entrames, tous ces bataillons coup sur coup qui affluèrent, tous ceux qui en outre venaient de Saumur et du Mans comme *renforts*, firent un encombrement et un chaos dont on ne se demêla que par un tour de force.

On donna l'ordre aux troupes de se déployer dans toutes les rues : rue Baudrière, rue de la Poissonnerie, rue S.t-Laud, rue S.t-Aubin, rue S.t-Julien et ainsi dans tous les quartiers. L'effet était singulier et magique, de tous ces bataillons qui se succédaient les uns aux autres sans que jamais on crût en voir la fin. Les drapeaux étaient déchirés, percés de balles, couverts de sang et de boue ; il y en avait qui n'avaient plus que le manche. Les tambours battaient sur tous les points à fendre la tête à nos mères et à nous faire, à nous, un plaisir extrême. Quand le mouvement général fut opéré, un commandement de halte se fit entendre et se répéta sur toutes ces lignes serpenteuses qui remplissaient et enlaçaient la ville. Alors les principaux citoyens des différentes sections, désignés par la municipalité et soutenus au besoin de ses officiers et de ses notables, dirent aux soldats d'entrer par files dans les maisons auxquelles ils faisaient face ; six là, douze ici, selon la grandeur, le zèle, la fortune : il y eut des maisons qui logèrent jusqu'à cinquante hommes ; chez mon père il y en avait trente-deux, dont un commandant, un quartier-maître, quatre sergents-majors et fouriers.

La famille se réfugia et se concentra dans une mansarde. Tout le reste des bâtiments fut au soldat. On faisait le *prêt*, on distribuait la viande, le pain, les souliers dans nos magasins et dans la cour. Les officiers *faisaient bombance* dans les chambres hautes, s'emparant de nos domestiques qui ne servaient qu'à aller chercher, chez les confiseurs Retureau et Bergem, plus de cent topettes de liqueur par jour pour eux, leurs amis et camarades.

Ce qui se passait dans notre maison avait lieu, bien entendu, dans toutes les autres.

Angers était une Babylone. Toutes les prévisions de Kléber se vérifièrent, mais ce qui le surprit et le frappa au cœur, mais ce qu'il n'avait pu ni imaginer ni prédire, ce fut un décret de la convention qui, proclamé par les représentants, supprimait l'armée de Mayence, rapportait l'acte de formation, rompait ses lignes et ordonnait son amalgame avec les autres brigades de l'armée de l'ouest.

O noble armée, c'était là ta récompense !

Lechelle n'avait pu vaincre, mais il avait pu dénoncer. Selon lui tous les Mayençais étaient des aristocrates; tous les généraux étaient des partisans de *Pitt et Cobourg*, crime bannal dont on affublait ceux qu'on voulait perdre; ceux que, par gentillesse, on nommait *la basse-cour de la guillotine*.

Un courrier porta la plainte au comité de salut public; il revint cinquante heures après avec l'arrêt expéditif qui cassait et disloquait la plus belle armée qu'ait eue la France.

———

ROSSIGNOL ET PRIEUR.

LE VIN ET L'AMOUR. — LES RÉPUBLICAINS A VITRÉ.

MARCHE DES BRIGANDS VERS LA MANCHE.

XIII.

Imaginez la ville d'Angers au mois de décembre, sombre, tortueuse, étroite et bien moins ouverte qu'elle ne l'est aujourd'hui. Voyez-la jour et nuit comblée, arpentée, sillonnée par une population triplée, et qui se forme de ses habitants ordinaires, puis de l'armée en désordre, puis des réfugiés qui sont accourus de la campagne et de la Vendée. Il y avait là plus de quatre-vingt mille ames dont la moitié ne savait où coucher, où manger, et qui pourtant voulait vivre, et même bien; mais comment faire? Partout l'effroi et la disette, l'autorité aux abois, l'ouvrier sans travail, le commerce nul, point de fermages pour le propriétaire, point de police, une licence effrénée, des tu,

3

des toi aux hommes, aux femmes, aux vieux, aux jeunes, de
respect pour rien, une énergie incroyable, et au milieu de tout
cela des chants, du vin chaud, de l'eau de vie brûlée; des assignats qui volaient chez les traiteurs par planches; des mouchoirs,
des toiles, des montres, que le soldat vendait aux carrefours,
le pillage payant le plaisir; et le maximum affichant au coin des
rues ses tarifs et ses menaces. N'oublions pas les prêtres cachés
et les femmes qui vont à l'office divin dans des greniers ou des
chambres; l'autel sur le lit, l'abbé déguisé en colporteur, quelquefois en caporal, et prêt toujours à prendre la fuite. On voyait
là non seulement les femmes nobles, non seulement les femmes
du port, mais celles des officiers municipaux qui étaient tout
ensemble dévotes et patriotes, et qui toutes imploraient Dieu aux
pieds des insermentés, les unes pour le roi et le triomphe des
brigands, les autres pour la fin de la guerre et l'établissement de
la république. Il y avait de ces chapelles chez les demoiselles
Gautret, chez les dames Allory, et dans dix maisons de la
ville, sur la place même du Ralliement, à deux pas de la guillotine. On y menait les petites filles, non pas les petits garçons,
car on savait que ceux-ci avaient plus de goût pour le tambour
que pour la messe. Mais quelle imprudence! Au retour de ces
mystères, les sœurs faisaient à leurs frères le tableau de ce
qu'elles avaient vu : des flambeaux allumés, des parfums, des
hymnes, et toute une féerie qui excitait la curiosité au dernier
point et qui, si un mot en eût transpiré au dehors, aurait fait
incarcérer et fusiller toute la famille!

XIV.

Westermann, las de Lechelle, las des représentants du peuple, ne pouvant souffrir la couardise de l'un, la hauteur des
autres, demanda un congé, l'obtint et se rendit à Niort, où il
resta quinze jours; après quoi, plus las encore de l'inaction, il
reprit ses pistolets, son sabre, enfourcha son cheval et rejoignit
ses hussards.

Lechelle avait donné sa démission. Bellegarde, conventionnel, l'avait déterminé à faire *ce sacrifice à la patrie*. L'ex-gé-
néral en chef s'alla blottir à Nantes, où il mourut dans une
obscurité qui était son vrai lot, et de laquelle jamais il n'aurait
dû sortir.

Kléber refit une armée nouvelle avec les débris de l'ancienne.
On croyait que la perte n'était pas moins que de douze à quinze
mille hommes. C'était le chiffre qui courait, et que les royalistes avaient soin de propager Il était heureusement fort exagéré.
Quand on se compta les 2 et 3 novembre, il se trouva qu'au lieu
de vingt-quatre mille hommes, il n'y en avait plus sous les armes
que dix-neuf mille, c'était encore cinq mille d'absents; mais

avec ce qui restait et ce qui arrivait des départements voisins, on pouvait hardiment reprendre la campagne et l'offensive.

Les Mayençais qui avaient déplu à la convention ne formèrent plus un corps distinct et séparé. On distribua leurs bataillons dans les différentes colonnes. Ils en prirent la tête, ils leur donnèrent l'impulsion, ils en firent la force et conservèrent jusqu'au bout leur esprit, leur valeur, leur réputation. Dans le danger, devant l'ennemi, au fort du combat le plus terrible, quand une voix s'écriait : *Mayence !* c'était comme l'éclair, comme la foudre, on voyait accourir de tous côtés les indomptables, et là où était ce noyau, là où brillait ce courage, il fallait aussi que vînt la victoire ou que le feu fût éteint par la mort.

Chalbos, au refus de Kléber, fut nommé commandant par intérim de ces brigades régénérées. On quitta Angers le 7 novembre : partie des troupes prit par Châteaugontier, partie s'en alla par la Flèche et Sablé. Le 11, toutes les divisions se trouvèrent à Laval au rendez-vous.

Là on ne sut où étaient les brigands. Les espions foisonnaient mais leurs rapports étaient contradictoires. Ce qu'il y avait de certain c'était que Larochejaquelin avait battu Olagner le 28 octobre. Ce général était sorti d'Angers le 19, avec le commandant Bourgeois et deux commissaires du département, Duverger et Bénaben. Il marchait sur Ingrandes avec quelques bataillons; forcé de se replier sur Labarre et Beaucouzé, il se porta ensuite sur Craon, mais arrivé trop tard, il n'avait servi de rien pour l'affaire d'Entrames ; et réduit à ses seules forces, il éprouva un rude échec qui le rejeta sur Vitré et sur Rennes.

Ce fut pour Chalbos un motif de prendre cette direction. Il voulait préserver la Bretagne, où les vieux châteaux et les grosses métairies étaient comme des forteresses dont tout faisait croire que les brigands voulaient s'emparer, et de là, durant le reste de l'hiver, faire pleuvoir la mort sur nos colonnes.

XV.

Nous avions trois armées : celle de l'ouest, celle des côtes de Brest, celle des côtes de Cherbourg. Chalbos commandait la première, Rossignol la seconde, Sepher la troisième. L'armée de Cherbourg s'était mise en mouvement, mais elle était encore loin, et nous la laisserons *tourner virer* dans le nord, par S.t-Lô et Thorigny, sans nous occuper de ses fausses manœuvres. Il s'agit d'abord des deux autres, celle de l'ouest et celle de Brest. Les états-majors se joignirent à Vitré, et la question fut de savoir à qui tomberait le commandement suprême des deux armées réunies; Chalbos était brave et habile, mais vieux et usé, et les représentants ne le trouvaient pas *à la hauteur.* Ce fut Rossignol qui fut choisi. « Moi, dit-il naïvement, vous voulez rire. Je peux bien mener au pas de charge un bataillon , mais je ne suis pas f.... pour conduire une armée.

— »Toi , cher ami, s'écrie en l'embrassant Prieur , tu as notre confiance tellement entière que , perdis-tu vingt batailles, tu conserverais toujours le commandement. Tu es un patriote sans tache , un sans-culotte sans fignolerie et sans détour ; tu ignores donc comment te nomme le comité de salut public ? ni plus ni moins que le fils aîné de la convention et que le dauphin de la république !

— » Quels termes emploies-tu là ? quelle responsabilité veux-tu que je prenne ?

— » La responsabilité ne te regarde pas , tu es le drapeau , le tison, le fanal ; tu vas, tu guides, tu donnes le signal, mais ce sont ceux-là.... les généraux de division qui répondent du succès et de l'exécution de tes ordres.... Si tu perds , ce sont eux qui paieront ! »

Les généraux sourirent..... et frissonnèrent :

Vergnes qui était chef d'état-major dit en plaisantant « je demande aussi un brevet d'impunité. » Ce bon mot, à peu de jours de là , lui valut sa destitution. Les Jacobins n'aimaient pas la raillerie. Il fut remplacé par Nouvion qui ne dura guère. Tous deux avaient de l'expérience et du talent. Pour rester en faveur c'était trop de moitié.

<h2 style="text-align:center">XVI.</h2>

La France soutenait deux guerres à la fois : celle des frontières et celle de la Vendée. Carnot menait l'une et Prieur l'autre.

Il y avait deux Prieur : celui de la Côte - d'Or et celui de la Marne. Le premier, du comité de salut public ; le second, envoyé près des armées de l'Ouest. L'un froid , austère, implacable ; l'autre d'une excessive exaltation.

Prieur de la Marne, celui que je crois encore avoir devant les yeux, galopant dans le champ de Mars à travers les affûts et les ambulances, faisait toutes sortes de rêves sur les destinées de la république. Il la voyait conquérante et triomphante à Rome, à Vienne , à Londres même et à Constantinople. Il plantait nos drapeaux à Naples, à Malte, aux Dardanelles, montait sur les mers, les balayait, et renversant partout les tyrans et les trônes ; il faisait prendre à tous les peuples, bon gré, malgré, la cocarde tricolore et le bonnet rouge.

Non seulement, selon lui, les hommes se ralliaient à nos principes, mais les enfants étaient séduits par nos couleurs, les femmes se jetaient dans nos bras, la France était la marraine de toutes les libertés et Paris une Delphes nouvelle où venaient s'inspirer toutes les intelligences.

Quand il était en verve, rien ne lui coûtait, rien ne l'arrêlait, et ses collègues émerveillés ne l'appelaient entre eux que le *romancier de la Montagne*.

XVII,

Rossignol, général en chef, ne pouvant faire le plan de campagne, Kléber y pensa et l'apporta aux représentants. Il proposait de confier à Marceau le commandement supérieur des troupes ; à Westermann, le commandement particulier de la cavalerie ; à Debilly, le commandement de l'artillerie. Ces trois généraux seraient, comme de juste, sous la main du sans-culotte Rossignol, qui ne ferait rien, mais qui laisserait faire.

C'était fort bien arrangé comme cela. L'ordre fut donné conformément aux conclusions ; les lettres furent délivrées et Kléber, intime de Marceau, s'entendit avec lui pour marcher dans ce dédale avec le plus de régularité possible et de constance.

Mais pendant qu'on cherchait les brigands du côté de Rennes, ils se jetaient sur Avranches par Mayenne, Fougères, Dol. Entrames et sa victoire au lieu de resserrer l'union des chefs, l'avaient relâchée. Chacun s'attribuait le succès de la journée et dans le trouble, au lieu de suivre l'avis de Larochejaquelein qui avait toujours Angers pour point de mire, on n'eut plus, parmi les capitaines, qu'un besoin, qu'un vœu, qu'une envie, ce fut de gagner un port de mer et de se mettre au plus tôt en communication avec l'Angleterre.

« L'Angleterre ! criaient les paysans..... C'est un guet-à-pens, c'est un enfer ; les chefs veulent se sauver eux et leurs femmes, en nous laissant à la merci des bleus ! »

Et le jeune Henri disait en gémissant : « soupçon fatal, affreuse discorde, qui sera la perte de l'armée ! »

Les charrettes de blessés accroissaient l'embarras et la stupeur. Toutes ces bandes mal chaussées avaient les pieds couverts de plaies, d'abcès, de crevasses. Des paroisses entières restaient sur le bord des fossés hors d'état de continuer leur route et implorant, mais en vain, les chirurgiens : « ces carabins mal outillés ne pensent qu'à leur ventre. » C'était là comme on les traitait ; et en effet, à l'exception d'une demi-douzaine, toute la clique ne songeait qu'à se tirer de ce mauvais pas.

Chaque homme avait son genre de fusil et son calibre ; chacun avait son moule à balles et faisait ses cartouches. Quant aux blés, aux étoffes, il y avait des commissaires, mais il fallait voir comme ils expédiaient ces fournitures : ils entraient dans les granges, ils entraient dans les boutiques ; ils prenaient, ils prenaient, et payaient en *bons-royaux*, autant vaut dire en monnaie de singe. L'attrape-qui-peut était le mot des deux camps, et qui a vécu sous ce régime a vu l'idéal de l'anarchie.

XVIII.

Les Vendéens, tout en grondant, suivaient la trace de leurs chefs.

A Mayenne, pour les attendre, il y avait 17,000 hommes sous le commandement du général Lenoir. Mais quels hommes ! rassemblés à la hâte, armés de faulx et de bâtons pour la plupart, et ayant peur non seulement des brigands mais de leur nom et de leur ombre. Lenoir disait au représentant Letourneur qui était près de lui : « destituez-moi, je vous en conjure ; vous voyez bien ces marionnettes là, je vais être déshonoré par elles. » Cela ne manqua pas, à peine les Vendéens furent-ils à moitié route de Laval à Mayenne, à trois lieues, que le pauvre commandant vit déserter les deux tiers de ses recrues. Il en restait encore 6,000, mais quand Letourneur voulut les haranguer, ils lui jetèrent au nez des châtaignes, et quand on battit la générale, il n'en parut pas sur la place quatre à cinq cents. Il n'y eut pas d'autre parti à prendre, avec ce peloton, que de battre en retraite sur Domfront, Argentan et Falaise. Les directoires du département et du district, évacuèrent sur Alençon avec ce qu'ils purent emballer de leurs archives.

Talmont entra le premier à Mayenne. La *cavalerie brigande* était d'environ 1,500 hommes, mais sur ce nombre il y en avait bien mille qui étaient si mal équipés qu'on ne les nommait que les *marchands de cerises*. Sur les cinq cents autres, trois cents ne manquaient pas de résolution mais d'instruction et d'habitude, et deux cents seulement pouvaient passer pour de *bons sabreurs*. Quand les bleus étaient entamés, ils couraient dessus à bride abattue et les tuaient comme mouches.

A Fougères, il y avait la ville et le château. Le château était plein de troupes de ligne ; la ville était gardée par des *nationaux* et des *soldés*. Ville et château tout fut enlevé en peu d'instants. Ce qui était de la garde nationale fut aussitôt fusillé que pris ; on se contenta de couper les cheveux aux militaires.

A Dol, point de résistance, point de malheurs. Il y a là une belle cathédrale et l'évêque d'Agra y donna la bénédiction. Le lendemain on passa le Couesnon à Villecheret et à Pontorson ; les arches n'étaient pas coupées. Des éclaireurs vont au mont S.t-Michel et délivrent les prisonniers, bons ou méchants ; pour opinion ou pour vol, tout fut mis dehors et la petite garnison fut désarmée.

Le pont au Bault était debout aussi. On le franchit sans brûler une amorce et l'on entra dans Avanches le 10 novembre.

Vardot n'ayant que huit cents hommes sur ce point n'avait pu le défendre ; il se replia sur Brecey et Mortain et alla rejoindre Sépher je ne sais trop où.

Avranches est une petite ville mais délicieuse. On y sait vivre; on s'y amuse comme des bienheureux. La dépense y est faible et la société, toute choisie, est vouée, non pas au lucre et aux spéculations usuraires, mais à la danse, à la peinture, à la poé sie, à la musique. On y a les journaux les plus gais, les romans les plus nouveaux et une façon de cuisine délicate et recherchée qui tient de la Française et de l'Anglaise : du thé, des pâtisseries, des plumbs, des rôtis; puis des cavalcades et des promenades qui sont des perfections et des modèles.

Il y a cent ans qu'elle se signale ainsi, et à l'époque même de la *Terreur,* c'était un vrai pays de Cocagne. Jugez du désarroi que la venue des brigands mit dans les bals et les ménages. C'était Capoue envahie par Annibal. Mais l'armée royale, toute énervée, n'en était pas, hélas! à jouir de ces délices!....

LE POÈTE ET LES ANNONCES.

LA CENTRALISATION.

L'ATTAQUE DE GRANVILLE. — MŒURS ET COUTUMES.

UNE SCÈNE DE FUSILLADE.

> Avance, audacieux navigateur! la froide prudence peut rire de toi; les mains de tes matelots peuvent retomber épuisées ; avance : toujours, toujours à l'ouest.....
>
> (SCHILLER, dans Christophe-Colomb.)

XIX.

Et moi aussi j'avance à l'ouest! non pas du globe et de l'atlantique mais de l'Europe et de la France; non pas sur un navire léger mais sur une claie, dit-on, où je m'étends et sur laquelle on me traîne.

J'écris dans une *feuille d'annonces.* On fait mine de s'en étonner. Ce qui m'étonne, moi, c'est la surprise que l'on affecte. Quel journal ne vit d'annonces ou du moins n'en voudrait vivre? à Paris comme en province l'annonce est courue et recherchée ; il y a des courtiers tout exprès : Fayot, Molineau, vingt semblables ; on fonde sur l'annonce sa fortune bien plus assurément que sur l'esprit.

L'esprit est le pis aller des grands journaux comme des petits. Si vous consultez les rédacteurs, oh! je le sais, il n'y aura pas une annonce dans la feuille et toutes les colonnes seront données à la polémique et au théâtre. Mais, si vous en croyez le gérant et le caissier, toutes les pages seront consacrées aux avis divers, à tant la ligne.

Laissez faire pourtant, l'esprit dédaigné prend sa revanche. La dignité de l'écrivain n'est pas dans le cadre mais dans ce qu'il y met. Son honneur n'est pas dans le format et le titre mais dans les lecteurs qui affluent et qui approuvent; même dans ceux qui censurent et qui crient : le pire serait de passer inaperçu.

Toute tribune est bonne quand l'orateur est écouté. J'ai lu, dans mon almanach d'un sou, le *maître d'école* de Cormenin, qui est un chef-d'œuvre de raison et de style : c'est le Socrate des dialogues de Platon.

Mirabeau, étant à la Bastille, arrachait les *gardes* des livres qu'on lui prêtait et, sur ces feuilles volantes, il écrivait ses *Lettres à Sophie*, ou jetait en traits de feu l'ébauche de ses *Lettres de cachet*.

Galilée, sur les murs de sa prison, gravait ses calculs et ses découvertes.

C'était au vent et à la pluie que, dans un pavillon tout ouvert, Rousseau composait sa nouvelle Héloïse.

Les modèles ne manquent pas; heureux qui peut les suivre !

Maison à louer, maison à vendre, il faut que tout s'épuise avant qu'arrive mon tour. Je me glisse entre deux métairies. Je passe après l'état-civil et la mercuriale. Dans ce siècle tout est chiffres, comptes et marchés. La pensée même est un commerce, hormis la mienne, qui ne se vend point, qui se donne et qui, à grand'peine, trouve à se placer sous l'aile de son éditeur.

La pensée humaine est une puissance, et c'est pour cela qu'elle a tant d'ennemis. On s'unit, on se lève, on s'arme contre elle, on veut l'éteindre et l'étouffer. Mais elle survit à la persécution. Plus on la comprime, plus elle acquiert de force, plus son explosion a d'éclat. Les hommes d'argent et de faste, les positifs et les jongleurs ont des troupes pour la mettre aux fers, mais elle échappe à leur inquisition et à leurs pièges; plus on croit l'enchaîner, plus elle est libre. Elle se joue des règles mensongères. Un jour, ayant franchi d'un bond l'espace immense, elle apparaît au sein des villes, elle descend des montagnes, elle souffle dans les arbres, et aussitôt tout change, tout se transforme, tout se brise, s'évanouit, se dissipe; on voit des trônes qui flottent sur le fleuve et des palais qui sont en flammes; l'or est semé sur la terre, en prend qui veut : ceux qui étaient les élus et les maîtres appellent cela un bouleversement.

La tourmente cesse, l'hiver finit, les neiges fondent, l'herbe refleurit, l'air s'embaume, et le poète, éveillé dès l'aube, chante l'usure vaincue, la vertu triomphante et les grâces divines de l'amour éternel !

XX.

Où sont les Vendéens, ces victimes dévouées, tombant sous le glaive de la concentration? loi fatale et providentielle, loi impérieuse, irrésistible, nationale, qui fonde l'unité et l'indivisibilité, et qui mène la France à la force et à la gloire !

Chose étrange ! la convention achève l'œuvre de Louis XI, de Richelieu et de Louis XIV.

Les rois et leurs ministres ont détruit la féodalité, les grands, les guerres de châteaux ; la convention se charge du peuple et détruit ses corporations, ses franchises locales, ses privilèges partiels, ses routines, ses coutumes, ses croyances !

Les marchands de Lyon résistent, et leur ville est rasée; les matelots de Toulon résistent, et leur port est réduit en poudre ; les paysans de la Vendée résistent, et ils vont être exterminés !

XXI.

Les maisons d'Avranches étaient trop petites. Le quart des brigands, tout au plus, avait pu s'y abriter. Le reste couchait dans les rues, sur les chemins, sans voiles ni tentes; dans les églises, il y avait des blessés qui juraient, des vieillards qui mouraient, des femmes qui accouchaient. On allumait de grands feux sur les places avec du genet et de la paille. On amenait des vaches qu'on tuait et qu'on distribuait palpitantes. On faisait de la bouillie avec du sarrazin, on perçait des tonneaux de cidre, et ces aliments, tout nouveaux pour les Poitevins, leur donnaient des coliques de *miserere*.

J'ai vu le théâtre de ces malheurs. Je me suis marié dans le pays, j'ai questionné les anciens de la ville et des environs : MM. Guillard, Bourlier, Allendy, Carbonnel, et j'ai su tout ce qui s'était passé d'affreux à cette époque là avec des circonstances qui font trembler.

Le 13 novembre, on décida qu'on irait à Granville, c'était le port de mer qu'on avait en vue. Il était à six lieues plus au nord, et dès le soir on donna les ordres. Dans la nuit et à la pointe du jour, le 14, les brigrands défilèrent sur le pont Gilbert. Tous s'y jetaient et il n'y en avait que trop. Ce n'était pas tant l'ardeur de combattre qui les poussait que la crainte des armées républicaines qu'on avait sur les talons et dont les tirailleurs déjà se faisaient entendre.

Marigny les guidait, excité lui-même par Westermann. Les deux Marigny, deux cousins (1) étaient, l'un dans les bleus, l'autre

---

(1) L'un se nommait Bernard de Marigny, l'autre Bouin de Marigny. Mais en ce temps là on négligeait les particules.

dans les brigands ; le premier commandant la cavalerie légère, le second commandant de l'artillerie vendéenne.

Marigny, le bleu, harcelait sans cesse l'ennemi et ne souffrait pas qu'il dormît une minute.

Marigny, le vendéen, se plaça sur le pont, au bas d'Avranches, et quand il vit qu'à peu près vingt mille hommes étaient passés, il arrêta les autres et les refoula sur la ville en leur criant : « Défendez les femmes, les prêtres, les bagages. »

Les femmes voulaient toujours se mêler à l'avant-garde et se grouper dans les rangs des braves au risque de les embarrasser. Elles n'aimaient pas à demeurer en arrière avec les peureux et les traînards. Mais ce jour là les consignes furent sévères, et l'on tâcha de n'avoir pour l'attaque de Granville que les brigands les mieux trempés et les plus sûrs.

XXII.

Granville est sur un roc et fermé de murailles. De trois côtés il est battu des flots. C'est un site singulier, d'un aspect aride. La ville est laide, l'église est superbe. Les *murailles* sont de granit, l'une au nord, l'autre au sud. Au sud est le *hâvre*, au-dessous de la porte principale ; le *faubourg* (qu'habitent les armateurs) s'étend sur la route d'Avranches. La porte de fer est au levant, sur la route de Coutances, et au pied coule une petite rivière qui fait tourner des moulins, dans une vallée où le dimanche les Granvillais vont se promener, danser et boire.

Avranches est une ville d'épicuriens ; Granville est une ville de pêcheurs et de cabotage. Les hommes y sont lestes, robustes, audacieux ; les femmes y sont sveltes, franches, résolues. Les hommes vont au banc de Terre-Neuve chercher de la morue, ou bien ils font la fraude sur les côtes d'Angleterre ; les filles ont un costume qui ressemble à celui des Napolitaines : un corset en queue de merlue, un jupon bouffant et court, des bas blancs pour les riches, bleus pour les classes inférieures, des souliers avec boucles d'argent. Sur la tête une mousseline épaisse, roulée, pendant la semaine, mais plus claire aux jours fériés et avec trois cornes sur le front et les oreilles.

Ces cornes se nomment des cônes dans la langue du canton, et l'on dit à Granville, je vas me côner, comme on dit ailleurs je vas me coiffer.

Tout cela était ainsi alors, mais la mode varie. Paris envoie partout ses bonnets et ses fleurs, ses chapeaux et ses plumes ; mœurs et usages, sur tous les points tout est pareil. L'impôt, les goûts, la toilette, tout vient du centre et y retourne. Qui a vu l'un à vu l'autre, et cela ôte le désir de quitter le coin de son feu, car vraiment à quoi bon ?

XXIII.

Au moment de l'attaque, le général Peyre commandait dans la place. Il était primé et soutenu par le représentant Carpentier. Un poste placé en avant, sur la butte, fut culbuté au premier choc et les brigands s'établirent dans le faubourg.

Tout de suite ils coururent aux palissades, et une fusillade bien nourrie commença pour ne plus cesser pendant quinze à dix-huit heures.

Les brigands avaient leurs canons sur les hauteurs du Lude, du Calvaire et de la Huguette. Mais quels canons ! Tous de quatre et de huit, et pas un de siège. De mauvais affûts, de méchants harnais, rien de prévu, rien de préparé pour un assaut, point de cordes, point de pétards, point d'échelles et pas même l'instinct d'arracher les chevaux de frise, pas de moyens d'arriver aux portes et point de haches pour les enfoncer.

Les patriotes tiraient de haut en bas et tuaient les assiégants qu'ils voulaient ; beaucoup de chefs et les plus intrépides.

La Rochejacquelein désespérant de réussir du côté de *L'œuvre* et par le front méridional, crie, en voyant la marée basse : « Au quai, au quai, gagnons le rocher et prenons la ville à revers. » Il s'élance avec Stofflet, Piron, Beauvollier, Forestier, Marigny, mais pas cent hommes sent les suivre. Les brigands se tapissaient dans les maisons du faubourg. Ils tiraillaient des rues de l'Hôpital et des Juifs. Carpentier y fit jeter des boulets rouges. La nuit se passa dans le feu et les alarmes ; le 15, au lever du soleil, tout n'était que cendres.

XXIV.

Peyre fit redoubler la mitraillade. La ville était comme un volcan d'où sortait la mort dans un nuage de flamme et de fumée (1). Toute l'armée royale prit la fuite ; les chefs ne pouvant la retenir, formèrent un escadron sacré qui protégea cette multitude effarouchée. Dans son dépit d'avoir manqué un si beau coup Larochejacquelein fit une *crânerie* que je ne puis passer

---

(1) Deux canonnières embossées dans le port firent sur le faubourg un feu qui balaya le pont au Bosc et qui fit taire la batterie de la Huguette.

Une Granvillaise, M lle Jourdan, monta sur la muraille en habits de fête et tira pendant plus de deux heures des coups de fusil sur les brigands. Elle en blessa deux qui restèrent sur la place. Après l'action, elle alla les recueillir et elle les amena chez elle avec des soldats républicains qu'elle y soignait aussi. Les brigands furent déguisés et cachés par elle. L'un d'eux mourut, l'autre fut guéri et sauvé. Il adorait sa bienfaitrice comme il l'appelait, mais elle repoussa ses vœux. Un officier républicain qu'elle aimait avait été tué sur le rempart, et elle voulut lui rester fidèle. Elle prit le deuil et jusqu'à sa mort elle le porta, lisant toujours les journaux, les nouvelles, et regrettant toujours la république.

sous silence. Planté à l'embranchement des routes de Villedieu et d'Avranches, sur le talus d'une batterie abandonnée, il défit sa culotte et montra outrageusement aux Granvillais ce qu'on me permettra bien de ne pas nommer.

Plus de dix coups de canon furent tirés de la place sans l'atteindre.

De là il s'en alla par Villedieu-les-Poëles, dont parle Rabelais dans son Pantagruel. Tous les hommes du lieu, requis comme gardes nationaux, étaient allés s'enfermer dans Granville ou avaient rejoint l'armée de Sépher. Les femmes imaginent de défendre seules le passage. Elles font des fossés, abattent les arbres, dépavent les rues, renversent les charrettes, et puis à coups de pierres et de fusils, elles font rebrousser les premiers qui paraissent. Mais cette bravade leur coûte cher. Les Vendéens forcent bientôt les barricades et massacrent tout ce qui se trouve sous les pieds de leurs chevaux et sous leurs sabres.

Leurs bandes pendant ce temps-là rentraient à Avranches, et à ce retour affreux ce ne fut plus dans la ville que gémissements et que lamentations.

Sans perdre une seconde, il faut se remettre en route. Les bleus ont eu le loisir de se rassembler. Ils accourent de Bretagne, de Normandie et du Maine.

« Dieu ! inspire-nous, disaient les Vendéens ! » On reprit le pont au Bault, puis Pontorson, puis Dol.

Et quand l'armée royale quitte Avranches, Vardot y revient, Sépher le suit et l'ancien moine Laplanche, à présent conventionnel, les accompagne.

Sépher était bedeau ou sacristain à Saint-Eustache. C'était un ignorant furieux qu'on avait fait général. Il ne fit que des stupidités et des vilénies. On l'eût gardé pourtant s'il eût marché plus vite, mais il était lent, *hésiteur*, il craignait l'odeur de la poudre et bientôt nous le verrons cassé aux gages par ce Prieur inexorable qui ne pardonnait pas aux flaneurs et aux musards. Tilly le remplaça, mais par une bizarrerie inexplicable, son armée garda son nom jusqu'au delà d'Angers, au sac du Mans.

Laplanche était un sanguinaire et burlesque personnage. C'était par de plates bouffonneries qu'il assaisonnait ses cruautés. Il ordonna de ramasser tous les brigands qui s'étant sauvés du siège de Granville n'avaient pu suivre le gros de l'armée catholique. Il y en eut huit cents de trouvés dans les bruyères et dans les bois. Ils étaient infirmes, blessés, découragés, sans force ni physique ni morale ; « Qu'en faire, dit Laplanche ? les fusiller ! »

Aussitôt dit, aussitôt fait. On les mena garottés deux à deux dans la plaine et sur la côte de *Champ-Jonc* où trois bataillons eurent ordre de tirer dessus jusqu'à ce que pas un ne restât debout.

Cette boucherie dura cinq quarts d'heure. Laplanche était à table, le soir, quand les paysans fossoyeurs vinrent lui dire : « Une des femmes est encore vivante ; qu'ordonnes-tu d'elle, citoyen représentant ?

— » Qu'on me l'amène ici. »

Elle vint en effet. Elle avait trois blessures : une balle dans le cou, une dans le bras, une dans la cuisse. Cependant elle marchait toute couverte de sang et portée à demi par ceux qui l'avaient relevée.

— « Je te donne la vie, dit Laplanche, si tu cries vive la république.

— » Ah ! jamais... qu'on me rende à la mort ! »

Ce furent ses seules paroles. On la pria, on la menaça, on lui mit des baïonnettes sur la poitrine. Rien ; elle fut impassible. Laplanche lui prit la main et lui fit mille instances pour tirer d'elle un mot, un cri, un signe. La religieuse (car c'en était une) leva les yeux au ciel et ne parla point.

Vaincu par ce courage de femme, le proconsul enfin s'écrie : « Qu'on la jette à l'hôpital et qu'on la soigne. »

Elle y fut conduite et pansée. Elle guérit en peu de mois, du corps non de l'ame, et je l'ai vue là hospitalière.

SÉPHER ET LAPLANCHE. — L'ÉVÊQUE D'AGRA.

TRIBOUST A PONTORSON.

SITUATION CRITIQUE. — LE SOLDAT. — LES FEMMES.

LES SENTINELLES.

XXIV.

Je m'arrête à chaque pas. Je contemple cette guerre si pleine d'intérêt et d'images ; j'y pense le jour, j'y rêve la nuit. Ce n'est pas une guerre froide et plate, une guerre d'ambition et de politique, une guerre de commerce et de calcul.

C'est une guerre profonde, qui a ses racines dans le sol, dans le culte, une guerre de famille et de patrie, une guerre antique et passionnée ; une guerre homérique et qui montera un jour sur nos théâtres pour y porter l'effroi, l'admiration, l'amour et la pitié.

J'ai vu des peintres qui allaient en Syrie chercher des tableaux de bataille. J'ai vu des poètes qui allaient en Grèce ou en

Pologne chercher des chants et des inspirations. Mais l'Anjou, le Poitou, le Maine et la Bretagne ont des pages toutes prêtes; des odes toutes faites. O folie coupable d'aller si loin s'attendrir, s'égarer, quand tout appelle ici la palette et la lyre!...

Les guerres de l'Empereur que nous promettaient-elles? La gloire, le pouvoir, les richesses!

Mais les guerres de la république et de la Vendée étaient toutes d'instinct et de principes : c'était une dette payée, un devoir rempli, un droit exercé dans sa vaste plénitude.

J'aime à descendre ainsi jusqu'au cœur des nations, j'aime à sonder les causes, à étudier les crises, à voir aux prises enfin deux vaillantes fractions de l'humanité.

Car toutes ces choses ne sont pas vaines! et la foi n'est pas une erreur; et la liberté n'est pas un songe!

La guerre de la Vendée, il faut le dire, fut une guerre d'ignorance et de vertu, une guerre d'irritation et de répugnance contre une invasion trop subite, une application inopportune et outrée des formules et des lois nouvelles; lois d'acclamations et de tribunes, lois de clubs et de violence dont la source impure obscurcissait la vérité, mais dont le progrès était certain, dont le succès était inévitable.

Oui, cette lutte, ses chances, sa fin; oui, ce drame complet était inévitable.

Tant de sang répandu, tant de nobles vies sacrifiées, tant de gloire et de courage qui se font jour des deux parts et qui dépassent de toute la tête la turpitude et la bassesse, tout annonce et révèle, ici des convictions inébranlables, là un mobile incessant et sacré.

Deux opinions comme deux mégères s'acharnent l'une sur l'autre; deux idées prennent un corps, se heurtent, se déchirent; deux régimes entiers sont en jeu, deux civilisations sont en présence: c'est le passé qu'enlace et qu'étouffe l'avenir.

La blanche bannière proteste encore pour la candeur des anciens jours; mais cette écharpe noire qui étreint les chefs est un signe mystérieux de désespoir et de deuil. Tandis que là bas, ces couleurs vives, ces plumets rouges, ces drapeaux qui flottent, ces cocardes éclatantes témoignent d'une ardeur que rien ne peut éteindre, d'une force que rien ne peut abattre, et marquent dans le camp la place du vainqueur.

XXV.

Reprenons un peu.

En marchant sur Villedieu, Larochejaquelein avait le projet de s'établir dans le Calvados. La forêt de Cérisy, le cours sinueux de la Vire et de l'Orne, et tous les accidents de terrain ressemblaient au Bocage de la Vendée. On y aurait fait une guerre pa-

reille : des feux de buisson, la chasse aux hommes, des pluies
de balles qui viennent on ne sait d'où, et frappent surtout au
front des généraux. Mais il fut impossible d'entraîner les Ven
déens. Plus que jamais ils invoquaient le retour aux bords favorisés de la Loire ; ils ne pensaient qu'à l'Èvre et au Layon ; et
dans l'armée royale et catholique, les plus braves comme les
plus timides étaient travaillés par le *mal du pays*.

Dans ce Poitou, qu'on avait quitté, tout était connu, tout était
commun ; tous ceux qu'on trouvait dans les fermes étaient amis ;
pas une maison qui ne fût un rampart ou un refuge. Mais dans
ce Maine réprouvé et maudit, il n'y avait ni abri ni ressources.
Dans cette contrée chevelue et triste, qui allait donner naissance
à la chouannerie et où déjà en pointait le germe, on ne s'unissait
point aux Vendéens ; on les redoutait, on les regardait comme
des hôtes incommodes qui pour vivre étaient forcés de prendre,
de piller et dont on souhaitait le départ et la défaite quelque fût
le parti auquel on appartînt.

A cette époque là se soulevait le fédéralisme, et quoique hai-
neux pour la Montagne, il ne se liait point avec les royalistes
pour l'abattre.

Larochejaquelein donc revint par Avranches. La moitié de
l'armée royale était partie. Il manda le reste à la cathédrale ; il
y fit prêcher et menacer, mais ses efforts furent inutiles. Tout
lâchait pied, tout s'éclipsait et quand lui-même il passa le pont
au Bault tournant le dos à la Normandie, les éclaireurs de l'armée patriote accouraient par le pont Gilbert et saluaient de la
main les belles Avranchinaises.

XXVI.

Le représentant du peuple Laplanche écrivit en ces termes
au comité de salut public :

« Au quartier général d'Avranches, le 2 frimaire an 2.

» L'armée commandée par Sépher a fait une marche forcée
de 14 lieues pour se rendre en cette ville. Mais elle était déjà
évacuée par les rebelles. Nous avons pourtant arrêté *plusieurs*
de ces scélérats qui n'avaient pas eu le temps de s'échapper ;
nous en avons aussi trouvé dans l'hôpital d'Avranches : la justice nationale a décidé de leur sort ; il n'en est plus question.
Une de leurs femmes s'était réfugiée dans une auberge pour
cause d'indisposition. Elle a été découverte et arrêtée. Nous avons
trouvé sur elle 18 louis et quelques assignats. Nous vous envoyons
le numéraire. Les assignats ont été distribués aux volontaires qui
ont découvert sa retraite.

» Quelques-uns de leurs chefs ont voulu les trahir à Granville
et les abandonner ; d'autres disent qu'ils voulaient aller chercher
et implorer le secours des perfides Anglais. Quoi qu'il en soit, un

d'entre eux, nommé Talmont a essayé de corrompre un pêcheur
Cent louis et douze de ses plus beaux chevaux étaient la récompense qu'il lui promettait pour le mener à Jersey. Mais le pêcheur a repoussé ses offres, il a résisté à ses efforts et est demeuré
fidèle à la patrie. Les autres chefs ont regagné la confiance de
leurs gens en leur promettant de les reconduire dans les provinces
d'Anjou, d'Aunis et de Poitou dont ils sont presque tous sortis.
Nous vous faisons passer un échantillon de la monnaie des
rebelles. C'est un assignat fait à l'instar des nôtres sur lequel est
écrit : *De par le roi, bon pour 100 livres, portant intérêt à
4 1/2 pour cent et payable à la paix, au trésor royal.*
    » Salut et fraternité,

                      » Laplanche. »

Cette lettre était fausse de tous points : fausse dans le compte
rendu des atrocités commises, et dont elle évitait d'exprimer le
monstrueux chiffre ; fausse dans ce qu'elle disait de la rapidité
de la marche des troupes. Le fait est que Sépher et Laplanche
n'avaient quitté S.t-Lô et Thorigny qu'après s'être assurés que
les brigands n'étaient plus à Avranches ; qu'ils avaient mis trois
jours à faire le trajet et que ce qu'on avait vu arriver de républicains n'était que des chasseurs de l'avant-garde légère que
Vardot menait en fourrageurs.

Sépher et Laplanche étaient deux fripons qui comme tant
d'autres en ce temps-là, chargés de défendre la république, n'é-
taient bons qu'à la faire exécrer.

XXVII.

Voyons ce qui se passe à Pontorson et à Dol.

Pontorson est sur la limite de la Bretagne ; il est gardé par
Triboust le sans-culotte, qui a sous ses ordres quatre mille
hommes et dix pièces de canon.

Bon jacobin, mauvais soldat, il prend des positions et des
mesures détestables. Il avait le Couesnon et des marais, un pont
facile à couper et une chaussée étroite et longue qu'il aurait pu
défendre un mois avec son monde s'il avait su se poster derrière.
Il se met devant comme un insensé, et dans un engagement de
moins de deux heures il se voit chassé, culbuté. Ses bataillons
courent avec lui jusqu'à Dinan, et les brigands prennent Dol sans
brûler une amorce ; deux gendarmes effarés, les seuls qu'ils ren-
contrent, sont fusillés.

« Point de quartier, point de grâce ! » C'est le cri des deux
armées. Les bleus fusillent les brigands, les brigands fusillent
les bleus. Il y a un mot pour les exécutions : dès qu'on prend
un homme, une femme, un prêtre, on fait un geste en disant :
« *derrière la haie !* » c'est l'arrêt de mort. Pataud ou rebelle,
tout y passe. On tire dessus à bout portant, on lui perce le

cœur, on lui fend le crâne; il y a une rage qui ne s'assouvit
que dans le sang : et ceux qu'on insulte et qu'on tue crient en
tombant, d'une voix ferme : vive le roi!... vive la république !

XXVIII.

A Dol on manque de vivres pour tous ces brigands affamés.
On se dispute le blé noir, les fèves, les galettes, les noix, les
pommes; il y a telle paroisse qui n'a pas mangé depuis deux
jours. Il fait un froid piquant, une pluie glaciale. On couche sur
la paille mouillée, sur le carreau, sur la terre.

Les marquises, les comtesses, les femmes accoutumées aux
recherches de la délicatesse sont là étendues sur des planches;
elles ont perdu leurs voitures et vont à pied, en savattes, dans
la fange. Elles en ont jusqu'aux genoux. Elles font elles-mêmes
leur feu et leur soupe, et se mettent autour d'un chaudron pour
dîner, quand elles peuvent. On crie dessus comme sur des sor-
cières; on dit qu'elles gênent, qu'elle embarrassent, qu'elles
causent tout le mal et qu'il faut les jeter à l'eau.

L'évêque d'Agra veut dire les vêpres; mais des femmes de
Dol l'ont reconnu : « Ce n'est pas un évêque! ce n'est pas un
évêque! » Le bruit court, se répand; il arrive à l'oreille des
chefs; on tient conseil : « Il faut fusiller l'imposteur! — Ah!
s'écrie Donissan, qu'allez-vous faire? respectez du moins le caractère qu'il a usurpé, et si ce n'est pour lui, que ce soit pour
vous mêmes..... » Ces paroles sont entendues. On lui ôte sa
crosse, ses habits pontificaux, sa mître. Il vivra, mais dans
l'amertume et l'opprobre. Il ira jusqu'à la Flèche et au Mans.
Souffrant et hébété il sera trouvé errant dans les campagnes; et,
mené à Angers, il y périra sur l'échafaud.

XXIX.

Dol est au fond de la baie de Cancale. Le Mont-Dol est en
face sur une motte boisée où s'embusquent de bons tireurs.

A distance, au nord, est la mer. Cinq routes partent de la
ville pour aller : à l'est, sur Pontorson et Avranches ; à l'ouest,
sur S.t-Malo, sur Dinan, sur Hédé; au midi sur Antrain.

Sur la première de ces routes on trouve, à une lieue, Bagner-
pican; sur la seconde, le Vivier et Hirel; sur la troisième,
Villedebidon, et Plegnet; sur la quatrième, Carfantin et Combourg; sur la cinquième, Vieuxville, Leboussacq, Les Villar-
mois, Galonge, Trans et la forêt de Villecartier.

Toutes ces directions sont importantes, elles jouent un grand
rôle dans l'histoire des Vendéens. Leur armée s'y développe et
s'y replie comme un hydre à cent têtes, comme un serpent à mille
anneaux. Larochejaquelein, Talmont, Stofflet se partagent les
postes : le premier est au levant sur la droite; le second sur la
gauche; le troisième au centre; les capitaines sont à leur suite,

l'œil sur eux, attentifs, graves, ayant tous le sentiment du danger. Ils voudraient bien qu'on gardât les avenues, mais le soldat mutiné n'écoute ni ordres ni prières. Un dégoût insurmontable s'empare des esprits; on ne veut plus rien, on ne croit plus à rien. La misère à doublé l'indiscipline. On est las de souffrir et d'obéir. Les chefs sont debout mais autour d'eux tout dort.

A l'angle d'un mur où l'on a placé une pièce de canon, Larochejaquelein est enveloppé d'une grosse capote; un bonnet de laine épais s'enfonce sur sa tête. Il interroge en secret la destinée. Tout à coup une ombre s'avance :

— « Qui est là ?

— » C'est moi, Monsieur Henri.

— » Qui, vous ?

— » Julienne.

— » Eh! que venez-vous faire ?

— » Madame m'envoie pour savoir où vous êtes.

— » Dites-lui que vous m'avez vu, et que je veille! »

Tous sont de même. S'il y a une reconnaissance à faire, ce sont les chefs qui montent à cheval. S'il faut une patrouille, ils la font. Eux seuls se placent en sentinelle et sont une heure tour à tour en faction.

Cependant l'armée républicaine approche....

PROFESSION DE FOI. — LES AFFECTIONS ET LES ANTIPATHIES.

LES HÉROS ET LES SANS-CULOTTES.

PLANS CONÇUS ET DÉTRUITS. — MULLER A CALLONGE.

CANUEL A FOUGÈRES. — DELAAGE A ANTRAIN.

COMBATS DE JOUR ET DE NUIT. — REPRÉSAILLES.

> Il est consolant d'avoir à manier quelquefois des idées impérissables, qui sont aux vils intérêts d'ici bas ce que les petites monnaies, qui servent au trafic du jour, sont à ces médailles d'inaltérable métal que les générations se transmettent marquées au coin de Dieu et de l'éternité.
>
> LAMARTINE.

XXX.

Ce que je dis là, je ne l'aurais pas dit alors avec ce dégagement et cette franchise. J'étais bleu dans l'ame : j'allais en carmagnole avec les bataillons, j'étais de leur bord, j'épousais leurs querelles, je ne voyais qu'eux de vaillants et de justes. Je souffrais de leurs maux, je m'enivrais de leurs triomphes. Dans les temps de crise il faut prendre parti, les tièdes sont les lâches. Ceux qui ne croient à rien, qui ne trempent à rien, ne sont bons à rien aussi; ils sont bas et méprisés partout. C'est là le principe, c'était là notre action. Nous étions tous conséquents avec nous-mêmes. J'avais des amis, des voisins, de petits camarades qui étaient brigands, qui servaient les brigands, qui leur portaient de l'argent et de la poudre.

Toutes les familles étaient divisées, toutes les maisons connues et signalées. Des sœurs souvent étaient l'une patriote et l'autre aristocrate, et leurs enfants les imitaient. Les curés de même : quand un curé était patriote, sa paroisse l'était; quand le curé était royaliste, ses ouailles l'étaient. On allait par bonds, par sentiment, par confiance; aujourd'hui on va par l'or et l'on est tranquille!

Mais ce calme est trop acheté. Si je veux la paix, je la veux radieuse, pure, comme une émanation des plaines célestes, inspiratrice des hautes pensées.

Je n'aime pas ce temps-ci, ce temps de rapacité et d'égoïsme; ce temps d'indifférence pour tout ce qui est grand, généreux, moral; temps où l'esprit n'a de prise et de place qu'autant qu'il se résout en piles d'écus. On demande d'une femme, non pas si elle est belle, jeune, tendre, sage, mais de qui elle hérite et ce qu'elle aura de dot. On se marie pour avoir un sac, un coffre, pour payer une étude ou une charge, ou une clientelle de médecin, et se donner un cabriolet.

Des arts, on ne veut que le produit-net; on redoute les illustrations; on ne veut ni monuments ni statues; cela coûte et ne rapporte rien : c'est-à-dire, cela ne rapporte que de la gloire, et l'on trouve que c'est peu. Ce qui est mort est mort, il n'y a rien après, ni mémoire ni gratitude. L'homme d'élite et de cœur, celui qui défendit ou éclaira son pays, qu'il vienne à succomber et il n'aura ni regret, ni laurier, ni couronne. On a tué l'immortalité, on n'en veut plus, on ne sait ce que c'est; tout ce qui est abstraction est folie, on s'en moque, on hausse les épaules, et l'on nomme abstrait tout ce qui n'est pas matériel et palpable.

Croyez-vous que cela dure? oh! non.

Ces idées me pèsent, ce régime m'obsède, ces mœurs avilissent et accablent. Ces gens de pierre, de bois, de serge ou de suif me font mal et m'oppressent. On en voit partout; c'est pour cela que les voyages deviennent odieux. Les routes, les hôtelleries en sont pleines. *Ces citrouilles fricassées dans de la neige*, ces glaces du pôle m'ennuient et me sont insupportables : je suis né pour un climat plus doux, pour des cœurs plus chauds.

Ah ! de grâce, autour de vous, regardez : point de sim-
plicité, point de confiance ; des prétentions sans fin, et à quel
titre ? Des danses-cohues, le guindé et le décolleté côte à côte,
le moyen-âge et la régence, je ne sais quel argot qui bourdonne
aux oreilles, tout cela crispe et donne des nausées. Combien a-
t-il ? combien a-t-elle ? et des liens sans cœur, sans joie, sans
dignité, sans pudeur, n'est-ce pas là ce qu'on voit à chaque
porte ? Des hommes cauteleux, hypocrites, faux, ou bien brus-
ques, durs et maussades, car il y en a de toutes les allures, qui
prennent de pauvres filles de campagne ou de ville, n'importe,
pourvu qu'elles soient riches ; qui les rendent malheureuses, et
que les sots pères leur livrent comme ces vierges qu'on jetait aux
bêtes.

Eh bien ! oui, je l'avouerai, à cette mode liardeuse, chiffreuse,
je préfère la guerre, les hasards, le courage, quelque chose enfin
qui émeut et qui vit ! Parmi ceux qui se battent, il y en a que je
nomme mes frères et que je voudrais unir et embrasser ; je veux
dire Kléber, Marceau, Beaupuy, Marigny, Larochejaquelein,
Talmont et tous ceux qui ont de l'honneur, tous ceux qui ont de
l'ame, et qui, hors du combat, ont la grâce d'une femme et la
voix d'un enfant. Quelle armée que celle qui aurait eu tous ces
hommes à sa tête ! et quelle France invincible que celle qui eût
présenté aux frontières une telle ligne de héros à l'ennemi !

Mais je hais les sans-culottes ; je hais Triboust, Rouyer, Ronsin, Robert, Lechelle, Rossignol, Muller, Sépher et tant d'autres que je n'ai pas nommés, êtres malfaisants qui pullulent aux
époques désastreuses ; et ce Turreau, que je mets au dessous de
Marat ; tous ces brûleurs, voleurs, délateurs, bourreaux, incen-
diaires ; tous ces enragés qui ne sont pas des hommes, qui sont
des brutes, des bœufs, sans foi, sans loi, sans patrie, sans génie,
sans lettres ; qui ne savent ni lire, ni parler, ni écrire, ni se
battre, qui déshonorent la langue et le pays, qui mangent, qui
jurent, qui boivent, et qui croient que c'est tout ; qui boiraient
du sang comme du vin ! des monstres qu'on ne peut trop flétrir,
et qui ont pourtant régné ! que nous avons soufferts ! mais combien ? deux ans !

La *terreur* a duré deux ans, après quoi la raison, la pitié,
la vertu, la liberté sainte ont repris leur empire.

Ah ! puissent-elles ne le perdre jamais !

Puissions-nous ne jamais revoir dans les grades élevés et aux
affaires, ces gens grossiers, stupides, plus entêtés que des mules,
et qui, même lorsque, par surprise, ils firent un peu de bien, ou
par événement pas trop de mal, s'y prirent si gauchement,
qu'ils en ôtèrent tout le prix et tout le charme.

O Dieu, qui nous sauvas de ce fléau et de cette peste, conduis-nous dans des voies d'intelligence et de droiture, et ne permets pas que nous retombions dans le patois et l'ignominie !

XXXI.

Dès le 16 novembre on sut à Rennes ce qui s'était passé à Granville ; on crut que les Vendéens se rabattraient sur la Bretagne, et en effet ils en prenaient le chemin. Aussitôt les représentants dirent : « Nous tiendrons ici jusqu'à l'extrémité ; qu'on apporte des fagots, qu'on fasse des gabions et des redoutes ; que l'habitant lui-même amasse les combustibles qui doivent dévorer sa maison ; quel sacrifice coûte au civisme ? si nous sommes forcés dans la ville, s'il faut quitter Rennes, nous y mettrons le feu et les brigands n'y trouveront que des ruines. »

On bat la générale, on ferme les boutiques. Il est quatre heures du soir, on se met en route, on se porte sur Antrain ; on y arrive le 17, on occupe la ville et tous les bourgs environnants : Montanet, S.t-Ouen, le Tremblay, Sacey.

Le 18, Kléber met des postes à tous les endroits guéables du Couesnon ; il redresse l'erreur de Muller qui plaçait sa troupe sur la rivière, dans le vallon ; il la fait monter sur les hauteurs. Canuel est détaché à Fougères, d'où il est rappelé le lendemain, mais où sa brigade est accusée d'avoir laissé des traces de barbarie sauvage : elle a fusillé des blessés et des malades.

Le 19, toutes les positions sont fortifiées. On tient conseil, c'est le troisième ou le quatrième ; on discourait beaucoup sans rien achever. Les représentants se mêlaient aux généraux ; ils faisaient du despotisme au nom du peuple, n'ayant à la bouche que les mots d'égalité et de guillotine. A la fin Kléber s'écrie : « L'ennemi est à Dol, qu'il y meure ! il faut l'y bloquer étroitement. Nous sommes maîtres d'Avranches, nous le serons de Pontorson ; nous avons des troupes à S.t-Mâlo, à Hédé, à Dinan ; nous voici nous-mêmes à Antrain : c'est un cercle d'airain et de flammes. Restons là immobiles, l'arme au bras. Westermann et Marigny battent l'estrade ; l'un de Pontorson à Hédé, l'autre d'Hédé à S.t-Mâlo ; ils coupent les convois des brigands ; ils leur ôtent tout espoir de subsistance. Trois jours se passent de la sorte, trois jours de famine et d'horreur ! et quand l'armée royale est épuisée nous fondons sur elle en cinq colonnes ; la broyer est l'effort d'une heure ; elle se roule à nos pieds comme un cadavre ! »

Tout cela est clair, concis, frappant. Cet accent retentit comme un oracle. Le plan est approuvé, l'exécution va suivre immédiatement. Westermann court à Pontorson ; il emmène Marigny avec trois cents chevaux ; Delaage, l'adjudant-général, reste au Val et à Forigues, chargé du commandement de toute l'infanterie légère. Personne ne doute plus du succès. Les brigands sont à l'agonie ; on se partage déjà leurs valises : mais attendez, rien n'est fait : vous allez voir l'effet de l'ambition et de l'indiscipline.

A peine entré à Pontorson, Westermann ne tient plus aucun compte des mesures qui viennent d'être arrêtées. Sa fougue ordinaire le transporte, il part tout de suite pour attaquer Dol ; en vain Marigny le modère et le conjure : « Tu contraries et tu renverses le projet auquel toi-même tu as souscrit.

— » Tais-toi, reprend l'autre avec colère, je suis l'ancien et tu dois obéir. »

Marigny s'élance, il atteint Baguerpican, il le dépasse ; dans la crainte qu'on ne le soupçonne de faiblesse, il fera preuve de témérité. Il échelonne sur la route les hussards du 7.e et pénètre à Dol, dans les faubourgs. C'en serait fait des bri ands si l'infanterie arrivait. Mais elle tarde, on se compte, on recule, Larochejaquelein est de ce côté ; forcé de plier à la première alerte il a repris le dessus et le voilà qui rejette nos hussards sur les fantassins ; puis Westermann et toute sa troupe, au-delà du Couesnon, sur Pontorson et sur Légé.

Westermann cache sa tentative aux représentants, il leur cache un échec réel après une apparence de réussite et leur écrit ce billet à la hâte : « Je tiens les brigands, ils sont à nous ; envoyez-moi deux bataillons. Je partirai à minuit ; vous partirez à la même heure et je vous réponds de la victoire en vingt minutes.» Il veut renchérir sur Kléber. Son désir effrené est de combattre et de commander seul. C'est là ce qu'il veut, c'est là ce qu'il cherche ; avoir seul le mérite et les dépouilles. Il est là ce qu'il a été toujours, et les représentants sont ses dupes ou ses complices.

Kléber, hautement, s'oppose à sa demande ; Savary de même ; Dambarrère aussi, le Nestor de l'armée ; tous les hommes de sens etd'expérience veulent tenir au plan concerté. Mais Prieur de a Marne s'échauffe : «.il faut écouter Westermann, c'est le brave des braves, et celui-là n'est pas suspect !... à minuit, partons.... mort aux brigands !.... allons, enfants de la patrie !.... » On répète en chœur, on se lève, on crie, tout se décide d'emblée et d'enthousiasme, et le 20 voit bouleverser toutes les combinaisons du 19.

XXXII.

A minuit, du 20 au 21, l'armée républicaine a pris les armes. Ne perdons pas de vue ses positions :

Westermann et Marigny à Pontorson rejoints par la brigade d'Amey qu'on leur envoie ;

Triboust sur la route de Dinan ; Klinglen à Hédé et Combourg ; Hauteville, dépêché à S.t-Mâlo, en ramène, par S.t-Benoist et Hirel, des troupes fraîches ; -

Kléber, Muller, Canuel, Savary, Chambertin, Boucret, sous Rossignol, débouchant sur la route d'Antrain, vont traverser la forêt de Trans;

Marceau était aux quatre chemins, à la croisure des lignes de Rennes à Avranches, de Fougères à Dol. Il se porte en avant, et prend sur lui, avec Delaage, tout le poids de la journée.

Et maintenant, les positions vendéennes :

A dos la mer; au-dedans de la ville la faim hâve et livide, le scorbut et la fièvre, la misère en haillons; au-dehors, la menace, la mort, un mur de feu et de baïonnettes.

Les chefs en védette, mais le paysan vaincu par la fatigue et le sommeil.

Il y avait eu des prisonniers Prussiens, Autrichiens, Hongrois, faits aux frontières. On les mit en dépôt dans les villes du centre et de l'ouest. Tous ceux d'Angers et de Nantes passèrent aux brigands. Mais quand vinrent les débâcles et qu'il n'y eut plus de solde, ils se rendirent et se vendirent aux patriotes. Déserteurs, transfuges, espions, faisant les plus vilains métiers, ils disaient aux bleus la situation des royalistes. C'était par eux qu'à Rennes on avait su que le dernier vœu des rebelles, à Dol, était, s'ils ne pouvaient regagner la Loire, d'aller se réfugier dans le Morbihan.

Le ciel autrement en ordonna.

XXXIII.

Westermann impatient a devancé minuit. Il marche en silence, mais le bruit sourd des chevaux ébranle le sol et résonne au loin. A une heure du matin on rencontre l'ennemi.

Qui vive ! — Rien.

Qui vive ! — Feu !

La mêlée est affreuse. On ne se voit point. On ne sait pas toujours sur qui on tire. On se bat corps à corps. On prend des gargousses aux mêmes caissons. Puis on se reconnaît à la lueur de la poudre; on se *bûche* à coup de sabre et l'on se tue sur les pièces.

Les patriotes ont gagné du terrain, mais tout à coup ils manquent de cartouches. Comment faire ? où en prendre ? où aller ? il n'y a plus moyen de tenir là. Westermann écume et rugit : « Où est Marceau ? que fait-il ? qui l'arrête ? » Les brigands qui voient que le feu cesse, s'enhardissent, se retournent, se lancent tête baissée sur les bleus et ceux-ci, en désordre, hachés, criblés, épouvantés, rentrent à Pontorson une seconde fois et se retranchent comme ils peuvent sur la chaussée et la rivière.

XXXIV.

Marceau était parti à minuit juste, mais la distance à parcourir était plus longue, la route plus mauvaise; l'armée qui venait à sa suite et dont il ne devait pas trop s'écarter, était plus lourde, ses manœuvres moins promptes. Il ne put être qu'à trois heures du matin, avec son avant-garde, devant Stofflet, entre Vieux-ville et la Boussacq.

C'est là qu'après cinq heures d'une lutte opiniâtre il resta maître du champ de bataille : « où donc est Westermann, s'écrie-t-il à son tour ? » Mais sans s'inquiéter davantage de ce que cette colonne de droite est devenue, il marche sur la gauche et va pousser à Dol, quand Muller apparaît derrière lui avec sa division.

Muller est ivre ; il a trouvé des femmes et de l'eau-de-vie dans une auberge de Callonge ; il a bu, il s'est vautré là ; ses aides de camp, son état-major, tout est ivre ; il est impossible d'en rien tirer ; loin de servir, ils sont un obstacle ; leur exemple démoralise le soldat. C'est un incident inoui !

Kléber ouvre l'avis d'un mouvement rétrograde pour raffermir les troupes et prendre une position sûre, celle de Trans, adossée à la forêt de Villecartier (suivez-moi, je vous prie, sur la carte) ; mais cette manœuvre mal comprise, mal exécutée, se change en confusion et en désastre. Les brigands sur cette route comme sur celle de Pontorson, se raniment, se reforment ; ils se glissent dans les taillis, ils fusillent nos flancs, déconcertent nos brigades. Rossignol crie : « Rentrons à Antrain ! » Prieur crie : « Restons à Trans ! » C'est le représentant qui l'emporte, et l'on passe à Trans, au bivouac, la nuit du 21 au 22, mal abrité contre les chevrotines qui viennent encore sifflant de tous les côtés.

XXXV.

Marches et contre-marches, ordres et contre-ordres, victoires et défaites, retours au combat, nouveaux revers ; c'est là chez nous le tableau des jours et des nuits depuis 72 heures.

Chez les brigands le chaos est le même. Un caisson de pain qu'ils ont trouvé aux avant-postes, et sur lequel ils se jettent en vautours, cause une rumeur qui effraie le centre et la réserve. Tout se débande et se précipite ; Stofflet lui-même est entraîné. Les rues de Dol sont pleines de fuyards. La peur blémit tous les visages, les yeux sont hagards, les dents claquent. Les femmes ont quitté les maisons ; elles se rangent le long des murs avec leurs paquets et leurs enfants, prêtes à partir ou à périr. On sonne toutes les cloches des églises, tous les tambours à la fois battent la charge pour donner du cœur au soldat ; les prêtres se mêlent aux combattants ; le curé de S.te-Marie-de-Rhé prêche et marche un crucifix à la main. De jeunes filles échevelées et ardentes arrêtent les paysans qui s'enfuient, excitent ceux qui font leur devoir et qui combattent ; elles courent dans les rangs : « Dieu est là ; sauvez-nous ! sauvez-nous ! » Il y en a qui prennent des fusils, des sabres, et c'est cet accord, cet élan, cette énergie retrouvée et soudaine, qui rétablissent en peu d'instants le combat. Stofflet revient, nos troupes plient; une brume épaisse favorise encore les royalistes en voilant leur désordre et le petit nombre de leurs *braves*.

Talmont, Lamarsonnière, Baugé tiennent bon sur la gauche, dans les moments les plus critiques, et jurent tous trois de mourir à leur poste plutôt que de céder.

Larochejaquelein, croyant tout perdu, voulait se faire tuer. Son cheval est tué, son domestique est tué, tout tombe autour de lui, et lui-même il court..., mais au lieu de la mort il trouve la gloire!

XXXVI.

Le 22, Prieur *dégrisé* par la fraîcheur du matin dit à Kléber : « Que penses-tu de la journée qui se prépare?

— » Rien de bon, et si tu fais bien, toi qui voulus rester à Trans, tu rentreras à Antrain sans perdre une seconde. Nos troupes sont molles, lasses, mécontentes. Souviens-toi d'Entrames! Le froid est vif, le pain est rare, la viande est mauvaise; point de chaussures, des habits en loques, un ennui de combattre qui nous jouera d'un tour. »

Il parlait encore, et Prieur hésitait; mais pendant qu'ils délibèrent, les brigands arrivent et commencent la fusillade.

Ils sont aussi sur la route de Pontorson.

Westermann, pour la troisième fois, est sorti de cette ville; pour la troisième fois, il avance grand train; pour la troisième fois, près de triompher, il se voit arracher la victoire. Marigny a son sabre coupé en deux dans sa main par un biscaïen. Il saute à bas de son cheval blessé, et lui et Westermann, à pied, à l'arrière-garde, tiennent seuls contre tous.

C'est la brigade d'Amey qui a lâché pied la première : le reste fuit comme un troupeau de moutons. Larochejaquelein laisse-là quelques hommes qui suffisent pour observer les fuyards, et il se porte au secours de Stofflet. Son approche, sa voix, quelque chose qui rayonne dans sa figure, tout a doublé la force de l'armée vendéenne. Un cri général de *vive le roi!* s'élève dans les airs. Nos soldats en sont éblouis. Il y en a qui refusent de tirer; il y en a qui tirent sur leurs officiers. Chambertin et Nattes sont abandonnés par le régiment ci-devant de la *Reine*, qu'ils avaient déployé des deux côtés du chemin. Kléber envoie chercher des bataillons de Mayençais. Mais il est trop tard. Les brigands débordent nos ailes, ils nous prennent à revers. Nous sommes entraînés de toutes parts et menés battant jusqu'à Antrain.

Delaage est sur le pont; il tient encore, et Kléber qui court après les troupes pour les rallier, ne lui dit qu'un mot : « Ferme! »

A quoi sert? tout s'en va, tout se rompt, tout fuit. La république est battue à plate couture; et ce qui est plus inconcevable peut-être, c'est que les vainqueurs, les brigands, étourdis eux-mêmes d'un succès inespéré, n'ont pas l'idée d'en compléter les avantages.

A Antrain, ils font prisonniers des bleus qu'ils avaient déjà pris et relâchés; ils les fusillent par représailles des atrocités de Fougères qu'ils ont apprises. Ils se couchent ensuite et se logent sans qu'on puisse en trouver un qui veuille à dix pas seulement poursuivre nos troupes éparses et dégradées.

Faute énorme, irréparable. S'ils eussent marché sur Rennes, la ville était prise, et la Bretagne se déclarant pour eux, ils fondaient un royaume vivace sur le filon de Duguesclin et d'Arthus.

Mais ils descendent par Fougères, Laval, Sablé, la Flèche, Durtal, et c'est le *siège d'Angers* enfin qui va s'ouvrir.

A Fougères, ils rendent grâces à Dieu de leurs victoires. Ce sont les dernières... ils n'en auront plus... et l'on raconte que le prêtre, par une préoccupation prophétique, allait, si on ne l'eût averti promptement, au lieu du *Te Deum*, entonnner le *De profundis*.

<hr>

Observations sur une forme nouvelle de rédaction.

Arrivé à ce point de mon récit, je sens que j'ai besoin de m'affranchir de toute censure. J'ai écrit jusqu'à ce jour dans les feuilles d'un ami qui me les avait généreusement ouvertes; il en était l'éditeur et le garant; je consentais, avant l'impression, à lui lire les pages que je livrais aux compositeurs. Je marchais sous son égide et sous un masque, à l'ombre de sa responsabilité; il était juste que je lui en payasse les frais par une grande réserve dans la forme. J'étais devenu tout-à-coup d'une prudence qui attestait ma loyauté, mais je dois dire aussi, à sa louange, que jamais confiance ne fut plus étendue que la sienne; quoique nos opinions différassent par bien des nuances, il souffrait souvent que je prisse ma volée et que j'allasse à travers le sujet avec un abandon et une franchise qui devaient l'inquiéter et, au dire de plusieurs, le compromettre. Sa condescendance m'étonnait; je m'en voulais moi-même de le mettre à une telle épreuve. Pas dix mots dans nos longues relations n'ont été, je ne dirai pas effacés, mais atténués par moi à sa prière. L'élévation de son caractère et un grand fond de justice qui règle son ame donnaient carrière à mon esprit d'indépendance; et pourtant (écoutez-moi bien), malgré ces conditions si favorables, c'était une gêne encore, une gêne réelle, que cette critique incessante d'une raison étrangère à la mienne; c'était une lime d'acier

qui polissait le fer, brisait les angles, blanchissait la surface,
mais qui enlevait aussi cette fleur et cette force native du minérai
en barre, cette crudité, ce nerf dont je mets le prix au-dessus
de tout. O mystères du cœur! je vous révèle et ne vous explique
point! Sans être, et loin de là, garotté comme un esclave, je
regrettais encore de n'être pas comme l'oiseau dans l'air au-dessus des plombs du chasseur et des nuages. C'était une corde de
soie que j'avais au cou, mais dont il fallait que je me délivrasse.
Chaque matin en prenant ma plume, je me rappelais, en dépit
que j'en eusse, ces yeux et ces oreilles qui allaient bientôt me
contrôler. Cet examen d'autrui, cette analyse était comme une
épée attachée à un fil au-dessus de ma tête, et quel que fût le jet
de ma pensée, l'élan de mon imagination, le ressort de ma volonté, je voyais ma phrase qui, véritable sensitive, se repliait,
se courbait, se roulait et s'amortissait (comme une période-aca-
démique) rien qu'à l'approche d'une révision et d'une enquête,
que sa bienveillance même et sa mollesse n'empêchaient pas,
après tout, d'être un joug.

J'ai secoué cette chaîne toute légère qu'elle était, et rien qu'à
l'idée du parti que je viens de prendre, il me semble que je suis
déchargé d'un poids énorme; j'éprouve un sentiment de dignité
et de bien-être et un contentement intérieur qui n'est ni une ingra-
titude ni un outrage envers celui qui m'abrita et me choya comme
un frère, mais un mouvement instinctif et indomptable qui tient
profondément à ma nature, et qui fait que je me trouve en cette
heure d'émancipation intellectuelle, comme un enfant qui, aux
vacances, passe le seuil de la porte du collège, ou comme un
soldat qui, revenu d'Afrique, tombe dans les bras de sa mère en
s'écriant : « J'ai mon congé et je ne vous quitterai plus! »

La liberté est ma nourrice, et rien ne peut remplacer son lait!

I.

Ce que j'ambitionne, ce n'est pas le stérile honneur de mettre
des faits les uns au bout des autres; ce n'est pas de copier stoï-
quement les gazettes sans pencher ni à droite ni à gauche, sans
me soucier ni des vainqueurs ni des vaincus, faisant un livre
pour y mettre mon nom, et ne m'occupant guère de ce que sont
devenus les acteurs de ces drames héroïques qui au fond du cœur
me toucheraient peu.

Ils me touchent vivement et j'entre fort avant dans la terre
que je remue.

Je suis frappé du jeu des événements; je les vois qui descendent comme un fleuve : j'en suis le cours, j'en sonde les abîmes.
Dans les deux armées, patriote et vendéenne, je reconnais les
fractions inégales de la société tout entière, et en offrant le tableau en raccourci de quelques mois de la guerre civile, je mets

le penseur à même de généraliser et de rendre compte de ce qui se passe sur le grand théâtre européen.

Par les détails dans lesquels je suis entré, on connaît les deux masses qui luttent dans nos bocages ; on sait les chefs, les soldats, leur position physique et morale. On a vu l'enthousiasme et le désespoir se succéder rapidement chez les brigands et chez les bleus ; et par une suite incroyable de vicissitudes, on a été amené à ce *siège d'Angers* qui est le sommet et le pivot de la campagne.

Les choses en sont là arrivées, que la ville et que sa résistance ou sa perte vont décider du sort de l'Ouest, du sort de l'une et de l'autre armée ; peut-être enfin du sort de la France.

II.

Angers avait été occupé au mois de juin par les brigands.

Saumur pris, nous avions ouvert nos portes.

Mais de juin à décembre, il y a avait six mois, c'est-à-dire un siècle.

Plus rien, nulle part, n'était pareil.

En juin, les brigands étaient unis, jeunes, vigoureux ; guidés par une inspiration soudaine, ils combattaient au nom du Dieu vivant, et leur phalange sacrée était invulnérable et pure.

En décembre, c'était une horde et confuse et flétrie ; c'était une eau bouillonnante mais bourbeuse ; ou, comme on le disait dans ses rangs mêmes, c'était un sanglier blessé qui n'atteignait plus que les maladroits sur son passage.

Les braves étaient désenchantés ; les lâches couraient en jetant leurs armes ; les femmes éperdues, éplorées, mouraient de faim, de froid, sous la crèche ou à la porte des étables.

O mes larmes, coulez en face de ces images : ces malheureux sont des Français.

La voilà cette légion catholique qui plie et tombe sous sa croix!

La voilà cette armée royale que les princes n'ont pas secourue, et qu'ils n'ont payée de ses batailles que par le persiflage et le mépris!

III.

Chez nous, tout est de feu et de rage. Il faut que je trace en peu de mots tous les faits principaux de la situation.

Le roi a été guillotiné ; la Gironde est guillotinée ; la reine, guillotinée ; M.me Rolland, guillotinée, et le même jour qu'elle six pauvres habitants des Ponts-de-Cé, officiers municipaux, accusés et partant convaincus de royalisme et de conspiration :

Florent Ollivier, huissier; René Rideau, maçon ; Thomas Héry, fermier ; J. Tesnier, sabotier ; Julien Cailleau, tonnelier ; J. Clain, meunier.

Boutton, père, était prévenu du même crime. Il se rendait à

l'évêché, où était le tribunal, pour répondre à l'interrogatoire. Gaudais, un de ses parents le rencontre et lui dit : « sauve-toi, ou tu es mort, tes complices partent pour Paris sur une charrette...... »

— J'irai ; je ne crains rien ; si les honnêtes gens reculent, la France est perdue....

Il va en effet, il est mis au château, et par compassion **on l'y** oublie !

IV.

Dumouriez a trahi ; Lafayette est en fuite.

Houchard est guillotiné ; Biron, guillotiné ; Quétineau, guillotiné ; trois généraux républicains, soupçonnés, jugés, guillotinés.

Santerre, le brasseur, est consulté par le comité de salut public. Il a régné dans l'ouest, comme à Paris. Lui et Rossignol écrivent à Barrère : « envoie-nous Fourcroy le montagnard. »

Pour l'extinction de la race rebelle ils veulent employer des chimistes.

Proust d'Angers, pharmacien, invente une boule qui, à l'en croire, contient un poison propre à infecter toute la contrée. On en fait l'essai dans la *prée* de la Baumette, mais l'essai ne répond point à la promesse.

On veut empoisonner les puits, les rivières, les étangs, les viviers.

On veut brûler les bois, les maisons, les paillers, les granges.

On brûle tout : c'est la rigueur de l'hiver qui pousse en secret à ces ravages.

A Brest on brûle le grand pavillon royal et tout ce qui dans les apparaux peut avoir quelque rapport avec l'ancien régime. On brise l'effigie de Capet et le portrait d'Antoinette.

A Angers on brûle les lettres de prêtrise remises au département par Peltier, évêque ; Vallée, curé de Montglone ; Moulins, ex-vicaire-général, qui veut se marier ; Besnard, curé de Nonans ; Loir, curé de Juigné ; Loir, curé de Saulgé-l'Hôpital ; Loir, vicaire-général ; Horatius-Coclès Coquille, curé de Beaupreau.

C'est Francastel qui va, de sa main, mettre le feu à ces lettres, sur l'autel de la raison dans le temple de l'Être Suprême (à S.t-Maurice).

A cette occasion il prononce un discours, « frappé au coin de la fraternité la plus plus pure et empreint du bon sens montagnard. » Des hymnes patriotiques sont chantés, et l'on célèbre cette victoire par des salves d'artillerie qui retentissent au *Bout du Monde*.

V.

A Paris, Chaumette inaugure la statue de la Raison à Notre-Dame.

Une procession a lieu en grande pompe ; l'image de la déesse est apportée à la convention ; le président lui donne l'accolade et l'assemblée en corps la reconduit religieusement au temple.

Robespierre marche dévotement en tête, entouré, précédé, suivi des sections.

Les cendres de Mirabeau sont jetées à la porte du Panthéon.

Le buste de Marat est placé sur la tribune aux harangues ; celui de Jean-Jacques Rousseau est un peu plus bas que celui de Marat.

Le procureur de la commune, Manuel, a été guillotiné. Son successeur, Chaumette, fait inscrire sur le portail de Notre-Dame, ces vers de Fabre-d'Eglantine :

> « Français, la raison vous éclaire
> Venez l'adorer dans ces lieux
> Où, sous le voile du mystère
> Les prêtres trompaient vos ayeux.
> Enfin l'infaillible nature,
> Conduite par la liberté,
> Fait du temple de l'imposture
> La maison de la vérité. »

Cette inscription fut effacée sous le consulat ; puis une nuit elle se trouva reproduite. Puis effacée encore, et cinq fois de suite à différents endroits des murs de l'Eglise, gravée sur la pierre. On avait mis un factionnaire, mais pendant qu'il tournait les talons, on collait un papier qui contrevenait insolemment à la consigne. A la fin on retira la sentinelle ; on laissa le champ libre aux amateurs de rimes et bientôt la farce cessa.

Je veux transcrire deux déclarations fameuses, dont le rapprochement sera un sujet d'étude.

Je hais le scandale, mais j'aime la vérité.

Ces pages ne sont tirées qu'à 25 exemplaires. Je ne répands pas mes souvenirs, je les conserve.

Discours de l'abbé Sieyès à la convention.

« Citoyens, mes vœux appelaient depuis long - temps le triomphe de la raison et de la vérité sur les préjugés et le fanatisme. Ce jour est arrivé. Je m'en réjouis comme d'un des plus grands bienfaits de la révolution française. Depuis long-temps j'ai fait ma profession de foi, mais qu'il me soit permis de déclarer encore et de répéter cent fois que je ne reconnais d'autre culte que celui de la raison et de l'égalité. J'ai vécu victime de la superstition, sans en avoir jamais été l'apôtre. J'ai souffert des erreurs des autres, sans que personne ait jamais souffert des miennes. Si je fus retenu dans la chaîne sacerdotale, c'est par la même raison que les ames libres étaient retenues dans les chaînes royales, et que sous le despotisme, les zélateurs de la liberté gémissaient dans les bastilles. Je n'ai point de titres à déposer ; ils sont brûlés depuis long-temps. Je ne donne point ma démission de ministre du culte catholique, puisque je n'exerçais aucune fonctions ecclésiastiques, mais je dépose sur le bureau une pension de cent pistoles que je recevais comme prêtre, et je demande acte de ma déposition. »

Les applaudissements couvrent la voix de l'orateur. Il descend de la tribune au bruit d'un tonnerre de félicitations.

Profession de foi du citoyen Hugues Peltier, ci-devant évêque du département de Maine et Loire.

» Citoyens, je m'honore de faire aujourd'hui à la raison, sur l'autel de la patrie, le sacrifice de tous mes titres de chanoine régulier, de prêtre, de curé et d'évêque, pour m'en tenir à celui de citoyen, pur et simple, dans la ferme croyance où, depuis plus de 50 ans, j'ai le bonheur d'être que, comme le père du genre humain, grand et sublime dans ses moyens n'a fait qu'un soleil pour éclairer les yeux du corps, il a cru aussi dans sa sagesse, ne devoir donner pour éclairer les yeux de l'ame, et pour règle de nos devoirs, que la seule loi, la seule religion naturelle, et que la diversité de cultes suivis dans les quatre parties du monde, prouve avec évidence que les hommes y ont mis la main et donnent à chaque nation, pour venir du ciel, ce qui, au vrai, ne vient que de la terre.

» Vive la république une et indivisible ! vive la convention ! vive la montagne qui a le courage d'en poser les fondements durables et d'en ôter les pièces propres à compliquer et gêner les mouvements.

« Hugues Peltier, né à Angers,
le 28 janvier 1729. »

Dans ces deux morceaux sur le même texte, il y a des variations bien sensibles. Dans le premier on sent l'homme nerveux et tout politique à qui l'on doit la brochure : *Qu'est-ce que le Tiers.* Dans la seconde on reconnaît un vieillard affaibli qui pousse les choses au-delà de ce qu'on exige, et qui termine par des cris et des vivat que plus tard il aura dû regretter.

Quels hommes ! quels actes et en quelles circonstances !

J'étais à Paris lors de la mort de l'abbé Sieyès en 1836. Je mis dans un journal fort répandu, un article qui fut lu de tout Paris, et approuvé ou critiqué dans toutes les feuilles, selon leur couleur.

Quant à l'évêque Peltier, c'était un homme doux, vertueux, charitable, plein de grâce et d'un esprit charmant. Son élection avait été unanime et sa mort fut pleurée de tous les gens de bien. L'ayant mis si cruellement sur la sellette, je devais à son ombre quelques signes de retour et d'affection.

VI.

Il n'était pas commode d'être noble, riche, calme ou prêtre. Jugez-en par la lettre de Carrier à la convention, datée du 8 frimaire, an 2.

» Les autorités constituées et les sociétés populaires sont renouvelées, les royalistes, les fédéralistes, les feuillans, les modérés, les accapareurs, sont sous la surveillance de la justice; plusieurs ont subi la peine due à leurs forfaits; une société antipopulaire a été dissoute et remplacée par un club de vrais et fermes républicains; le peuple, devenu raisonnable, abjure le catholicisme; plusieurs prêtres éclairés par le flambeau de la philosophie ont renoncé à leurs absurdes systèmes; toute la ville et une grande partie de la garnison ont assisté à la fête de la raison qui a été célébrée avec pompe et gaîté; enfin *quatre-vingt-dix prêtres* réfractaires, qui étaient renfermés dans un bateau, sur la Loire, se sont noyés : quelle affligeante catastrophe! »

VII.

Je passe en revue tous ces jours d'exception et toutes ces phases et du paroxisme du délire.

Un matin, les portes de la convention s'ouvrent. Les représentants se placent à leur rang. La salle est envahie par deux sections en masse, celle des Tuileries et celle des Petits-Champs.

« Rome ne compte qu'un Brutus; la France, s'écrie Billaud-Varennes, s'honore d'en compter autant que de citoyens. Les enfants des sections que vous avez devant vous avaient reçu l'ordre de marcher contre les rebelles de la Vendée, et durant leur marche, qui le pourra croire? ils ont osé faire entendre ce cri de ralliement de l'aristocrate : *O Richard, ô mon roi!* La nouvelle affreuse en est parvenue à leur famille; et à l'instant, pères, mères, sœurs, tous étouffant la voix de la nature pour n'écouter que celle de la patrie outragée, ont juré de demander vengeance du crime de leurs frères et de leurs fils... »

Une voix s'élève alors du groupe des sections réunies :

« Nos cœurs sont affligés, notre courage n'est pas abattu. Nous sommes citoyens avant d'être pères. Envoyés à la défense de la patrie, nos fils dénaturés ont osé substituer aux accents chéris de la liberté les chants abhorrés du royalisme! Montagne, qu'un feu vengeur sorte de ton sein pour dévorer ces rebelles. Que le plomb destiné aux Autrichiens soit tourné contre ces coupables, et que leur juste punition serve d'épouvante à ceux qui tenteraient de les imiter. Pour nous, loin de les regretter, nous sommes prêts à réparer l'outrage qu'ils ont fait à la république, et nous irons, oui, nous irons tous remplacer les traîtres que nous rougissons encore d'appeler nos enfants! »

La convention s'agite à ces paroles ; la plus vive émotion pénètre tous les cœurs.

VIII.

La France est livrée aux furies. Un attroupement de femmes à pantalons et à bonnets rouges, parcourt les rues, les quais, les places.

Les femmes ont leur société patriotique, leur club. Après une séance orageuse, elles sortent dans Paris, et toutesles citoyennes qu'elles trouvent en jupon, elles les interpellent et les insultent : « Un bonnet et une culotte ! » c'est le cri de ralliement, c'est le mot d'ordre.

Ainsi, des sans-culottes parmi les jacobins et des pantalons pour des jacobines, c'est le monde renversé.

Mais il y a des femmes qui résistent. On se bat à la halle, on se bat sur port au blé. La présidente des *culotées* a reçu le fouet, et la force publique a dissipé ces nuées de sauterelles.

Cependant une pétition est lue à la convention par des femmes qui sont à la barre : « Nous voulons nous habiller à notre convenance ; nous ne voulons pas que des exagérées nous arrachent nos corsets et nos coiffures. Il y a plus : c'est à une femme que sont dus les malheurs de la France, et nous demandons que tous les clubs du sexe soient fermés et interdits. »

Bazire : Prenez garde, représentants, les clubs sont nécessaires chez un peuple libre ; une abolition en emmènerait une autre... »

Mille voix s'élancent : « Non ! non ! »

Fabre d'Eglantine : « Hé ! ne voyez-vous pas que ces énergumènes qu'on vous dénonce ne sont pas des mères de famille ; ce sont des *chevalières errantes*, des filles émancipées, des grenadiers-femelles ; si elles obtiennent que toutes les femmes portent la culotte et le bonnet rouge, elles demanderont bien vite la ceinture et les pistolets, elles iront au pain comme à la tranchée ! Je vote pour qu'on regarde comme perturbateur du repos public tout individu, de *quelque sexe qu'il puisse être*, qui tendra à forcer les citoyens ou citoyennes à s'habiller ou à se coiffer d'une façon contraire à son goût et à sa fantaisie !... »

Approuvé ! approuvé ! sans préjudice de la cocarde qui reste à jamais obligatoire !

Sans préjudice de la loi rendue pour proscrire l'habit prêtre et jeter la soutane aux orties !

Bravo ! bravo !

Le comité de sûreté générale fait adopter un décret portant que nul rassemblement de femmes ne pourra se former et délibérer, mais les citoyennes zélées pourront, dans l'habit de leur sexe, assister aux sociétés d'hommes ; sauf à s'y tenir décemment et sans parler.

Ce n'est pas là une petite affaire : les mœurs des peuples se lient à leur costume.

Changez les vêtements des deux sexes, et vous bouleversez le genre humain.

IX.

On voit ce qui agite les esprits ; on sait où en est la France. Partout l'effroi, la fièvre, la folie ; partout aussi l'énergie et la colère.

C'est sous ces auspices que s'ouvre le siège d'Angers.

Trois mesures capitales ont été prises par le directoire du département :

Par la première le soin des malades dans les hôpitaux et l'éducation des enfants dans les écoles a passé des mains des religieuses dans celles de femmes charitables et libres ;

Par la seconde, il est décidé que les détenus comme suspects paieront eux-mêmes leurs frais de garde et de subsistance ; on verra ce qu'ils ont, ce qu'ils coûtent ; les riches paieront pour les pauvres, et ni l'état, ni le département, ni la ville ne pourvoiront plus d'aucune manière à ces dépenses ;

Par la troisième, une *force révolutionnaire* est créée pour aller chercher des vivres dont la ville est menacée à chaque instant de manquer.

Déjà il existait un *bataillon soldé* fort de 500 hommes, et dont Chevrier le premier commandant a péri à la déroute de la masse, à Saint-Lambert. Il ne faut pas confondre ce bataillon avec la nouvelle troupe. Celle-ci est forte de 500 hommes, 250 hommes à pied, 50 hommes à cheval.

Elle doit aller dans les communes environnantes fouiller les moulins et les greniers ; questionner les officiers municipaux ; voir ce qui est indispensable pour la nourriture des habitants de la commune visitée, et enlever le surplus pour la ville.

C'est un intérêt urgent. De pareilles dispositions ne souffrent ni délai ni remise. Des commissaires civils doivent accompagner la troupe nourricière, et j'ai pris sur les registres officiels un tableau des citoyens chargés de la première expédition ; — Lisez :

MUNICIPALITÉ D'ANGERS.
Subsistances.
Réquisition de charrettes, chevaux, bœufs, hommes, sacs.

COMMISSAIRES : LIEUX A EXPLORER :

Mame, imprimeur ; Chéguillaume, marchand : Doué.

Gaignard, vinaigrier ; Delaunay, architecte : Mozé, Erigné, Murs.

Duboys, professeur de législation ; Leduc, notaire : Soulaines.

Charrier, Gaignard-Leray, marchands : Juigné-sur-Loire, Vauchrétien.

Turlure, dentiste ; Rivault, raffineur : Blaison.

Alègre, Cerisier : Coutures.

Godard, Tesnier : Saint-Jean-des-Mauvrêts.

Fouqueteau, Joubert-Thibault, marchands de draps : Saint-Sulpice.

Guilbaut, Dalivou : Saint-Saturnin.

Touchalaume, Bougère, amidonnier : Charcé.

Moulin, Despujols : Brissac.

Jacquiau, Bougère, meunier : Saint-Melaine.

Papiau-Verrie, Brouard-Maugars : Quincé.

Monsallier, Fresneau : Alençon.

Foucault, Terrien : Chavagnes.

Réfleau, Genest, cirier : Martigné-Briand.

Desnoyers, Duret : Tigné.

Moreau, jeune ; Hubert, de Bressigny : Aubigné.

Maynard, horloger ; Gaudais, épicier en gros : S.t-Lambert.

Houdebert, cirier ; Davy : Beaulieu.

Cormeray, François Pelet : Faveraye.

Boban-Duverger, Louvrier, hôte de l'Ours : Faye.

Védie, épicier ; Gallais, hôte des Trois-Marchands : Thouarcé.

Moulard, Bribard, fabricant de bas : Rablay.

Charbonnier, Rousselin : Chanzeaux.

Boulay, Silor : Saint-Aubin-de-Luigné.

Didier, orfèvre ; Guillot, coutelier : Chemillé.

Chassebeuf, quincaillier ; Besnard, marchand de bois : Les Alleuds.

Fouquet, Fouquereau : Saulgé-l'Hôpital.

Rifflet, couvreur ; Cormeray, épicier : Grézillé.

Pierre Couchot, Ferrault : Louerre.

Loir-Mongazon, Commeau, épicier : Ambillou.

Mazurier, fils ; Charnacé, fils : Larisse et Noyant.

Cesbron, jeune ; Cigogne : Meigné.

C'est là une première campagne, mais il y en a trois ou quatre qui se succèdent. On va dans les vallées du Loir, de la Sarthe et de la Mayenne. On ramasse ce qu'on peut de farine et de fèves, et l'on apporte tout à Angers, mais non pas, comme on pense, sans de vives réclamations de la part des meuniers, des fermiers, des propriétaires et des communes rurales. On paie en bons, on promet des assignats, mais on enlève toujours, on réquisitionne. On *bourre* à coups de crosse les récalcitrants ; on saisit et l'on emmène pour les mettre en prison les plus entêtés. Il y a force majeure, et trente mille ames n'attendent leur pain et leur sort

que du succès de cet emprunt forcé et du retour des commissaires.

X.

Le 28 novembre 1793, deux grands placards furent affichés
sur les murs de la ville d'Angers.

L'un sortait des bureaux de l'hôtel Maquillé, rue du Canal,
où logeaient les représentants du peuple ; l'autre émanait du
conseil général du département de Maine et Loire qui, en ce
temps-là, était aux Jacobins.

Je donne les textes ; mieux que tout ce que je pourrais dire ils
peindront l'état des esprits, les vœux, les formes, à l'époque
sur laquelle je m'excite à fixer l'attention.

Arrêté des représentants près l'armée de l'Ouest.

« L'esclave des nobles et des prêtres menace nos murailles.
Déjà les hordes fanatiques s'avancent et semblent vouloir encore
une fois insulter au patriotisme des citoyens d'Angers. Ils croient
peut-être trouver ici des ames glacées par une terreur panique ;
se flatteraient-ils d'y rencontrer des partisans? mais non, l'exemple de Granville est là, il a électrisé votre courage, il sera imité
par vous. De l'énergie, et les projets de nos ennemis échoueront ;
ils trouveront, ici sous ces murs, une digue insurmontable.
De braves frères d'armes viennent de Rennes vous seconder.
Tous ensemble nous partagerons la fatigue et la gloire d'une belle
résistance et d'un triomphe certain. S'il en était autrement, si de
vils égoïstes, si des lâches fuyaient ou refusaient de combattre,
un décret de la convention a ordonné que toutes les villes qui
ouvriraient leurs portes aux soldats de la Vendée, seraient trai-
tées comme rebelles, rasées et incendiées. Les représentants du
peuple, qui ne cesseront d'animer par leur présence et leur dévouement absolu à la cause de la liberté les bons citoyens, les
braves républicains, sauront faire exécuter toutes les mesures
dictées par le salut public.

» Ils arrêtent ce qui suit :

» 1. La ville d'Angers est mise en état de siège.

» 2. Tout citoyen qui aurait quitté ses foyers depuis vingt-
quatre heures ou qui les quitterait sans mission, sera traité comme
émigré : ses biens seront confisqués.

» 3. Tout citoyen qui ne se rendra pas au poste qui lui aura
été assigné sera réputé suspect et traité comme tel.

» 4. Toutes les femmes seront libres de sortir de la ville.

» Fait à Angers, le 8 frimaire an 2 de la république française
une et indivisible et impérissable.

» ESNUE LAVALLÉE, FRANCASTEL. »

XI.

Proclamation du conseil général à ses concitoyens.

« Frères et amis , les brigands repoussés à Granville , poursuivis par l'armée républicaine , n'ont d'autre espoir que de regagner leurs anciens repaires. Dans leur marche rétrograde ils menacent notre ville. Ils se rappellent qu'ils y sont entrés au mois de juin , mais sans doute ils ignorent que nous n'avons plus dans nos murs ces généraux aussi lâches que malveillants , ces bataillons désorganisateurs et cette foule de faux patriotes qui nous contraignirent alors à la retraite.

» Frères et amis , prouvons à ces scélérats par notre courage et notre résolution que nous sentons le prix de la liberté. Réunissons nos efforts ; qu'un même esprit nous anime , et bientôt notre cité deviendra leur tombeau ; bientôt nous aurons la gloire d'avoir délivré la patrie de cette horde exécrable qui , depuis dix mois , désole et dévaste notre malheureuse contrée. Qu'au premier battement de la générale , tous les citoyens armés ou non armés se trouvent aux lieux qu'indiqueront les tambours mêmes, en vertu des ordres de l'état-major ; que tous les cabarets , cafés et autres lieux publics soient immédiatement et exactement fermés ; que toutes les boutiques soient closes ; que toutes les femmes qui ont eu le courage de rester dans la ville se montrent dignes de la belle cause que nous défendons ; qu'elles portent des cartouches à nos soldats ; qu'elles préparent dans leurs maisons les moyens de résistance dont elles sont capables ; qu'elles montent dans les greniers des pierres pour écraser les brigands dans les rues s'ils venaient à y pénétrer ; que les enfants suivent et imitent leurs mères ; en un mot, que tous les individus qui sont dans la ville , agissent en vrais républicains et répondent à l'appel de leurs magistrats fidèles.

» Tous ceux qui ne se conformeront pas à ces dispositions et à ces ordres seront déclarés suspects et punis comme tels , ainsi que tous ceux ou celles qui garderont dans leurs maisons des militaires , lorsque la générale aura battu, sans les déclarer à la municipalité.

» C'est par ces mesures pressantes et vigoureuses que nous déjouerons les projets de nos ennemis et que nous sauverons notre cité de tous les malheurs dont elle est menacée.

» Vive à jamais la république une et indivisible !

» Fait à Angers , le 8 frimaire an 2. »

XII.

Autre affiche qui vaut bien les honneurs de l'histoire. Elle est toute personnelle et ce n'est là qu'un fait particulier mais qui essentiellement se rattache à l'état général des esprits et qu'à ce titre il n'était pas permis de passer sous silence.

Avis placardé sur les murs d'Angers, le 9 frimaire an 2.
(*29 novembre 1793*).

» Le citoyen Erasme du Hardaz prévient ses compatriotes qu'il abdique le surnom de d'*Hauteville* pour prendre celui d'*Unité.* »

Un prince avait pris le nom d'*Egalité*. Sa tête pourtant était tombée sur l'échafaud, le 6 novembre, dans le même mois. Mais sa famille restait, ses fils restaient, ses partisans restaient. Ils persistaient dans leur plan et leur marche; et les nobles du parti, en province, se mêlant au peuple, espéraient de se mettre et de rester à sa tête en parlant sa langue, adoptant ses symboles, et signant sur les murs en toutes lettres une ambitieuse abdication.

On remania tout le calendrier. On se fit égyptien par mascarade. Au lieu des saints pour patrons on eut des fruits et des légumes. La Thérèse fut *sariette* et le François, *potiron*. Mais cette dérision eut peu de vogue.

Les noms grecs et romains auraient eu plus d'éclat s'ils avaient été pris par d'autres hommes. C'était honte et pitié que nos Scipions et nos Lycurgues. Je vois encore d'ici le chapelier et le papetier qui se baptisèrent du nom de Brutus et de Scevola.

Les femmes du Port-Ligny leur faisaient les cornes, et le *Quivola* surtout fut long-temps en butte à leurs incisives railleries.

Signaler ces excès, en faire ressortir le ridicule, est-ce barrer le chemin à leur retour. Hélas! je ne sais!

XIII.

La municipalité d'Angers est fort inquiète. Il y a eu jusque-là une différence entre le pain du riche et le pain du pauvre. Dans l'un le froment, dans l'autre le seigle; dans l'un la fleur, dans l'autre les recoupes et souvent le son.

Cette inégalité est humiliante.

Arrêté qui porte que les boulangers ne feront qu'une seule espèce de pain : d'abord des trois quarts de seigle et un quart de froment; mais on change, et pour établir en tout la balance il y aura moitié froment et moitié seigle.

On a beau arrêter et décider de belles choses; on a beau tirer du principe les conséquences les plus strictement exactes; la rigueur des temps a trompé toutes les prévisions. Le four chôme, le blé manque, on s'améute, on crie. L'autorité appelle à son secours la pomme de terre, on l'arrache à l'auge des cochons, on la cuit, on la réduit en pâte, on la mêle aux céréales; on y joint des pois, des *févettes*, et tout cela fait un pain mal cuit, lourd, malfaisant, odieux, qui au lieu de nourrir le peuple l'empoisonne.

J'avais deux amis, les *Brevet*, fils du notaire, neveux de *Beaujour*, cette illustre victime de son patriotisme et de sa vertu ; ils n'avaient que ce pain de fève qu'ils jetaient contre les murs et qui y restait collé comme une pelotte de gomme ; ils me demandaient par grâce de mon pain et je leur en donnais en cachette ; si on l'avait sû, si on nous avait vus, ma mère aurait été guillotinée.

Elle était de Morannes. Son père, Fillon du Pin, qui avait été, en 1789, trois fois réélu membre du directoire du département, était retourné à sa maison de campagne, et par des bateliers, dans des fagots, il glissait des boisseaux de froment qui arrivaient à la brune au Port-Ayrault, et qu'on entrait la nuit dans nos caves.

Là nous avions aussi des pommes de terre qui germaient, par parenthèse, et avec tout cela nous boulangions en secret. On avait beau nous recommander, à mes frères et sœurs et à moi, de manger loin des regards du dehors, nous sortions, nous nous échappions, nos petits camarades nous voyaient, ils enviaient notre sort : du pain ! Ils nous priaient à mains jointes de partager avec eux, et en riant, nous leur disions : prends !

S'il y avait une femme qui accouchât dans le voisinage, ma mère envoyait bien vite un demi pain, un quart. On en était avare !

Mais voici l'heure : aux armes !

On bat la générale.

Est-ce l'ennemi ? non, c'est une fausse alerte.

On se couche, on se lève, on dort, on écoute, on sait que les brigands viennent, mais par où ? Ils ont passé la Mayenne à Laval, la Sarthe à Sablé, le Loir à Durtal ; ils sont à Pellouailles, et l'on ignore encore si leur dessein n'est pas de prendre par Saumur pour rentrer par Doué dans la Vendée.

XIV.

On distinguait le commandement général des troupes du commandement particulier de la place.

Les commandements de troupe avaient été répartis de la manière suivante :

A Coutances, Sépher ; à Granville, Peyre ; à Dinan, Triboust ; à Rennes, Rouyer ; à Laval, Danican ; à Nantes, Vimeux ; au Mans, Chabot ; à Saumur, Commaire ; à Angers, Fabrefonds.

Ce dernier était frère de Fabre d'Eglantine, mais au lieu de faire des comédies comme lui, c'était tout au plus s'il parlait français. Il n'avait que le jargon du soldat révolutionnaire, on le huait quand il passait dans les rangs ; et il ne put rester que quelques semaines dans notre ville. On disait que sa tête était vide comme son nom , et dans les corps-de gardes on ne l'appelait que *Fabre creux*. Il courut sur lui plus d'un vaudeville ; car on lançait alors force couplets , et certaine dame , coiffeuse en renom qui faisait les déesses, aux decadis , fut coupée à jour avec lui de plus d'une sanglante épigramme.

Au jour du siège, les trois généraux qui se trouvaient à Angers, étaient Beaupuy, blessé ; Boucret que Rossignol y avait envoyé après l'affaire d'Antrain , et Danican (Auguste) qui avait évacué Laval à l'approche de l'armée Vendéenne.

Beaupuy servait en volontaire , et sa blessure l'avait fait pour un moment sortir des cadres ; mais loin de rester enfermé dans sa chambre, il prit une part fort vive dans l'action, et nous le verrons partout donner un noble exemple et de salutaires conseils.

Danican , plus ancien de grade que Boucret , prit le pas sur lui et se trouva chargé de diriger la garnison lors de l'attaque.

Mais l'ame de la défense fut *Ménard*. C'était un simple capitaine du 78.e régiment, ci-devant *Monsieur*. Il avait trente ans, de l'esprit, de l'instruction, une bravoure calme , un amour raisonné de la constitution nouvelle du pays ; il avait de l'élégance dans les manières et un goût très prononcé pour nos Angevines qui, à vrai dire, le lui rendaient bien. Il y en eut plus d'une, des plus huppées, qu'il ne trouva pas cruelle ; et j'ai vu encore, il n'y a pas long-temps , accroché à une cheminée , son portrait que j'ai reconnu chez une jeune dame qui me disait naïvement : « C'est un parent de ma mère ! »

Boucret et Danican n'étaient entrés en ville que le premier décembre. Ils avaient avec eux à peu près cinq mille hommes , mais mal armés , mal vêtus, sans discipline , sans cœur ; ce qui leur fit dire en arrivant à Angers : « Il est impossible de tenir avec de tels gens , dans une pareille bicoque , contre soixante à quatre-vingt mille Vendéens qui sont suivis d'une artillerie formidable. »

Danican dès lors trahissait. C'était un homme assurément fort singulier et d'une flexibilité merveilleuse. Il servait sous l'ancien régime et s'était, en apparence, rallié au nouveau. Parvenu au grade d'officier général , il sabrait les brigands à côté de Westermann et puis en dessous il les favorisait. Dix fois accusé, dix fois se disculpant, prêt de périr et puis se tirant d'affaire, il finit par aller à Londres mourir paisible et pensionné des Bourbons.

C'était là l'homme qui réglait à Angers , lors du siège , les manœuvres des régiments.

Ménard l'épiait, le devinait et faisait en sorte de déjouer tous ses projets infâmes. La ville avait en eux son bon et son mauvais génie. Quant à la garde nationale, elle se composa dès le principe, comme à présent, de trois bataillons : le premier et le second pour la *cité* et la *ville* proprement dite, sur la rive gauche, de la Maine ; le troisième, pour la *doutre*, sur la rive droite.

Mais par suite des détachements et des fatigues, on avait fini par n'avoir que deux bataillons habillés et organisés. Le premier était commandé par Fardeau, et le second par Bérault.

En 89 il y avait un colonel, et depuis il y en eut un aussi pour toute cette milice citoyenne, mais en 93 le mot de colonel était proscrit. Il n'y avait que des chefs de bataillon, indépendants l'un de l'autre et n'obéissant, pendant l'état de siège, qu'aux supérieurs militaires.

Je ne parle pas des *volontaires* qui au nombre de 400 formaient en 90 un bataillon d'élite que Choudieu commandait. Il fut dissous bien vite et tout naturellement, quand les jeunes gens qui le composaient furent appelés dans les bataillons de guerre et partirent pour la frontière où la coalition les provoquait.

Mais je n'omettrai pas les *vétérans* qui, aux jours du siège, formaient des compagnies de police et montaient la garde avec des piques. Je n'oublierai pas même les compagnies d'enfants qui existaient d'après le texte formel d'un article de règlement, et qui portaient les munitions sur les remparts, comme les dignes émules de leurs pères.

Toute cette garde civique donnait une masse d'environ 12 à 1500 hommes.

Les troupes de ligne ne présentaient pas, tout bien épuré et bien armé, plus de 2,000 hommes en état de faire le coup de feu. Si bien que pour défendre la ville et garnir les murailles sur un développement de plus de 1,200 toises, c'était un effectif de 3 à 4,000 hommes au plus qu'il fallait compter. Le surplus mangeait, criait, dépensait, embarrassait, et si Menard avait pu l'obtenir, il aurait fait évacuer sur Saumur tous ces bras et toutes ces bouches inutiles. Son crédit n'alla pas jusque-là, mais sa vigilance fut telle qu'il para à tous les inconvénients. Les remparts furent réparés ; on refit des tours entières et des ouvrages avancés avec leurs fossés et leurs chevaux de frise. L'ingénieur en chef était Desmaries ; il fut secondé par son fils et Goury, ingénieurs ordinaires. L'enceinte étaient flanquée de 57 tours, tant pour la ville que pour le château et les bastions ; elle était percée de 7 portes et de deux passages ; et l'on nomma des citoyens pour suivre et hâter les travaux, savoir :

Pour la porte Lionnaise, Guillory. — Porte S.t-Nicolas, Sinval. — Porte Cupif, Farran. — Porte S.t-Michel, Girault. — Porte S.t-Aubin, Lebreton. — Porte Toussaint, Goupil et Coutouly. — Porte Neuve, Coustard. — Porte Mirabeau (S.t-Julien), Bardou. — Passage de la Haute-Chaîne, Pierre Coullion. — Passage de la liberté (Basse-Chaîne), Trottouin.

Ce furent là les premiers commissaires, mais plusieurs d'entre eux ayant été appelés à d'autres fonctions, et une activité du jour et de la nuit devant être déployée, on forma une seconde liste, ainsi que je vais la donner :

Porte Toussaint, Goupil et Coutouly. — Porte S.t-Aubin, Bardou et Lebreton. — Porte S.t-Julien et Porte Neuve, F. Grille et Coustard. — Porte S.-Michel, Audio et Leterme. — Porte Cupif, Farran et Aynès. — Porte Lionnaise, Sinval et Bellesme. — Porte S.t - Nicolas, Mohan, Hébert, Chéreau, Tixier. — Passage de la Haute-Chaîne, Foucault et Dubreil. — Passage de la Basse-Chaîne, Doublé et Trottouin.

On mura à chaux et à sable la porte S.t-Julien, et ce ne fut que long-temps après qu'on y rétablit la circulation.

Toutes les issues furent murées à froid dès le premier jour du siège, excepté la porte S.t-Aubin où l'on avait fait faire deux forts battants en bois, au haut de l'un desquels un boulet lancé par les brigands demeura jusqu'à l'entière démolition, comme un trophée.

Mais là aussi, le second jour du siège, on apporta des tuffeaux et des ardoises et l'on y établit comme partout un contrefort qui mettait cette entrée à l'abri d'un coup de main.

XV.

Des canons furent placés sur toutes les tours, et chaque pièce fut confiée invariablement à une escouade d'artilleurs.

Ces hommes chargés du service des batteries étaient des canonniers de la garde nationale, pris généralement parmi les pompiers, les poëliers, serruriers et autres états habitués au maniement du plomb et du fer.

Il y avait en outre à Angers un détachement du 8.e régiment d'artillerie de ligne. Chaque soldat devint chef de pièce, pointeur, et donna des leçons aux gardes nationaux.

On s'exerçait matin et soir, on s'accoutumait à la manœuvre dans un espace étroit, et l'on allait jusqu'à prendre la précaution de comparer les boulets avec le calibre, afin de ne pas manquer son coup à l'occasion qui ne pouvait plus tarder à venir.

Nous avions deux pièces de 36, l'une à la Haute-Chaîne, et l'autre au Château. La première protégeait non seulement la Turcie des Capucins et Reculée, mais le Port-Ayrault, la porte Cupif, et balayait la levée de la Bernardière aussi bien que la rue des Pommiers, jusqu'à la porte Saint-Michel ; la seconde était placée sur la tour du Diable, tour méridionale de la *porte des Champs*, vis-à-vis l'Académie, et faisant l'angle du Château, au-dessus des Lices.

Des pièces de 8 étaient sur les tours qui flanquaient les portes de la ville ; des pièces de 4 étaient sur toutes les autres tours.

Une batterie de six pièces, dont deux de 8 et les autres de **4**, était établie dans le chantier de bois de M. Delaunay-Maussion, au Port-Ayrault ; deux pièces de **4** étaient sur un rempart improvisé qui, avec un fossé, fermait aux Petits-Murs le large passage qui va maintenant de l'esplanade du Château à la place de l'Académie.

Tous ces feux étaient croisés et combinés de manière à empêcher l'approche des murailles, lors même que la mousqueterie des nôtres viendrait à se ralentir ou à cesser.

XVI.

Le 2 décembre on demanda des hommes de bonne volonté pour aller sur la route de Paris, aux Mortiers, entre deux marais, faire une tranchée.

De bons citoyens en grand nombre s'y rendirent ; des femmes aussi. Je les suivis ainsi que d'autres enfants. On nous donna des pelles, des pioches, des brouettes. On nous délivra du pain de munition, et arrivés là vers midi, nous n'en revînmes qu'à la nuit, quand la redoute fut faite.

La terre rejetée en dedans formait un rempart solide derrière lequel on braqua deux pièces de **4**.

En avant et jusqu'au chemin de l'Epervière on abattit les arbres ; on en fit de même dans tous les chemins de traverse, et l'on intercepta tant qu'on put le passage, afin d'arrêter l'artillerie et la cavalerie ennemies.

Les brigands étaient à Suette et à Pellouailles, bien las ; ils y passèrent la nuit. Nul de nous ne les y alla chercher, et pas un éclaireur ne s'aventura seulement jusqu'aux Gruyères.

A la veille des grandes scènes de carnage, il n'est pas rare de voir régner dans les deux camps un silence profond et solennel : c'est le calme qui précède l'orage. L'ame se recueille et sonde l'abîme où bientôt peut-être elle va tomber. Si la victoire apparaît d'un côté, la perte est de l'autre, et dans ce doute affreux, dans ce mystère impénétrable, il y a peu d'éléments pour des éclats de voix et des causeries légères.

XVII.

L'ordre fut donné aux habitants des faubourgs de rentrer dans la ville avec tout ce qu'ils avaient de farine, d'armes et d'effets plus précieux.

10 FRIMAIRE AN 2.

Arrêté du conseil général du département de Maine et Loire.

« Le conseil général du département de Maine et Loire, considérant que, dans les circonstances critiques où nous nous trouvons, il est de la prudence de prendre, sans délai, les grandes mesures de sûreté générale ; après avoir entendu le procureur-général, arrête ce qui suit :

» 1. Tous les habitants des faubourgs feront transporter en ville, soit dans les maisons des citoyens de leur connaissance, soit dans des endroits indiqués par la municipalité, tous les blés, farines, foins et fourrages qu'ils peuvent avoir chez eux; toutes les échelles, toutes les cordes et tous les cordages.

» 2. Les habitants qui conduiront leur blé ou leur farine au magasin des subsistances recevront un bon des quantités qu'ils auront fournies. Ces objets leur seront payés, ou, dans le cas où ils boulangeraient, il leur sera fourni, à compte, toutes les semaines, la quantité de farine nécessaire pour la subsistance de leur ménage. Il sera également donné un bon pour les fourrages qui seront déposés au magasin militaire, afin d'assurer leur paiement.

» 3. Le présent arrêté sera exécuté sans délai, et ceux des habitants qui s'y refuseront seront de suite punis comme suspects.

» 4. Il sera envoyé une expédition du présent arrêté à la municipalité d'Angers, afin qu'elle le fasse exécuter, la rendant responsable des événements qui pourraient résulter de son inexécution; et afin qu'aucun des habitants n'en puisse prétendre cause d'ignorance, il sera imprimé, affiché et publié dans tous les faubourgs de la ville.

» *Signé*, Villier, président; Vial, procureur-général; Letourneau, secrétaire.

» Vu et approuvé par nous, représentants du peuple près l'armée de l'ouest.

» *Signé*, Esnue Lavallée, Francastel. »

Des commissaires furent chargés de fouiller les maisons d'émigrés, les couvents; d'enlever et d'apporter au district les meubles, les glaces, les ferrailles surtout dont on craignait que les brigands ne se servissent contre nous.

Voyez-vous toutes les familles éplorées qui emportent sur leurs épaules leur linge, leurs malles, leurs marchandises, leurs mères infirmes, leurs enfants. C'est la désolation et la ruine.

La nuit se passe à ces déménagements.

Au point du jour, et quand on croit que tout est vide, des soldats armés de torches se répandent au dehors et mettent le feu aux maisons qui avoisinent le plus les remparts.

Des habitants, des propriétaires, s'opposent à ces mesures. De là des rixes, des querelles, un bruit étrange qui se prolonge de la rue Chateaugontier à la *Grosse-Pierre* et à la vallée S t-Samson.

Cependant huit heures sonnent à Saint-Maurice, et la générale qui bat depuis une heure a rassemblé la garde nationale. Tout le monde est à son poste. Remarquez ceci : pour les cérémonies et pour les revues, souvent on avait peine à prendre les armes ; on s'exemptait quand on pouvait de ces vains services, et l'on cherchait toujours de bonnes raisons pour rester bien tranquille chez soi ; mais aujourd'hui chacun montre un dévoûment sans bornes. Pas un citoyen ne manque à l'appel, et cet exemple impose à la troupe de ligne.

Cette troupe soldée est placée en dedans, au pied des remparts, prête à monter dessus au premier signal.

Les deux bataillons de la garde nationale sont en réserve sur le parvis Saint-Maurice, au pied du clocher.

Sur le clocher même l'opticien Pedralio est en observation. Il braque ses lunettes sur la route de Paris, sur les Fourneaux à chaux, et il a ordre d'avertir de tous les mouvements qu'il verra faire à l'ennemi.

A neuf heures juste, il lance en bas une pierre avec un petit billet sur lequel on lit au crayon : « Voilà les brigands, ils sont aux Mortiers, nos deux pièces de quatre sont en retraite, et rentrent à toute bride par le Champ-de-Mars. »

Aussitôt un roulement de tambour se fait entendre. Les bataillons s'apprêtent ; Fardeau et Bérault précipitent le commandement : *Garde à vous, portez armes.* Ménard accourt à cheval : « Angevins, s'écrie-t-il, voulez-vous défendre votre ville et soustraire vos femmes, vos biens, vos drapeaux, à la rage des brigands ?

— » Oui, nous le voulons tous !

— » Eh bien ! chers camarades, le moment est venu de se montrer. Canoniers, à vos pièces ; gardes, à vos postes. Les troupes de ligne ont déjà pris pied derrière les parapets. — Que le second bataillon aille les rejoindre, qu'il les soutienne, les guide, les échauffe par sa présence. Que le premier bataillon reste encore ici un moment afin de se porter là où le pressant besoin s'en ferait sentir. Quant à moi, vous me trouverez partout où sera le danger ; et si en moi vous aperceviez de l'hésitation, si de la trahison je vous montrais l'ombre, tirez sur moi le premier, et périssent ainsi tous les lâches !.... Vive la république ! vive les Angevins !

— » Vive Ménard ! vive la nation ! vive la liberté !... »

Un roulement général confirma ces saintes paroles, et le mouvement des pelotons commença.

Bérault mena le second bataillon sur les remparts depuis la porte Saint-Aubin jusqu'à la porte Neuve.

Une heure après un nouveau billet de Pedralio ayant prévenu que les brigands se portaient en force sur la Challoire et St-Serge, le premier bataillon s'élança au pas de charge pour aller gagner la porte Cupif, où il trouva le 38.e régiment de ligne en bataille.

XVIII.

Le bataillon soldé avait eu le matin une mission. Les prisonniers royalistes, enfermés au Séminaire, au Calvaire et en d'autres maisons, lui avaient été confiés pour être conduits aux Ponts-de-Cé.

Il y en avait plus de 200 qui furent remis à Moulins. Ce général avait 5,000 hommes et barrait ainsi le passage de la Loire.

J'ai demandé depuis à un soldat de ce bataillon : « Que devinrent les prisonniers? — Je n'en sais rien du tout. Je crois qu'ils périrent ; je crois qu'on s'en défit et qu'on les jeta dans le courant par-dessus le pont, mais je n'en suis pas bien sûr. Dans ces moments là chacun ne pense qu'à soi. »

Le bataillon revint à Angers tout de suite, et on le plaça au château et à la porte Toussaint.

<h2 style="text-align:center">XIX.</h2>

Les représentants du peuple Francastel, Esnue Lavallée et un troisième qui venait d'arriver, Levasseur, accompagnés des généraux et de plusieurs membres des autorités constituées, du comité révolutionnaire, tous à cheval, firent le tour de la ville en dehors et au trot.

Ils s'assurèrent de l'état des postes, s'efforcèrent d'inspirer la confiance et voulurent savoir si les maisons qui auraient pu garantir les brigands étaient en flammes.

Le pétillement de l'incendie faisait cabrer les chevaux, et le peuple qui suivait en foule criait : « Rentrez, rentrez dans les murs ; l'ennemi arrive ; sauvez la représentation nationale. »

<h2 style="text-align:center">XX.</h2>

Girault, capitaine des charrois, et Girard-Retureau, membre du comité révolutionnaire, quittèrent le groupe des représentants et se lancèrent dans le faubourg Saint-Michel. Ils rencontrèrent au bas de la rue *Pierre-Lise* deux brigands, en habit de dragons, qu'ils prirent pour des soldats de la république. Passant outre, ils aperçurent bientôt 60 autres Vendéens vêtus en dragons, en hussards et en toutes sortes de nos costumes militaires, ils les prirent de même pour des soldats républicains : « Comment, sacré nom de mille bombes, leur cria Girard tout près d'eux, nous laisserons-nous attaquer comme des *pleutres* par ces scélérats, ces gueux, instruments des tyrans, que le fanatisme a corrompus?... Courons les exterminer!

— » Courons les exterminer, répète Girault. »

A l'instant les faux républicains entourent nos braves. Girard-Retureau se fait jour à coups de sabre ; il pique des deux, blesse les brigands qui s'opposent à sa retraite, et accourt à la municipalité donner l'alarme.

Girault, moins heureux, tombe percé de coups ; et à cette nouvelle, Fillon, le procureur de la commune, dit à ceux qui l'entourent : « Pleurez un compatriote, mais vengez-le, et ne craignez rien pour sa famille. La convention n'a jamais oublié la veuve et les enfants des patriotes, victimes de leur amour pour la liberté et pour le soutien de la république. »

XXI.

A 9 heures et demi, les colonnes vendéennes se déploient dans les trois faubourgs Saint-Samson, Saint-Michel et Bressigny. Ils percent les murs des maisons et des jardins pour établir des communications. Les bâtiments principaux dans lesquels ils s'établissent sont l'abbaye de Saint-Serge, la manufacture Joubert, les Minimes prés du Mail, l'hôtel de Gohin, le couvent de la Fidélité, à l'entrée de la rue Hannelou ; ils ont ainsi des positions en face des portes Cupif, S.t Michel, Neuve et S.t-Aubin.

A peine ont-ils paru, qu'une décharge générale d'artillerie et de mousqueterie a lieu sur tout le front de nos remparts.

Ce feu subit et nourri, le cri de vive la liberté qui retentit sur tous les points fait voir aux brigands que les intelligences qu'ils ont dans la place sont vaines et qu'il s'agit ici d'une résistance sérieuse contre laquelle ils auront à déployer toutes leurs ressources.

Ils ont des batteries dans les jardins de la rue des Bouilloux, au-dessus du jardin de botanique. Ils ont une pièce près du moulin, au-dessus de la carrière du Pigeon ; ils en ont à tous les angles des faubourgs, et leurs *braves* (leurs grenadiers) s'avancent et se placent en tirailleurs dans toutes les maisons qui s'approchent des remparts et que le feu n'a pas consumées. Les ruines mêmes leur servent de redoutes. Leurs efforts se dirigent principalement sur la porte Saint-Michel, la porte Cupif et les remparts et tours qui les avoisinent et les flanquent.

Ces remparts avaient jadis des parapets de six pieds de haut, couronnés de larges pierres d'ardoises, percés de meurtrières et crénelés. Mais le général Duhoux, qui commandait du temps de la *masse*, voyant qu'ils étaient en mauvais état et qu'il manquait d'argent pour les réparer, les fit raser en partie et mettre à deux ou trois pieds de haut seulement. Ils étaient ainsi réduits et abaissés très malheureusement au moment du siège, et ne couvraient qu'à demi nos soldats. Ceux-ci pour tirer étaient obligés de se tenir à genoux. Dès qu'ils levaient la tête ils étaient frappés. Les brigands les ajustaient si bien et de face et à dos, que vers le soir du 3 on ne pouvait plus tenir sur les murailles.

XXII.

L'ennemi s'embusque, s'approche, gagne du terrain. Il occupe les maisons de la rue des Pommiers qui ne sont pas à un quart de portée du rempart, et notamment de la maison commune qui était alors où est à présent la cour royale.

On avait muré et crénelé les fenêtres de cette maison qui était devenue une forteresse, et de leur salle même ou de leurs bureaux les officiers municipaux et les notables faisaient le coup de feu contre les brigands, ainsi que tous les autres citoyens.

Un chef vendéen , arrivant par la rue des Bouilloux , traversait la rue Saint-Samson pour prendre un petit chemin qu'on a fermé depuis , et qui conduisait à Saint-Serge. Il brandissait son sabre , faisait caracoler son cheval et bravait les balles qui , parties de l'hôtel de ville , pleuvaient sur lui , ou mieux autour de lui , car pas une ne l'atteignait.

Il fit ce jeu là plus de dix minutes. Chacun voulait l'abattre. Mon père lui-même , qui était de la municipalité , prit un fusil , tira et manqua son coup. Il s'en félicitait bien quelques jours après en nous racontant cette aventure , mais dans le moment il fallait combattre , tuer , vaincre , et les esprits les plus généreux , les raisons les plus hautes , entraînés dans le mouvement de la défense , ne songeaient qu'au danger , au devoir et à la défaite et la mort de l'ennemi.

A la fin ce brigand disparut. On sut après le siège que c'était Forestier.

XXIII.

La poudrière était au château. Les femmes , les enfants , les vieillards , chargés d'aller prendre les munitions et de les porter aux combattants sur les remparts , s'acquittaient de leur mission avec une ardeur incessante et une fidélité admirable. Il n'y avait là ni ordre ni défiance. Il suffisait de se présenter pour qu'on vous délivrât des paquets de cartouches. Nous allions , nous en prenions plein nos poches , plein nos chapeaux , les femmes plein leurs tabliers et puis nous courions chacun de notre côté fournir les compagnies de notre quartier et les soldats de notre connaissance.

Sur le milieu de la place du Ralliement était la guillotine , toute montée. Mais on n'y faisait pas attention. Elle était délaissée , veuve , sans factionnaire. Où est aujourd'hui la pompe , près le *Café d'Anjou* , était un puits et devant ce puits était un caisson plein de gargousses où chacun puisait à sa volonté. Il n'y avait ni canonniers , ni garde. Cependant rien ne fut perdu , rien ne sauta , tout servit à la défense , et cette union de tous les habitants fut un des phénomènes les plus extraordinaires.

Tous les esprits étaient absorbés dans le même sentiment : *sauver la ville.* Il n'y avait point ce jour là d'aristocrates ; tout le monde était patriote. On craignait l'assaut et ses suites ; on craignait de se laisser prendre par les brigands pour être ensuite repris par l'armée républicaine ; deux malheurs horribles , deux occasions de viol et de pillage , deux causes puissantes d'accord dans tous les cœurs. Sans se rien dire on s'entendait ; plus de délation , plus de murmures. Le canon tirait , on ripostait , toute querelle de nuances était suspendue et il y avait un instinct qui disait : « Angevins ne comptez que sur vous seuls ; c'est en vos mains qu'est le salut ou la perte. »

XXIV.

La ville était silencieuse, non pas triste. Quand on se rencontrait on se prenait la main et l'on se disait : « courage. » Chacun allait, venait, librement, vivement. Il y eut bientôt des blessés, mais les chirurgiens étaient agiles ; les femmes les secondaient. On fit partout de la charpie.

Dans la rue S.t-Blaise et dans le chemin de ronde, devant le collége, qui est devenu la mairie, étaient deux régiments, celui d'Aunis et celui d'Armagnac ; ils avaient encore leurs habits blancs, à revers de couleur. Ils gardaient l'hôtel Lantivi où logeait le commandant de la place.

Je montai dans le grenier avec les soldats. Les uns chargeaient les fusils, les autres tiraient. Ceux-ci pour ajuster s'avançaient un peu par les lucarnes de la rue des Volontaires (de l'Hôpital) et mettaient un genou sur la goutière : malgré les précautions qu'ils prenaient, il y en eut un d'atteint devant moi à la cuisse par une balle partie de la maison de Gohin. J'aidai à le descendre dans le salon, et quand on lui eut mis le premier appareil : « Ce n'est rien, dit-il, les gredins me le paieront ; vive la république. » C'était toujours le refrain.

Je ne vis pas de tout le jour les généraux ; et pourtant je puis dire que je ne rentrai pas une minute à la maison et, qu'avec mes petits voisins et camarades, Esnault, Evain, Brévet, je fus toujours dans la rue à épier ce qui se passait. Il semblait que je devinais qu'un jour l'envie me prendrait de tout raconter et de tout écrire.

Si nulle part, à l'exception de Beaupuy, je ne voyais ni généraux ni représentants, de tous les côtés au contraire je trouvais des officiers municipaux et des notables. Ils étaient en écharpe et donnaient le bon exemple à tous les endroits périlleux. Je traversai vingt fois la place des Halles. Les balles, les biscayens, les boulets sifflaient et ronflaient au-dessus de nos têtes. Je n'oublierai cette musique de ma vie. Quand la pièce de trente-six de la Haute-Chaîne tirait, le bruit de son boulet en passant faisait dans l'air comme une forte pièce de toile qu'on eût déchirée dans toute sa longueur. Il y en avait qui à ce vacarme courbaient involontairement le dos et grinçant des dents faisaient d'effroyables grimaces.

Dans une de mes courses je rencontrai mon père. Il me prit, m'embrassa et continua sa route sans s'arrêter. Il était avec Coustard et Guillory. Ils allaient à Toussaint dire à Jouve, le munitionnaire, que la municipalité consentait à lui prêter des farines pour le pain des troupes, mais à la condition qu'il les rendrait le plus promptement possible.

On battit la caisse au coin des rues : défense fut faite aux cabaretiers de donner à boire tant que durerait le siège. Plusieurs fois cette injonction fut réitérée.

Les charpentiers et les menuisiers furent mis en réquisition et allèrent au château pour y faire des affuts et des fascines. Les troupes ne devant pas quitter leurs postes, et les auberges aussi bien que les casernes étant fermées, les femmes de la ville furent invitées à leur porter des vivres comme elles le faisaient déjà pour la garde nationale. Elles s'y prêtèrent de bonne grâce et alors ce ne fut plus qu'un repas civique sur toute la ligne. Partout on mangeait, on buvait, puis on se battait avec un cœur qui s'excitait encore par la présence des Angevines.

Les mères faisaient la soupe, et c'étaient les filles qui la portaient, non seulement les ouvrières, les servantes, mais les jeunes dames et les demoiselles les mieux élevées, les plus jolies. C'était un enthousiasme ravissant; point de distinction, point de sot orgueil, point de ménagements puérils et de fausse pudeur; toutes rivalisaient de patriotisme. Citerai-je les noms? Les dames Delaunay, les dames Joubert, toutes nos dames Grille, M.mes Toutain, Monsallier, Brouard, Lecomte, Verdier, Maine, Fouqueteau, Chéguillaume, M.lle Barbot, M.lle Dalivou, M.me Lemazurier si grande et si forte, M.me Leclerc si petite et si mignonne; les dames Bordillon, Gaultier, Garnier, les D.lles Viger et Robinet, M.me Allory, et ses filles Agathe et Virginie, toutes bonnes, charmantes et dévouées, M.mes Gaignard-Leroy, Vilvouet, Bart, Moron, Jubin, Lechalas, Cherbonnier, Négrier, Mirault. Puis les femmes du Port-Ligny, si vives, si ingambes, si ardentes : la *grande Madelaine*, la Lochard, la mère Chassereau, la Gilet et Marton, et Sillette et Simonne, toutes ces filles si bien faites, si belles et (malgré leur babil) si sages ! Il y en eut cent, il y en eut mille, nulle ne manqua au devoir et à l'appel. Plusieurs furent tuées, d'autres blessées. Je dirai plus loin quels faits j'ai recueillis, comme une preuve nouvelle après tant d'autres, de la noble exaltation où les femmes peuvent s'élever quand il s'agit pour elles du sol, du foyer, de la famille, de l'indépendance de la patrie, et de tout ce qu'enfin, au monde, il y a de plus sacré, de plus vibrant et de plus cher.

XXV.

Composition du corps municipal à l'époque du siège :

BERGER, MAIRE,

Officiers municipaux :

Cherreau.	Bardou.
Bareiller.	Chesneau.
Turpin.	Mohan.
Heurteloup.	Constantin.
Lebreton.	Guillory.
Hébert.	Samoyau.

Notables :

Coullion.	F. Grille.
Aynès.	Trottouin.
Bazile.	Follenfant.
Miyonuet.	Coutouly.
Chevreul.	Morteau.
Giraud.	J. Farran.
Delruc.	Lefèvre.
Chaves.	Coustard.
Chotard.	Sinval.
Bury.	Dubled.

FILLON BELNOE, procureur de la commune,

CHESNEAU, jeune, substitut.

XXVI.

Dans la soirée du 5 décembre, tous les flambeaux furent mis en réquisition chez les ciriers. On en garnit les corps-de-garde et l'injonction fut faite à tous les citoyens de mettre des lampions ou des chandelles à leurs fenêtres. Pas un ne fit le récalcitrant. Les plus pauvres avaient leur lanterne. Toute la nuit la ville fut illuminée. Ce fut Chotard, notable, qui fut chargé de faire exécuter ces mesures, et il s'en acquitta fort bien.

Malgré les défenses, quelques militaires avaient quitté les remparts, et pour entrer dans les cabarets, ils enfonçaient tout simplement les portes. Sur la demande de l'adjudant général chef d'état-major, trois membres du conseil de la commune, Aynès, Chevreul, Bazile, se rendirent sur les lieux et firent cesser l'orgie.

Dans la nuit, on évacua le trésor et tous les fonds publics sur S.t-Georges. Les registres, les titres et tout ce qu'il y avait de précieux suivit dans un grand caisson. Un corps très petit de gardes nationaux escorta le convoi ; Sinval et Miyonnet furent du voyage et le surveillèrent. Ils étaient de retour à Angers avant le jour.

F. Grille et Coustard eurent un autre emploi : ce fut de faire faire des moulins à bras pour moudre le grain qui par la Mayenne et par la Sarthe était arrivé de Montreuil et de Cheffes. (1).

(1) Un de ces moulins qu'on avait fait venir de Fontevrault fut monté dans la *Cour-Aubin* (comme on disait alors) et fonctionna de manière à donner avec trois chevaux 220 livres de farine par heure. On en fit plusieurs sur ce modèle. Il y avait aussi des moulins à bras, économiques et perfectionnés par les soins Cassinerie et Puységur. Ces petits moulins pouvaient moudre chacun 25 livres de farine en 50 minutes. Cela ne ressemble guère aux vastes minoteries de nos financiers d'aujourd'hui qui se font meuniers et qui englobent tout dans leurs gigantesques entreprises.

Heurteloup et Morteau se rendirent au Pont-de-Brionneau, munis de l'autorisation de l'administration départementale pour traiter avec *Bellanger-Bellanger* qui s'engageait à changer en *p*eu de jours son moulin à tan en moulin à farine.

Dubled soigna le service du bois de chauffage, et il s'arrangea pour qu'il n'en manquât ni aux postes des remparts, ni aux hôpitaux, ni aux fours.

XXVII.

Les brigands étaient fatigués, harrassés, abattus. A la chute du jour, le 3 (13 frimaire), ils s'endormirent presque tous. Il n'y eut que les chefs et les *braves* qui restèrent debout. Les masses, hommes et femmes tombaient de lassitude ; si la garnison eut fait une sortie c'en était fait de ces bandes désolées, et dès ce jour là tout cédait, fléchissait et périssait. C'est là ce que depuis on a dit. Mais à l'époque du siège on était convaincu que le salut de la ville était dans la résolution qu'on avait prise de ne pas quitter les murs et de ne rien abandonner au hasard.

Une sortie était difficile avec si peu d'hommes de garnison, et lors même qu'elle aurait été possible, elle eût nécessairement amené de la confusion, du trouble. Quelque chances de succès que l'on eût, l'attente pouvait être trompée. Parmi les brigands il y en avait de déterminés. S'ils avaient quelques avantages, aussitôt ils seraient suivis de milliers des leurs qui, se précipitant dans la ville, y jetteraient l'épouvante et emporteraient de vive force la place, qu'avec de la sagesse et de la constance on avait tout espoir de sauver.

Ces réflexions furent le mobile de la conduite du commandant Ménard, et rien ne put le faire changer les dispositions que tout d'abord il avait ordonnées.

A huit heures du soir, le 3 décembre (je donne exactement les dates), il prit Berthe à part à la porte Cupif ; Berthe le relieur, homme rond et modeste, mais chaud patriote et plein de bon sens et de valeur, qui vit encore avec sa femme dans un coin tranquille, affaibli par l'âge, mais très net encore de jugement et qui a rassemblé des documents nombreux sur toutes les circonstances de la révolution dans nos pays. Ménard le prit à part et lui dit : « J'ai de bonnes intentions, tu le peux voir, mais je suis entravé de plus d'une manière ; je voudrais être partout et je ne le puis. Je te charge de faire pour moi la ronde supérieure, surtous les remparts, pour t'assurer des postes et voir si tous sont bien garnis et en bon ordre. Tu partiras d'ici à deux heures du matin. Piquelin, capitaine, fera la ronde de dix heures. Je m'adresse à vous qui êtes de la garde nationale, c'est sur elle que je compte, c'est elle qui a le plus d'intérêt à la conservation de la place, et sans elle, ami, tout serait perdu. »

Berthe répondit : « Je ne suis qu'adjudant-major, et comment inspecterai-je les chefs de bataillon? »

Ménard répliqua : « Je connais ton civisme et il faut me laisser faire. Attends-moi, je te quitte un moment, tu me reverras bientôt. »

En effet, il disparaît et revient quelque minutes après muni d'un ordre signé Francastel. Ce papier applanissait tout. A deux heures donc, Berthe monte sur le rempart et commence sa ronde par le lieu où sont à présent les magasins de chanvre des Leclerc.

Il y avait là des murs de vingt pieds, un terre-plein épais, un fossé profond, une porte de fer garnie de tuffeaux en dedans et des fusiliers, des canonniers qui ne bougeaient pas de devant l'ennemi et qui se seraient fait hacher sur leurs pièces plutôt que de rompre d'une semelle.

Ce qu'avait prévu Berthe arriva. Les chefs de bataillon qu'il rencontre lui refusent le passage, mais il exhibe son ordre spécial et aussitôt on obéit. Il était précédé de Tarin, le tambour, qui portait un fallot, suivant l'usage. Cette lumière maudite attirait l'attention, les assiégeants en faisaient leur point de mire et pendant toute la course Berthe entendit des milliers de balles qui sifflaient à ses oreilles. Dans l'horreur de la nuit, il jetait, par-dessus le parapet, les yeux au loin et voyait de toutes parts les maisons fumantes. Les vents soufflaient et les étincelles volaient jusqu'aux cieux. L'ame se serrait à la vue de ces désastres.

A la porte S.t-Michel, Berthe n'entendit rien. A la porte Neuve, il trouva Ménard qui lui dit de faire hâte. Il vit la porte S.t-Aubin où commandait Ruffieux qui avait dit à la tête de sa compagnie, au premier coup de canon de l'ennemi : « Voilà les gueux de brigands, marchons contre eux, il ne faut pas qu'il en échappe. Vous m'avez nommé votre capitaine et le premier de vous qui bronche, vous voyez cette épée là, eh bien! je la lui enfonce dans le cœur jusqu'à la garde. »

La même énergie régnait partout. Berthe gagna le rempart des Lices, la porte Toussaint, le château, et revint par la Cité, la Poissonnerie et Boisnet, à son point de départ, sans imaginer qu'il y eut à ce moment là quelque nouveau et pressant danger pour la ville.

Cependant la nuit qui, de plus en plus, devenant sombre, favorisait deux tentatives qu'avaient résolu de faire les principaux d'entre les Vendéens. Ils s'étaient assemblés à Saint Serge ; ils avaient interrogé une pauvre femme nommée Charton, dont le mari était menuisier; et ils avaient manifesté leur surprise d'apprendre que c'était Ménard qui commandait la défense plutôt qu'*un autre chef*, qui d'avance leur était vendu, et qui avait promis de leur ouvrir les portes sans coup férir.

Au lieu de se rendre, on les recevait à coups de canon. La différence était grande, et ils en furent un moment découragés. Mais ils se remirent, et ne voyant point venir de traîtres, ils comprirent qu'il fallait recourir à d'autres moyens. Les voilà donc qui se distribuent en deux sections, dont l'une doit s'emparer de la porte Saint-Michel, l'autre de la porte Saint-Aubin ou de la porte Neuve : ils marchent, ils marchent ; ceux qui s'attaquent à la porte Saint-Aubin ont passé par les derrières du mail et arrivent par le faubourg Bressigny. Déjà, dans le jour, deux pièces de 4 que les brigands avaient braquées contre la porte, avaient été aussitôt démontées. Nos artilleurs étaient là commandés par le lieutenant Flammand qui y périt avec 8 ou 10 de ses hommes.

Le soir, les ennemis, au nombre d'une centaine, armés de carabines et de haches, feignaient d'abord de vouloir se jeter sur la porte Neuve, puis subitement tournant à l'ouest, ils s'élancèrent intrépidement contre la palissade et les chevaux de frise qui étaient en avant de la porte Saint-Aubin, et se mirent en devoir de les briser et de les enfoncer. Mais on les reçut avec tant de vigueur, qu'il leur fallut battre bien vite en retraite, non sans laisser plus de 15 à 20 des leurs sur le talus.

A la porte Saint-Michel, les Vendéens mirent dans leur entreprise plus d'aplomb, de mystère et d'adresse. Ils allaient sans bruit, à pas de loup, et se glissèrent dans les maisons à demi embrasées et démolies qui couvraient le bastion Saint-Michel, entre le faubourg et la porte, à la *butte*, aujourd'hui place du Pélican.

La porte et le bastion étaient séparés par une douve, les brigands la comblèrent avec de vieux meubles qu'on avait abandonnés ; cela fait, ils descendirent dans le fossé et se mirent, en arrachant les pierres avec les mains, à agrandir une brèche ou cavité qui, par la négligence des ingénieurs, existait au bas de la muraille. C'était un tuyau de latrines (s'il faut tout dire) qui se trouvait au pied de la tour sous le lierre et les ronces. Ils voulaient en profiter pour faire sauter la porte avec de la poudre et s'introduire dans la ville au milieu du désordre qu'une semblable détonation occasionnerait

Jusque-là leurs mesures étaient bien prises. Ni l'infection ni le péril ne les arrêtaient, ils travaillaient avec courage, et l'espérance déjà pénétrait dans leur ame. On dormait au-dedans comme au-dehors, je veux dire la majeure partie des troupes. Il y a une heure de la nuit où les yeux invinciblement se ferment et où fatalement l'homme n'a plus ni force ni vertu. C'était cette heure là qui venait de sonner. Il faisait un brouillard humide. Amis et ennemis s'assoupissaient, se taisaient et faisaient trève à leur agitation et à leur colère. Une pièce de 8 avait éclaté sur le tertre Saint-Michel, à la tour qui faisait l'angle ; des canonniers avaient eu les membres fracassés ; on venait de les emporter à l'hôpital, et un crêpe noir flottait sur toute cette portion du rempart entamée par les boulets et sapée secrètement par sa base.

Les mineurs étaient Larochejaquelein, Forestier, Boispréau, Rinchs, Désessarts, puis quelques paysans dont les noms ne sont pas venus jusqu'à nous. Les chefs ont la gloire et les paysans la peine sans récompense. Comme ils fouillaient, creusaient et s'apprêtaient à placer le baril de poudre, un marchand, *Bienvenu*, qui était en faction, entendit un bruit sourd et qui semblait venir de dessous terre. Il éveille son officier. Celui-ci va chercher Farcy, le capitaine des canonniers du bataillon soldé, qui commandait nos batteries depuis la maison de ville jusqu'à la porte Neuve ; Farcy monte, écoute, regarde ; il croit voir quelque chose qui remue au fond de la douve ; il fait venir à son tour Ménard, et bientôt on s'accorde à reconnaître l'imminence du danger. On se lève alors, on s'arme, on recommence à tirer, mais sans savoir sur quoi et où l'on tire. Les balles et les boulets se remettent à siffler ; mais les brigands sont loin de lâcher prise, et tout le corps municipal qu'on avertit est en alarmes.

« Calmez-vous, citoyens, s'écrie Ménard, j'ai un remède sûr contre le fléau qui nous menace. » En parlant ainsi, il donne l'ordre qu'on apporte des matières combustibles ; des chaudières sont aussitôt organisées ; on y trempe des fagots de genêt et de bruyère qu'on prend chez tous les boulangers, et on les jette enflammés sur les assiégeants téméraires qui résistaient au fer et à la mitraille ; mais qui noyés dans des flots de goudron bouillant, cédant à la poix et résine, s'éloignent du mur les vêtements tout en feu et se retirent *à quatre pattes*, comme des lions en jetant des cris lamentables ou poussant des hurlements affreux. Rinchs et Boispréau sont tués et consumés dans la douve, Désessarts est blessé, Forestier et Larochejaquelein s'échappent ; mais les paysans qui veulent les imiter sont atteints par le plomb du rempart ; ils se débattent et meurent : l'un d'eux qui grimpait au revers du fossé, reste (Drouard l'a vu) accroché par le cou aux broussailles.

XXVIII.

Le jour ne tarda pas à poindre, et malgré la perte de leurs mineurs, les brigands ne renoncèrent pas à la partie. Placés dans les maisons du faubourg, ils firent un feu si bien dirigé et si bien nourri, que nos soldats ne tinrent plus qu'à grand'peine sur la muraille et sur la porte.

Des maisons de la rue des Pommiers qui restaient encore,

malgré l'ordre qu'on avait donné de les abattre, les Vendéens (leurs plus habiles tireurs) prenant en flanc et à revers tous nos hommes, les déconcertaient en les décimant, sans qu'on pût les chasser eux-mêmes du labyrinthe de masures où ils s'étaient embusqués.

Beaupuy vint en ces circonstances donner un avis excellent. « Vos remparts sans créneaux laissent vos soldats à découvert et les exposent à une mort qu'il n'est que trop facile de leur donner ; faites vite des sacs que vous remplirez de terre, vous rangerez ces sacs sur les parapets auprès l'un de l'autre, en laissant entre eux des meurtrières, et de la sorte, en préservant vos amis, vous les mettrez à même de tirer à coup sûr à leur tour sur vos ennemis. »

Des sacs, des sacs, ce fut le mot qui courut par toute la ville. On en apporta en une heure par centaines. On y mit de la terre ; on les plaça sur les remparts ainsi que Beaupuy l'avait conseillé, et l'on en retira de grands avantages ; mais le feu des assiégeants était si vif, qu'on commençait à trembler pour la ville. Il y eut huit à dix heures consécutives d'anxiété et d'angoisse.

A ce moment les représentants parurent ; toutes les autorités se réunirent ; on dépava le haut de rue Saint-Michel et l'on braqua des pièces de canon au pied de la maison de ville et du palais, la bouche tournée contre la porte, afin de mitrailler les brigands s'ils parvenaient à se faire jour de ce côté.

Ce fut dans ce transport qui agitait tous les esprits, que Lebreton, municipal, quittant la salle des délibérations, alla pour examiner l'état des choses et animer par sa présence jusque sur la brèche nos braves et généreux défenseurs. Il était dans l'escalier d'une des tours qui flanquaient la porte Saint-Michel, et il marchait en causant avec Guillory-Goubault qui l'avait immédiatement suivi, quand une balle passant par une des barbacanes, le vint frapper au front et l'étendit raide mort. On l'emporte, et les médecins accourent, mais ils ne peuvent le rendre aux vœux de ses amis. Son sang couvre les marches, et sa perte si prompte et le bruit qui en circule sont accueillis par les cris des gardes nationaux ; les larmes de tous les citoyens.

XXIX.

On lit ce qui suit sur les registres de la municipalité :

14 FRIMAIRE AN 2.

« Un membre du conseil général de la commune dit qu'à l'instant même le citoyen Lebreton que le zèle et l'amour du bien public faisaient se porter avec empressement partout où sa présence semblait utile, vient d'être atteint sur les remparts par un coup de feu de l'ennemi, et qu'il est mort sur-le-champ victime de ses devoirs et de son dévouement sans bornes.

» L'assemblée, pénétrée de la plus vive douleur à cette triste nouvelle, garde pendant quelques minutes un morne silence, expression de ses sentiments, expression des regrets qu'elle éprouve et de sa peine profonde ; hommage d'estime et de respect qu'elle ne peut s'empêcher de consacrer à la mémoire d'un de ses plus dignes membres ; d'un homme qui ne cessa jamais de bien mériter de ses concitoyens par son ardent amour pour tout ce qui était bon et généreux, pour tout ce qui servait à la ville et devait être glorieux à sa patrie.

» Le conseil, sans désemparer, a repris ses opérations. »

Cette attitude me paraît sublime. Voyez-vous nos pères qui, en face de la mort et menacés tous du coup qui vient de frapper un de leurs frères, restent à leur poste inébranlables et continuent à délibérer sans hésitation, sans faiblesse sur les mesures d'intérêt général. C'est là, sans contredit, une des plus belles pages de notre histoire.

XXX.

Revenons aux scènes de nuit. Les soldats du régiment Dauphin (38.e) qui étaient à la porte Cupif, reçurent un ordre assurrément fort singulier. C'était celui d'abandonner ce poste et de se rendre à la porte Saint-Nicolas, de l'autre côté de l'eau, à l'extrémité de la Doutre et dans un lieu où leur présence ne semblait à nul homme de bon sens, indispensable. L'ordre était cependant précis, Danican l'avait écrit de sa main, et on le mit sans retard à exécution. De tout le bataillon, qui était de cinq à six cents hommes, il n'en resta que quatre et un caporal, comme si c'eût été par dérision ; c'était là tout ce qu'on eût commis à la garde de la porte, si la garde nationale ne se fût trouvée prête pour réparer cette faute, ou mieux, tromper ce calcul et pour déjouer l'affreux projet qui évidemment, à cette heure là, était tramé contre nous par l'odieux chef de l'autorité militaire.

Un détachement du premier de nos bataillons stationnait dans la rue de la Roë : Torcy, Cator, Ollivier l'apothicaire, Leroux le traiteur, Charrier le négociant, et une foule de d'autres en faisaient partie. Il fut appelé tout de suite par Berthe et placé de manière à défendre le Port-Ayrault et ses levées. Ménard qui survint applaudit à ces dispositions et se mit en mesure de confondre partout les lâches et les traîtres.

Le 38.e régiment, qui du reste s'était bien conduit durant toute la journée du 5, fit sa retraite par la ruelle des Zéphirs, gagna les grands ponts ; et à peine les avait-il passés qu'on vit descendre par la rue Baudrière Danican lui-même et ses aides-de-camp qui, avec un piquet de hussards, voulaient prendre aussi le chemin de la Doutre sans qu'on pût attribuer de motif honorable à un tel mouvement. Ils descendaient au trot, mais une patrouille

9

d'Angevins qui se trouvait là fort heureusement les arrêta à la porte Chapelière.

Je veux dire les noms des douze citoyens qui composaient cette patrouille : Evain, Letourneau, Viger, Chassebœuf, Lachèse-Lollivrel, Guillot, Maslin, Godard, Morteau, Camus, Claveau, Lefevre. Ils couchèrent en joue le général, en lui criant d'une voix ferme : « On ne passe pas ! »

Les aides-de-camp s'élancent au-devant des baïonnettes, et cherchent à entrer en pourparler : « Nous voulons, disent-ils, prendre des mesures pour ménager un abri aux habitants, si la ville succombe. » Mais nos braves répondent unanimement : « Que parles-tu d'abri, il n'y en a pas, nous n'en voulons pas. La ville d'Angers ne sera prise que quand il ne restera plus un seul Angevin pour la défendre. »

A ces mots, Danican tourne bride, remonte la rue au galop, et rentre inquiet et furieux à son hôtel.

Plusieurs des hussards étaient armés de flambeaux et de torches. Ces feux, en passant sur les ponts auraient averti les brigands (qui étaient sur la tour Saint-Serge) du départ de l'état-major. C'était le signal convenu (on l'a su depuis) d'un assaut général, qui livré à propos, devait, grâce à l'obscurité, avoir pour nous les conséquences les plus funestes. Mais les choses prirent une autre face. Danican fut gardé à vue. L'hôtel qu'il occupait avait été mis sous le sequestre comme bien d'émigré ; il en brisa les scellés, fit main basse sur la cave et s'enivra comme un misérable avec des filles qu'il avait amenées de Laval. On mit à sa porte un piquet de cinquante hommes ; des postes furent placés aux carrefours, des bivouacs établis sur les remparts, et Gaudin, tonnelier, du faubourg Saint-Michel, qui avait ses cercles au Port-Ayrault, en abandonna les piles de grand cœur à ses camarades, en leur disant : « J'aime mieux que ce soit vous qui vous en chauffiez que les scélérats de royalistes.» Il attisait lui-même le feu et chantait gaîment la *carmagnole* pendant qu'au dehors en entonnait les psaumes.

Tout le monde chantait alors ; pour boire, pour aimer, pour se battre, dans la bonne comme dans la mauvaise fortune. On ne chante plus à présent ; le couplet et la pointe sont de mauvais ton ; nos jeunes gens sont comme des chartreux ; nos soldats comme des automates.

XXXI.

J'ai dit que le **4**, à la pointe du jour, la haine et la rage des assiégeants avaient redoublé ; la rage et la haine des assiégés redoubla aussi. Les brigands essayèrent de hisser une pièce de **4** sur la tour de Saint-Serge. Mais nos canonniers la démontèrent, et pour détruire ce point d'observation de l'ennemi on eut un fourneau dans la cour de l'ancien grenier à sel, d'où l'on tira bientôt avec deux pièces de huit, à boulets rouges, sur le clocher et sur l'église.

Le pointeur de ces pièces n'avait pas 19 ans. Il se nommait Jean Sciault, c'était un canonnier de ligne, et il pointait avec tant de justesse que jamais il ne manqua de toucher l'endroit qu'il avait désigné d'avance.

Les flammes s'élevèrent et tourbillonnèrent. Les charpentes, les lattes, tout brûlait et pétillait; les pierres se fendaient et éclataient, la croix tomba avec fracas, la tour et les murs s'écroulèrent. La flèche qui était haute et ancienne n'a pas trouvé de dévots qui l'aient relevée.

J'allai de là au château où l'on tirait aussi à boulets rouges. Je voyais le boulet froid qu'on mettait sur la grille; je le voyais rouge, et pris par deux hommes avec une pince; on le plaçait à l'embouchure du canon, il roulait et enflammait la poudre, puis il ressortait avec un bruissement effroyable pour aller embrâser les Recollets, Sainte-Catherine, l'hôtel Giseux et tous les couvents et édifices du faubourg Saint-Laud. On n'épargna que l'Académie.

Une des tours du rempart des Lices était en partie éboulée et le conseil fut donné par un homme de Montrelais (Jacquineau) qui commandait une compagnie de brigands tirés des mines, le conseil, dis-je, fut donné par lui de monter à l'escalade par l'espèce de brèche qu'il avait reconnue, et de prendre la ville par le séminaire et la rue Courte, où sont maintenant la bibliothèque et le musée. La proposition fut acceptée; une bande arriva par le chemin de Terre et pendant une heure, par les maisons, par les jardins, par les fossés, elle s'efforça d'approcher de la muraille; mais du château, de Toussaint et des Petit-Murs on fit un feu de mousqueterie et de mitraille si bien soutenu que l'avis de Jacquineau fut inutile; il resta mort et trente des siens au bas de la brèche.

XXXII.

Stofflet était cantonné dans la manufacture des toiles à voiles. Il avait son quartier général dans la chambre de Joubert-Bonnaire, et ses tirailleurs occupaient les magasins dont on voit encore un reste auprès de la maison Répussard.

Cette bande, composée en grande partie de braconniers, de faux-saulniers, de gardes-chasse, visait juste, ne manquait jamais son homme et nous enlevait beaucoup de grenadiers.

Deux ans plus tard, ce même Stofflet, saisi au collet dans la Vendée, amené à Angers et condamné à mort, subissait sa peine, la face tournée vers les murs de cette fabrique même qui ui avait servi de redoute. Ses deux aides-de-camp, deux Allemands, étaient fusillés avec lui. On a gardé son crâne (disséqué) dans un bocal.

Mais je ne dois pas m'écarter de mon récit : à midi, le 4 décembre, les brigands firent un nouvel effort et se ruèrent simultanément sur les deux portes Cupif et Saint-Michel.

Sur la porte Saint-Michel se dirigeaient l'infanterie et les canons; sur la porte Cupif marchait la cavalerie en bon ordre. D'autres bandes s'élançaient du faubourg Saint-Samson et de la Chalouère, pour soutenir ce double mouvement, combiné avec audace, exécuté avec résolution.

Point de tranchée, point de gabions, rien qui parât les coups et favorisa les approches. Les brigands marchaient à découvert en criant de toutes parts : « Mon bon Dieu, aidez-nous! »

La porte Cupif semblait le point le plus vulnérable. On avait coupé la levée de la Besnardière, mais l'attaque néanmoins était si vigoureusement poussée qu'elle allait peut-être se voir couronnée du succès, quand la pièce de trente-six, placée sur la tour Guilloux, se mit à jouer avec un si rare bonheur que ses boulets coupèrent les jambes des chevaux, en grand nombre, des brigands qui défendaient la rue des Pommiers.

Ces chevaux, qui tombaient, embarrassèrent le passage. Les cavaliers s'ébranlèrent et s'enfuirent; tout à l'heure si intrépides, les voilà qui sont saisis d'une panique abominable. Ils se rejettent les uns sur les autres, de nouveaux boulets lancés à toute volée, les renversent et achèvent de les démoraliser. La cavalerie déroute, l'infanterie déroute, l'artillerie déroute, c'est une terreur que rien ne peut apaiser. Forestier, Stofflet, Larochejaquelein, essaient infructueusement de rallier leur monde; tout a lâché pied, se débande et c'est dans cette mêlée épouvantable que M. de Donissan, qui était au bas de la rue Pierre-Lise, fit tourner bride à sa fille (veuve de Lescure) que son cheval emportait vers la ville, c'est-à-dire à la mort. La pauvre dame avait perdu la tête, elle allait et galopait sans savoir où et ne se souciant plus ni de mourir ni de vivre, tant elle avait dans le cœur de désespoir et de fiel.

La pièce de 36 était servie par des canonniers de ligne et de la garde nationale : Aubry, Méhay, Foucaux - Cesbron et d'autres. C'était Foucaux qui pointait et qui causait chez l'ennemi tant de ravages.

XXXIII.

A partir de cet échec, il fut impossible de ramener les brigands à la charge. Le *sauve qui peut* se répandit dans tout les rangs. Les charrettes, les voitures, les bagages reprirent pêle-mêle la toute de Pellouailles; les prêtres se frappaient la poitrine; les femmes étaient dans une langueur et une souffrance qu'on ne peut décrire : il y en avait douze mille!

Quatre heures sonnaient à S.t-Maurice quand le siège fut levé; quand le feu de l'ennemi s'éteignit peu à peu et qu'on put croire à la délivrance de la ville.

Quels cris à cette nouvelle, quelle joie : vive la nation, vive la troupe, vive la garde nationale, vivent les municipaux et les notables, vivent les angevines, vive la république! On sautait, on dansait, on s'embrassait et puis tout-à-coup on s'arrêtait en frissonnant : si c'était une embûche, une feinte, si les brigands s'en allaient pour revenir; aux armes! ne bougez pas, ne quittez pas les remparts et les portes. Personne encore n'osait mettre le pied dehors.

A cinq heures le jour était clos; la nuit était venue; quelques-uns des nôtres se risquèrent pourtant à franchir le mur de la porte Toussaint, sous la protection du château. Beaumanoir était à leur tête. Il était dragon, officier, dans le 19.ème, dont la formation avait eu lieu à Angers, et dont le dépôt était à S.t-Aubin, dans l'église. Ce dépôt, mal organisé, ne servit à rien pendant le siège, mais Beaumanoir que l'inaction ennuyait, prit un fusil et se battit sur les remparts avec courage. Il épousa depuis M.lle Goupil.

Je le montre au moment où il jette son fusil dans le fossé, puis il descend lui même, il remonte sur le glacis et se voyant suivi d'une vingtaine d'homme du bataillon soldé, il gagne par les Lices et s'en va rôder et tirailler dans S.t-Laud, Bressigny et la Madeleine.

Des soldats descendirent aussi à la porte S.t-Michel, avec des cordes, et ils trouvèrent des gens du faubourg qui déjà dépouillaient les Vendéens que le fer et le goudron avaient tués et étouffés dans la douve.

Mais l'arrière-garde ennemie n'était pas bien loin. Elle avait ses derniers hommes au *Pigeon* et à la *Grosse-Pierre*, et nos pillards, qu'elle pourchassa rudement, furent trop heureux de pouvoir remonter vite aux échelles par lesquelles ils étaient descendus.

XXXIV.

Depuis trois jours on annonçait qu'une armée formidable arrivait de Bretagne et venait à notre secours. La municipalité avait eu ordre de lui préparer des logements. Les Vendéens étaient comme nous et mieux que nous instruits des mouvements de cette armée. Son approche hâtait leur marche et entrait nécessairement pour beaucoup dans les motifs qui les faisaient si subitement lever le siège.

Cette armée, tant attendue, se traînait avec une incroyable lenteur. Elle s'était reformée à Rennes, après la déroute d'Antrain, et s'était vue augmentée de différents corps venus de Cherbourg, de Caen et de Vire. Les généraux Kléber, Tilly, Marceau, Westermann, Delaage étaient impatiens de la diriger sur notre ville, mais Rossignol et les représentants balançaient, reculaient, se moquaient des plaintes et des murmures. Ils voulaient, a-t-on dit, laisser prendre notre Angers par les brigands, afin de la reprendre aussitôt et la mettre au pillage. C'était une façon d'animer et de solder les troupes.

La convention était bien aise d'avoir une occasion de punir la ville du peu de concours qu'elle y avait trouvé pour ses mesures violentes, et des adresses chaleureuses que nos magistrats avaient signées à plusieurs reprises, contre ses décrets d'incendie et de mort (1). Une telle *rebellion* ne pouvait être pardonnée. Il fallait un exemple. C'était en ce sens que les instructions étaient données. Dans le temps nul n'en doutait. Mais ce qu'il y a de certain, c'est que le pillage aussi était promis aux Vendéens et que nous étions de la sorte placés entre deux feux, entre deux périls également prochains et terribles.

Ce fut, on ne peut trop le répéter, à la présence d'esprit de Ménard et au courage de la garde nationale que nous dûmes d'être arrachés au sort cruel qui nous était réservé à tous.

XXXV.

Quoiqu'on eût envoyé courrier sur courrier à Rossignol, ce bandit empanaché faisait mine de ne pas comprendre. Il mit trois jours à aller de Rennes à Châteaubriant, et quand il fut là, il fit halte et y resta trois jours encore. Kléber, indigné, le prit à part et le traita de lâche; les représentants survinrent et il ne leur parla pas avec plus de modération. Il était las du joug de leur impéritie et il leur dit là une bonne fois ce qu'il avait sur le cœur. Il manqua d'être fusillé. Ou bien on voulait l'enlever, le jeter dans un cachot et ne l'en tirer que pour l'envoyer à la guillotine. C'était là toujours la perspective qu'on lui offrait : « J'y consens, criait-il, fusillez-moi, guillotinez-moi si vous ne voulez pas que je mène les troupes où j'entends la canonnade. Nous devons être où l'on se bat; tout retard est trahison. »

Sa valeur maîtrisa encore cette fois la destinée. L'ordre du départ fut donné, Delaage s'élance à la tête de la colonne, et tout le long des routes on alluma des feux pour soutenir le soldat qui n'avait que de l'ean-de-vie, pas de pain et qui gelant de froid et mourant de faim, n'en volait pas moins avec confiance à la victoire.

Le 4 décembre était le jour fameux où la convention décrétait

---

(1) Mon père avait souvent été chargé avec M. Turpin de rédiger ces adresses C'était lui qui tenait la plume, et je le tiens à honneur, car la haine qui se manifestait dans ces écrits pour l'astuce, l'iniquité, la tyrannie, n'était pas molle.

à Paris le gouvernement révolutionnaire. C'était aussi ce jour là
que le ministre de la guerre adressait aux soldats une proclamation pathétique pour leur annoncer que par amour pour eux on
allait, pendant l'hiver. les chausser en sabots afin d'épargner les
souliers et d'empêcher les rhumes. Je ne ris point.

» Les sabots, écrivait le ministre, on vous les donne gratis.
Mais si vous les perdez, vous les paierez. La patrie préviendra
vos besoins, avec l'attention et la libéralité d'une mère tendre et
reconnaissante des sacrifices que vous faites pour elle , mais vous
devez aussi en enfants soigneux et économes, ne négliger aucuns
moyens de lui éviter des embarras et des dépenses. »

Le style était touchant. M. Soult, le maréchal-ministre, ferait
bien de tailler ses circulaires sur ce modèle, lui qui veut (en
1840) passer, comme Pache et Bouchotte pour l'*avoué et le
père du soldat.*

Qui nous délivrera de ces jongleries ?

XXXVI.

J'ai dit que Delaage était à l'avant-garde ; quand il fut au
Chêne la Palud, à une lieue de Brionneau, il vit S.t-Nicolas en
feu et ne s'en porta que plus rapidement vers la ville. Il y entra
avec les premières troupes vers neuf ou dix heures du soir.

Les brigands n'avaient point passé la Maine, et sur les remparts de la Doutre il n'avait pas été tiré un coup de fusil. La tour
Guilloux seule avait fait des siennes et l'on a vu le succès de ses
boulets. Tous les bataillons qui étaient de ce côté s'affligeaient et
se désolaient de ne pas contribuer mieux à la défense. Ils disaient :
« Qu'on nous mène au feu ? chacun son tour ; nous avons droit
aussi au péril et à la gloire. »

Ce fut au milieu de ces braves gens que Delaage passa d'abord ;
il fut porté dans leurs bras et fut près d'une heure à atteindre la
place des Halles. Il donnait des poignées de main à tout le
monde ; il avait partout des parens, des amis, et il reçut l'accolade
de Berger, maire, qui se porta au-devant de lui avec tout le
conseil de la commune. Les hommes, les femmes le couvraient
de bénédictions : « Les voilà à la fin... mais vous venez trop
tard... la besogne est faite... les brigands sont en fuite... nous les
avons, sans vous, saboulés de la belle manière !... »

Puis on l'entourait, on le questionnait : « Combien êtes-vous ?
quand allez-vous repartir ? ils ne sont pas loin, vous les rattrap-
perez ; nous serons vos guides : allons, camarades. rafraîchis-
sez-vous bien, et puis en avant, sans quartier, en avant !

— » Ce cher Delaage, disait un autre, le ciel nous devait de
l'avoir pour libérateur. »

Rabouin, Aynès, Tavernier-Boulogne, Abraham, Lemonnier,
les Angevins, les réfugiés et tous les patriotes des environs de la

ville qui s'étaient mis à l'abri des remparts, tous se pressaient autour de lui et de sa troupe ; ils ne savaient quelles chères lui faire et quelle récompense lui donner.

— » Parbleu, dit Rabouin à Lemonnier, donne-lui ta fille, donne-la-lui en mariage ; il l'a, ma foi, bien méritée. »

On fit chorus : « Donne-lui ta fille. » Cette inspiration ne fut pas perdue et, à trois ans de là, Delaage en effet qui avait du bien, mais peu, allait à l'état-civil avec la *citoyenne Lemonnier* qui lui apportait en dot une figure charmante et une fortune considérable.

XXXVII.

Le corps d'armée vint après l'avant-garde. Elle défilait encore a plus de minuit. Elle séjourna à Angers toute la journée du 15. On ne permit pas aux soldats de se montrer hors des murs. La conduite de Rossignol était inexplicable. Ce fut la garde nationale qui, passant par le guichet de la porte Saint-Aubin, s'en alla faire une ronde dans les faubourgs, la rue Châteaugontier, la Madeleine, jusqu'aux Justices.

D'autres gardes, passant à pied sur la glace, au Port-Ayrault, allèrent à Saint-Serge où était le dépôt des livres et tableaux enlevés dans les couvents et chez les émigrés. Tous ceux de ces précieux objets qui avaient échappé aux brigands et aux flammes étaient là en tas à la merci des perreyeurs et des tisserands. Il s'en perdit beaucoup, et c'est de leur débris qu'on forma depuis nos établissements scientifiques et littéraires. J'en ai fait l'histoire séparée.

XXXVIII.

Dans les maisons, les boutiques, les granges, on trouva des milliers de cadavres d'hommes et de femmes, les uns morts de blessures, les autres de maladie. Chez Grille-Copardière, dans sa cave, il y avait des brigands noyés dans le vin ; les tonneaux étaient défoncés, les bouteilles vides.

A Saint-Denis (une auberge) on enfonça la porte de la chambre du premier qui était fermée, et l'on trouva toute une famille en rond morte autour d'une table : père, mère, enfants, le chapelet à la main, tombés là de peur et de misère.

L'armée royale et catholique n'avait presque pour vivre que des noix. On vit à la Grosse-Pierre des amas de coquilles. Dans les cours et les écuries, sous la paille, sous le foin, on découvrait à chaque moment des religieuses et de pauvres femmes toutes tremblantes qui se jetaient aux pieds du vainqueur les mains jointes. Il y en eut de sauvées, il y en eut de perdues. Il se fit là des traits admirables de compassion et aussi (que ne puis-je le cacher !) il se commit des actes d'une brutalité hideuse et d'une atroce barbarie.

Le comité révolutionnaire intervint. Il réclama ses victimes et sa proie. Il se composait d'hommes élevés doucement et qui, tous gens de magasin ou de métier, faisaient avec probité leur commerce : un chapelier, un confiseur, un marchand de papier, et ainsi des autres. Le chapelier avait pour fils un joli enfant qui, aux jours de fête, montait sur le char de la liberté et en faisait le génie aux pieds de sa mère. Dix ans après il jouait un rôle brillant dans nos armes spéciales.

Mais ne perdons pas le fil : les moutons étaient devenus des loups. Ne jugez pas de ce temps là par le vôtre. Vous ne savez pas, vous ne pouvez pas imaginer ce que c'est que deux ans de *terreur* et de guerre civile ! La guillotine, qu'on avait mise en vacances, reprit son cours et fonctionna de nouveau et de plus belle. Pour aller plus vite, on s'avisa même de fusiller au port de l'Ancre qui faisait face à la rue du Canal, en vue de tout le monde, en dedans de la ville. Tout ce qu'on prit dans le jour, petit ou grand, vieux ou jeune, homme ou femme, tout, sans rémission, y passa.

Dix nones furent tuées d'un seul coup ; des femmes aussitôt les dépouillèrent, et leurs corps restèrent livrés aux sales insultes des passants. C'était là comment on procédait : si c'était des hommes qu'on fusillait, les femmes n'y venaient qu'en spectatrices, c'était aux maris qu'appartenait la dépouille. On nommait cela (tout bas) le partage des tigres.

Je connais un perruquier dont le beau-père, qui était revendeur à la Laiterie, avait fait fortune en achetant tout de suite, au lieu même de l'exécution, les vêtements des brigands qu'on tuait. Il ne donnait que peu de chose pour ces défroques sanglantes, mais quand il les avait fait bien lessiver, il les vendait fort cher. Ce n'est pas tout : les brigands avaient pour habitude de coudre leurs louis d'or dans la doublure de leurs habits. Le marchand savait cela, mais il ne le disait pas, et, sans qu'on s'en doutât, il fit plus d'une fois de bonnes trouvailles. Il a gagné, de franc jeu, deux ou trois maisons à ce trafic.

XXXIX.

On amena, dans la soirée du 5 décembre, le bossu Marcombe, à cheval sur un caisson. On le traîna de la porte Saint-Aubin, par la rue Saint-Laud, jusqu'à l'hôtel Maquillé, chez les représentants. Son arrêt fut bientôt rendu : *à l'ambulance !* Je le vis entrer, je le vis sortir ; et à quelques minutes de là j'entendis le feu de peloton qui achevait son martyre.

On prit aussi Morna, un jeune homme de vingt ans. Il voulut se défendre, on le larda de coups de baïonnettes, et on le conduisit tout déchiré au port de l'Ancre ; là on lui dit : « à genoux ! »

10

Mais il court, s'enfuit, se jette dans le marais à la nage, et il est tué comme un canard dans les luisettes.

M. me d'Aubeterre, l'ex-abbesse de Fontevrault, qui suivait l'armée royale, avait disparu durant le siège. On la chercha partout sans la trouver. A la fin. on se flatta qu'elle avait pris les devants, et qu'on la reverrait, dans la déroute, mais on ne la revit point. Elle s'était égarée dans la bagarre ; les bleus l'avaient prise, et, traduite au tribunal de fer, elle fut jugée, condamnée, guillotinée à 80 ans qu'elle avait, infirme, aveugle, bonne et charitable. mais ce jour là on ne connaissait pas le mot de grâce.

Autre exécution qui ne tarda guère : Marie Civrac, abbesse d'Angoulême ; Juliette Thomasson, sa femme de chambre ; Edling, prêtre insermenté, son aumônier.

Leurs jugements furent prononcés par la commission militaire qui expédia dans moins de trois jours plus de 100 brigands qui lui furent déférés.

Nous avions à la fois trois ou quatre justices qui ne restaient pas les bras croisés.

XL.

Le lendemain du siège, toute l'enceinte de la ville fut couronnée de lauriers, mais toujours le sang se mêlait à la gloire.

Ecoutez ceci, et voyez jusqu'où peut aller l'esprit de vertige : le 16 frimaire au matin (6 décembre), les représentants du peuple prirent un arrêté portant que, toutes les têtes des brigands tués pendant le combat des deux jours seraient coupées et disséquées, pour être exposées sur les remparts au bout des piques.

La municipalité reçut cet arrêté en frémissant. Des médecins et chirurgiens furent mandés, mais les heures se passèrent, la fièvre s'apaisa, on ne donna pas de suite à ces mesures, et l'humanité n'eut pas à pleurer sur une exécution pareille.

XLI.

Le 17, au lieu de couper la tête aux morts, on les enterra dans de larges fosses, creusées exprès de distance en distance aux pieds des remparts dans les douves. Ils sont maintenant à dix mètres sous terre, sur la ligne des boulevards si agréablement plantée d'ormes.

Dans les fosses, par les soins de Delrue, on jeta de la chaux vive afin de consumer les os, les chairs et d'arrêter la peste qui déjà de toutes parts se faisait appréhender.

Nous perdîmes 3 ou 400 hommes, tant tués que blessés. Les brigands laissèrent 2,000 des leurs sous les murs de la ville, mais ce qui suivit fut incalculable. Les bandes mouraient de froid sur les chemins. Des compagnies entières tombaient et restaient dans les fossés. Nos paysans les *plumaient* tous, comme ils disaient, et ensuite il fallait les battre pour les contraindre à les enterrer dans leurs sillons.

Pendant que ces scènes se passaient dans la campagne, on célébrait à la ville la victoire par des hymnes et des libations, et Bardou, en signe de réjouissance, prenant un buste de Mirabeau qui était sur un cype dans la grande salle de la maison commune, le fit sauter par une des fenêtres et en fit voler les éclats jusqu'à la rue des Pommiers.

On continua (18 frimaire) d'abattre toutes les maisons qui, au dehors, avoisinaient de trop près le rempart. On se précautionnait contre un danger qui n'existait plus et ne devait plus revenir. Il y eut pour plus de cinq millions de propriétés jetées par terre dans la semaine et rasées (1).

(1) *Extrait des registres du département de Maine et Loire.*

Un membre ayant représenté que les habitants des faubourgs sont dans des inquiétudes extrêmes ; que des malveillants se plaisent à répandre le bruit que l'on va mettre le feu à toutes les maisons ; que l'embarras des voitures des citoyens qui transportent leurs effets est porté à un tel point qu'il y a beaucoup d'accidents à craindre : qu'il est urgent de faire connaître les maisons qui sont dans le cas d'être abattues et dont la démolition a été regardée comme indispensable par les représentants du peuple ;

Le directoire du département de Maine et Loire, après avoir entendu le procureur-général syndic, arrête que le dénombrement des maisons qui doivent être abattues, d'après les observations des ingénieurs et l'ordre des représentants du peuple, sera de suite rendu public par la voie de l'impression, afin de calmer les inquiétudes des habitants dont les maisons ne seront pas comprises dans l'état.

Dénombrement des maisons à démolir, savoir :

1. Toutes les maisons sur le bord des fossés, depuis la sortie de la porte Cupif jusque et y compris le manège.

2. Les maisons de la rue des Pommiers qui font face à l'enceinte usqu'à la rue dite de la Vallée Saint-Samson.

3. Toutes les maisons dans le fossé en avant de la porte S.t-Michel.

4. Le Jeu de paume, maisons voisines et les murs de la manufacture.

5. Depuis la maison Saulnier jusqu'à la communauté des Incurables.

6. Les murs de clôture le long de la lice jusqu'à la porte Toussaint et le pavillon de Laubrière ainsi que la maison Choudieu-Duplessis.

7. Les maisons depuis le mail Gizeux jusqu'à la rivière, en face des tours du château.

8. La maison qui est sur le fossé, près le retranchement et en avant de la porte Saint-Nicolas, et les murs de clôture qui l'avoisinent.

9. Tous les propriétaires et locataires des maisons comprises dans le présent état sont requis de retirer sans délai tous les meubles et effets qui garnissent lesdites maisons ; et faute par eux de le faire promptement, lesdits effets et meubles seront perdus pour eux.

10. Défenses expresses sont faites à tout militaire et à tout citoyen de mettre le feu à quelque maison, sous quelque prétexte que ce soit,

XLII.

Deux colonnes s'étaient réunies pour venir à notre aide, celle de Rennes et celle de Cherbourg : la colonne de Cherbourg qui avait dans sa marche ramassé des bataillons de Caen, de S.t-Lô, d'Avranches, était commandée par Tilly ; la colonne de Rennes qui, aux fuyards d'Antrain joignait des renforts de Vannes, de Quimper, de Saint-Brieux, de Saint-Malo, était commandée par Rossignol. Ce dernier prit à Chateaubriant le commandement général des deux armées, sous le bon plaisir des représentants du peuple. Vous le savez ; je l'ai dit déjà.

Ces troupes entrèrent à Angers l'une à la suite de l'autre, dans la nuit du 4 au 5, et après un repos de 24 heures on les disposa en grande partie pour marcher à la piste des brigands.

On n'était pas sûr de la route que suivaient les royalistes. Un de leurs chefs, Piron, aurait voulu les entraîner vers Saumur, où les bleus n'étaient pas en force et où, passant la Loire, ils seraient rentrés dans leur Vendée chérie. Mais le général Moulins qui était aux Ponts-de-Cé fit couper le pont de Sorges, et comme l'Authion débordé couvrait à une lieue la vallée, on renonça à ce plan ; on prit par Suette, et l'on y coucha dans la nuit du 5 au 6, à l'embranchement des routes de Durtal et de Baugé.

Prendre par Durtal était dangereux. Là il y avait un pont qu'avait coupé le général Chalbos venu d'Alençon et du Mans, et dont il gardait la tête, sous le château des anciens ducs de Liancourt. Chalbos avait avec lui peu de monde, mais les Vendéens l'ignoraient, ils le croyaient accompagné de sa demi-brigade avec de la cavalerie et de l'artillerie ; ils évitèrent donc ce passage et s'engagèrent, le 6 au matin, par la route de Jarzé, incertains qu'ils-étaient encore de savoir si par Baugé ils gagneraient la Flèche ou bien s'ils s'en iraient par Tours. Point d'idée arrêtée, point de carte, presque plus de munitions ; ils avaient mis des cailloux dans leurs canons au lieu de boulets, et, pour

sans y être autorisé par un ordre écrit, sous pein d'être puni suivant la rigueur des lois.

Nota. Un avis, affiché le 26 frimaire an 2, portait : « Le directoire informé que les citoyens qui ont entrepris les démolitions des maisons incendiées ou condamnées à être rasées comme étant trop près des remparts, ne remettent pas exactement les gros fers et les plombs provenant des démolitions qu'ils se sont engagés à faire à cette condition, prévient qu'il dénoncera comme suspects, et fera poursuivre comme tels, ceux qui ne rempliront pas leurs engagements avec cette scrupuleuse exactitude qui convient à de bons républicains. »

Ainsi tout n'était pas civisme, et parmi les *bons républicains*, il s'en glissait de très mauvais, je vous jure.

avoir de la poudre, ils ramassaient celle qui tombait de la giberne et de la poche des morts. Le courage surtout avait fini par leur manquer. Ils avaient les yeux creux, le front pâle ; ils ne se disaient plus une parole. Ils marchaient sans tenir plus ni direction ni ordre. C'était là désormais le tableau des Vendéens. Ils jetaient leurs fusils dans la pensée qu'on n'en voulait qu'aux chefs et que si eux, paysans déguenillés, on les trouvait sans armes, on leur leur laisserait la vie et qu'on les renverrait dans leurs foyers.

Hélas ! quand on les trouvait on les fusillait !

Les chefs dirent : « Qu'on ne distribue de pain qu'à ceux qui auront leurs fusils. » Mais la désertion n'en fut que peu ralentie. Il y eut même des capitaines qui renoncèrent à suivre ; de ce nombre fut un des Bauvoiliers. Ils étaient deux frères. L'aîné, coupé de sa bande par nos hussards, se jeta à l'écart et quitta l'armée catholique. Sa femme et sa fille étaient à Angers prisonnières. Peut-être le désir de les sauver le fit penser à se soumettre. Le deuil et l'amour le portèrent à ce qui fut nommé une trahison.

XLIII.

Bouin-Marigny avait été détaché de l'armée de Rennes à la sortie de Chateaubriant, afin de passer par Segré, le Lion, Chateauneuf et de prendre les brigands à dos sur la route de Paris. Il marcha jour et nuit, et se trouva déboucher par Pellouailles, le 15 frimaire (5 décembre), au moment où l'armée royale ayant levé le siège, elle se rejetait en arrière vers ce point là même où elle était bien surprise de rencontrer un ennemi.

Marigny n'avait avec lui que trois escadrons de chasseurs, et cependant il eut quelque avantage. Il prit un Vendéen, Richard, un des chefs ; mais ayant vu qu'il s'était battu valeureusement, il ordonna aux chasseurs de l'épargner et lui cria d'une voix émue : « Va-t-en, libre, à Larochejaquelein et dis-lui de ma part que c'est là comment les républicains traitent ceux qui, au champ d'honneur, se conduisent aussi bravement que toi. »

Larochejaquelein, ne voulant pas se laisser gagner en courtoisie, lui renvoya de son côté deux chevaux qui venaient de lui être enlevés et qui avaient encore ses pistolets à leur selle.

C'était là une singularité chevaleresque qui ne faisait pas loi à cette époque et une exception qui trouvait peu d'imitateurs. Tuer et piller était plus de mode.

Tout en se faisant ces politesses, Larochejaquelein et Marigny n'en chargèrent pas moins quelques heures après l'un sur l'autre à bride abattue. Le Vendéen était soutenu par deux pièces de quatre. Un boulet frappe et renverse Marigny, il roule dans le sang et la neige et crie à ses gens : « Achevez-moi ! » et ils l'achèvent.

Privés de leur chef les chasseurs s'enfuient à la traverse par Saint-Sylvain, le Perray, Villevêque. Ils passent le Loir, et par Soucelles, Huillé, Daumeray, les uns par la campagne, les autres le long de la rivière, ils atteignent Durtal, où ils se réunissent aux 7 ou 800 hommes du général Chalbos.

C'est pendant ce temps là que les bandes royalistes se développèrent sur la grande route. Larochejaquelein est en tête, dispersant les gardes nationales qui, de toutes parts, s'étaient levées pour leur barrer le passage ; il les dissipa comme des nuages : Stofflet, qui venait après lui, commandait le centre, et Piron qui, une fois ce mouvement imprimé, s'empara du commandement de l'arrière-garde, eut fort à faire avec nos partisans qui déjà se précipitaient sur ses talons, et qu'il parvint, mais non sans peine à contenir et à repousser pendant quelques heures.

XLIV.

Le 6 décembre, après de longues discussions qui eurent lieu à Angers, à l'hôtel Maquillé où avaient été appelés les généraux, les chefs de nos gardes nationales et même aussi des membres du conseil général du département, du comité révolutionnaire et de la municipalité ; après une enquête longue sur l'état des bataillons, des armes, des approvisionnements et des esprits, les représentants du peuple firent trois parts de nos troupes : l'une, commandée par Rossignol, dut retourner en Bretagne et prendre le nom d'armée des côtes de Brest ; l'autre, sous le commandement de Kléber, prit par le faubourg Bressigny, et filant par la levée et Beaufort, elle fut destinée à préserver Saumur et à harceler les brigands par la droite. Haxo dirigeait son artillerie.

La troisième, ayant Tilly pour chef, marcha sur Pellouailles et sur Suette. Muller, Vial, Delaage étaient de cette colonne ; Westermann, qui en formait la tête, avait pris les devants dès la veille et pressait déjà Piron l'épée dans les reins.

Marceau avait le commandement général de ces deux colonnes de Tilly et de Kléber. Il était le plus jeune et ne prenait du rang suprême que le titre. Pour toute la décision, il s'en remettait à ses aînés, surtout à Kléber qui était son ami, comme on l'a vu, et pour lequel il professait une estime profonde.

Kléber, Marceau, Marigny, Haxo étaient toujours suspects aux représentants. La destitution et la guillotine ne cessaient pas d'être suspendues sur leur tête. Mais rien n'y faisait, rien ne les ébranlait, rien n'altérait leur républicanisme ; ils étaient patriotes *quand même* ; au milieu des délations et des obstacles, ils allaient toujours, se fortifiant les uns les autres, et servant le pays avec un dévoûment sans bornes, en dépit de leurs espions qui n'attendaient qu'un signe pour devenir leurs bourreaux.

O vertu sacrée, ô noble amour de la patrie, qu'êtes-vous devenus? par qui êtes-vous ressentis? où est chez nous maintenant cette abnégation et ce courage? qui d'entre nous serait prêt à de pareils et si vrais, si entiers sacrifices?

Marigny venait d'échapper à la disgrâce par une mort glorieuse. Les représentants frappés de cette fin prématurée et revenus par elle de leurs préventions ou de leur envie, arrêtèrent que ses chevaux, ses armes, ses équipages de guerre seraient, au nom de la nation, délivrés en pur don à son fils.

Haxo et Kléber, suspendus un soir de leur commandement, furent le lendemain matin réintégrés.

Enfin Marceau leur répétait sans cesse : « Je prends sur moi seul la responsabilité. » Mais ils luttaient de générosité, et : « Si tu meurs, lui répliquaient-ils, nous ne voulons pas te survivre. » Jamais une heure de repos et de sûreté, tel était le sort des plus braves généraux de la république.

Rossignol ne traitait Marceau que de *petit intrigant*. Il disait : « Les soldats sont bons, mais les chefs ne valent rien. » Il entendait sous le rapport de l'opinion. Mais le fait est que tous ces chefs étaient de chauds amis de la liberté, fidèles au drapeau national jusqu'à l'héroïsme ; que tous avaient un talent ou une bravoure à l'épreuve, et qu'il n'y avait de mauvais et *morveux* que ce Rossignol lui-même et Danican, artisans de trouble et de calomnie.

XLV.

Danican fut destitué ; il n'eut pas d'autre punition. J'ai dit plus haut qu'après mille aventures, il s'en était allé bassement mourir à Londres.

Quant à Ménard, le lendemain du siège, il fut repoussé dédaigneusement par Rossignol, quand il se présenta, au déjeuner, pour rendre compte de la défense. On le traita plus que froidement à l'état-major, on l'abreuva de dégoûts et on le renvoya vite à son corps, à Metz, d'où il fut tiré, mais à long-temps de là, pour être chargé du commandement de Paris sous le directoire.

Ne l'oublions jamais, Ménard sauva la ville. J'ai demandé pour lui une statue ; qui l'a mieux méritée? Cette proposition, je l'avoue, a été fort bien recueillie dans la nombreuse assemblée où je l'ai faite, mais quelle suite a-t-elle eue? aucune. A Angers, on a de beaux élans, on a aussi quelquefois de belles paroles ; mais c'est tout, on ne va pas plus loin ; on dirait un feu de paille. On fait des quais, des ponts, des abattoirs, l'argent y passe, et tout pour l'industrie ; rien pour la gloire! tout pour les intérêts matériels, rien pour les intérêts moraux ; tout pour ce qui ravale et abaisse, en ne satisfaisant que d'ignobles appétits, rien pour ce qui relève et enflamme en montrant le but auguste où doit tendre la vie. Est-ce donc que chez nous il manque d'hommes? non, certes. Volney, Desjardins, Beaurepaire, Ménard enfin sont en tête de nos illustrations, et que fait-on pour eux? rien, vous dis-je.

Je le crierai sur les toits jusqu'à ce qu'on me fasse raison d'une si criminelle apathie.

Est-il vrai qu'il n'y ait au fond des cœurs que jalousie odieuse et lâche indifférence?

A Rouen, à Lyon, à Bordeaux et partout on érige à l'envi des monuments. Il y en a à Strasbourg, à Laval, à Nantes, à Rennes, à Saint-Malo, mais à Angers, rien, rien, rien!

A Angers, tout est morne et triste, une étroitesse inconcevable, une lésinerie qui dessèche et qui tue!

O ma ville natale, ô ma chère patrie, entends ma voix, sors du sommeil, secoue tes routines et tes langes, honore ceux de tes enfants qui se sont fait un nom dans les arts, l'éloquence, les armes, aies de l'encens pour tes bienfaiteurs, paies les de ton pur amour; fais que leurs nobles traits revivent dans tes murs par le bronze et le marbre. Ton artiste est là, toujours prêt; appelle-le; il ne se fera pas attendre. Tu t'acquitteras par lui, tu grandiras par eux, tu ne vivras que par eux, car serait-ce vivre, ô ciel, que de rester courbée dans la torpeur et de végéter dans l'incurie?

XLVI.

Tout le monde voulait avoir été au siège d'Angers. Rouyer, qui commandait la place de Rennes, en écrivit au comité de salut public, comme s'il s'était trouvé à cette affaire, mais sa lettre n'était que mensonges. Il disait comme Rosignol : « Qu'on épeluche les officiers, et ça ira! » Le système des jacobins était de tout réduire dans l'armée à des *chenapans* et à des sans-culottes, afin de se vautrer à leur aise dans cette lie.

La grâce, la tournure, l'éducation, l'intelligence étaient autant de crimes. On ne voulait asseoir la société que sur les formes et les passions brutales. Il y a des insensés, des scélérats qui rêvent encore des mesures pareilles et qui pensent au retour d'un régime qui fut la honte et qui serait la ruine du pays. Je ne puis les vouer à trop d'horreur et d'infamie!

La liberté, toujours; la *terreur*, jamais!

XLVII.

Les officiers de l'armée de l'ouest envoyèrent l'adresse suivante à la convention, le lendemain même du siège (15 frimaire).

« Citoyens représentants,

» Depuis que nous remplissons la triste fonction de combattre et de détruire nécessairement des Français, dans la Vendée, voici la seconde fois enfin que nous avons la consolation de nous trouver avec des citoyens qui soient véritablement digne d'être appelés nos frères et d'être décorés du glorieux nom de *républicains*.

« Nous sommes maintenant si accoutumés à ne trouver partout que de l'artifice et de dangereux *dessous de cartes*, qu'en vérité nous pouvons bien regarder comme un vrai phénomène tout ce qui vient de se passer de beau sous nos yeux, pendant les deux jours derniers, qu'a duré le téméraire siège d'Angers, par les audacieux brigands, qui, non contents d'avoir été vigoureusement mis en déroute à Granville, il y a trois semaines, ont encore voulu l'être aujourd'hui à Angers.

» Le 12 de ce mois ils bivouaquèrent à une lieue de cette ville, du côté de la Flèche. Sur cette nouvelle, on battit la générale à Angers, et tout fut bientôt sur pied, citoyens comme soldats. On se prépare à faire une vigoureuse résistance et l'on détache un corps armé de cinq à six cents hommes pour aller conduire une pièce de canon aux Ponts-de-Cé qui étaient défendus par trois mille hommes.

» Le 15 à dix heures du matin, les brigands attaquent. Nos canons les reçoivent pendant que l'armée et tous les citoyens de la ville se rassemblent et se rendent respectivement aux différents postes assignés par les généraux. Le feu tout aussitôt éclate dans plusieurs maisons des faubourgs que les brigands auraient pu prendre pour leurs retranchements.

» C'était une précaution dont on s'était habilement avisé avant leur arrivée, pour leur ôter le plus d'asiles possibles dans le voisinage de la ville. Ils n'en trouvèrent pas moins un ci-devant couvent et plusieurs grandes maisons en état de les recevoir, tout vis-à-vis l'hôtel de la commune, qui donne précisément sur le rempart non loin de la porte Saint-Michel, qui aboutit à la route de Paris, que les brigands tenaient en leur pouvoir. Déjà ces malheureux fusillaient et canonnaient la ville et la municipalité surtout avec une ardeur indescriptible. Nous leur répondîmes sur le même ton, et cela dura toute la journée, une partie de la nuit et les trois quarts et demie du lendemain, ce qui les lassa et finit par les mettre en déroute.

» Voilà en deux mots le résumé de la nouvelle tentative de la horde exécrable que depuis sept à huit mois, sans trop savoir pourquoi, nous avons tant de mal à exterminer. Mais voici maintenant de quelle belle manière nos magnanimes frères d'armes d'Angers se sont illustrés dans cette épineuse affaire, et nous ont aidé à les délivrer du fléau d'un assaut que, d'après toutes les funestes expériences réitérées du trop triste passé, nous avions tout lieu de craindre et pour la république et pour eux et pour nous.

» D'abord les officiers municipaux, dans la cour desquels il y

avait une assez forte partie de notre armée qui combattait par
bataillons tour à tour sur les remparts, se trouvèrent tous en
écharpe sur leur porte, quand nous entrâmes chez eux pour les
défendre. Ils nous reçurent très fraternellement et ne nous laissèrent manquer de rien de ce qui était en leur pouvoir, tant pour
la défense générale de la place que pour les besoins les plus minutieux de tous les individus de notre troupe. On leur doit les
plus grands éloges et en même temps la plus grande reconnaissance pour le zèle et l'ardent patriotisme qu'ils ont tous montrés
dans cette occasion décisive. Ils ne s'écartèrent pas un instant
de leur poste ni nuit ni jour, disant et répétant bravement à qui
voulait l'entendre qu'ils avaient juré d'y mourir, et qu'eux ainsi
que tous les habitants d'Angers étaient disposés à s'ensevelir sous
les murs plutôt que d'ouvrir leurs portes aux criminels assiégeants.

» On jugea nécessaire de hérisser de petits sacs de terre les re-
bords des murailles qui sont trop bas pour favoriser le soldat as-
siégé pendant qu'il observe ou charge son arme. Tout aussitôt
ces bons magistrats se répandent dans les différents quartiers de
la ville pour en solliciter aux femmes, et en moins d'une heure
on en vit déjà arriver de toutes parts.

» On leur fit entrevoir que pendant que le soldat se battait il ne
pouvait pourvoir à sa subsistance; ils firent aussitôt proclamer
au son de la caisse dans toute la ville qu'on eût à leur faire des
soupes pour les substanter. Mais leurs ordres étaient déjà préve-
nus par l'humaine sollicitude du patriotisme rare des respectables
femmes d'Angers; déjà les rues étaient pleines de ces dignes
femmes qui s'entrechoquaient et couraient vitement aux remparts,
des terrines pleines de soupe à la main, pain et vin sous le bras,
pour restaurer un peu, disaient-elles, *leurs braves défenseurs.*

» Grâce à l'empressement, à la tendre humanité, à la grande
affluence de toutes ces citoyennes, si bien méritantes de la patrie, toute notre armée fut en très peu de temps pourvue de subsistances; et ainsi encouragé au combat, chacun de nos soldats
devint à l'instant pour les brigands un lion terrible qui aurait
voulu sortir, s'élancer et foncer sur eux pour les exterminer tout
entiers de sa propre main, sous les yeux attendris de ces magnanimes bienfaitrices, que les balles ni les boulets qui passaient
par milliers sur leurs têtes, n'intimidaient aucunement, ne voyant
que le salut public et celui de leurs chers volontaires dans leur
entreprise courageuse.

» Ce sublime trait de la part de cette portion délicate et chéris-
sable de la république, mérite bien assurément qu'il en soit fait
mention très honorable dans les fastes illustres de notre bonne patrie. C'est pourquoi nous nous sommes chargés nous-mêmes de

vous en faire la description. Vous la solliciter (cette mention) est notre but. La reconnaissance nous y oblige. Il nous semble trop en cette circonstance que les Angevins et les Angevines sont à distinguer du commun de bien des républicains, qui n'en ont que le nom, pour ne pas nous empresser de vous attester les beaux traits de patriotisme dont nous venons d'être et les témoins et les objets, dans l'enceinte de leurs murailles, espérant bien qu'ensuite vous vous empresserez à votre tour de leur rendre justice, et de les traiter tout aussi honorablement qu'ils le méritent.

» Comme votre temps est précieux, nous n'en dirons pas davantage. Ce n'est point des discours prolixes qu'il faut ici; c'est de la concision, ce sont des faits : or voilà la relation de tout ce qui s'est passé de plus remarquable au siège d'Angers; nous n'avons plus qu'à garder le silence, vous en savez assez pour faire votre devoir.

» N'oubliez pas surtout qu'un des bons officiers municipaux qui se sont si bien montrés pendant le siège d'Angers a été tué d'un coup de biscaïen, pendant qu'il était en fonctions, et que cette mort glorieuse est encore plus digne de vos éloges et de vos apothéoses que celle de l'équivoque *Simonneau*.

» GOSSEC, quartier-maître du détachement et lieutenant de la première compagnie du septième bataillon de Paris, au nom de tous ses camarades, étant trop pressés de partir à la poursuite des brigands pour réunir leurs signatures. »

Gossec était le frère du célèbre compositeur de ce nom. Il fit deux *cantiques*, l'un à l'honneur des Angevins, l'autre à l'honneur des Angevines, et ces vers furent chantés partout en chœur, les uns sur l'air de la marseillaise, les autres, sur l'air des visitandines.

XLVIII.

Choudieu, l'un de nos conventionels, écrivit de Paris le 17 frimaire, à Aubry, membre du district :

« La liberté ou la mort!

» Je vous remercie bien, mon cher camarade, de m'avoir annoncé les excellentes nouvelles que contient votre lettre du 14. Vivent les Angevins et les braves gens qui ont frotté l'armée catholique. Exterminez donc bien vite cette horde de brigands, que nous n'en entendions plus parler.

» Réparation d'honneur à tous nos concitoyens; j'ai dit bien des fois qu'il y avait peu de patriotes à Angers; cette fois-ci je dirai qu'il y a dans cette ville beaucoup d'ames valeureuses, et vive la république!

» Nous adressons aujourd'hui à l'administration du département le décret qui prononce que vous tous, les citoyens, la gar nison , vous avez bien mérité de la patrie : c'est la récompense la plus glorieuse de tous vos travaux.

« Continuez à surveiller les malveillants et ça ira.

» Salut et fraternité. Tout à vous et à la patrie. «

Le décret de la convention (du 7 décembre) fut proclamé et affiché dans toutes les rues. La haine pour nous se changeait en amour. Par le courage et la victoire nous avions reconquis l'approbation de notre plus cruelle ennemie : la Montagne.

XLIX.

Toute la France s'émut à la nouvelle du siège et de sa fin mémorable. Plusieurs villes et un grand nombre de sociétés patriotiques écrivirent à nos magistrats pour les féliciter de leur *magnanime conduite et des palmes remportées par les immortels Angevins*. Je choisis entre vingt de ces pièces un document authentique d'après lequel on jugera du ton de tous les autres.

Adresse de la société jacobite et montagnarde de Mezières et de Libreville (Charlesville), aux citoyens et citoyennes d'Angers.

« Mezières , le 26 frimaire an 2.

» Vous avez montré un sublime courage et la république vous décerne une grande récompense, car elle vous applaudit de toutes parts.

» Les brigands ont brûlé quelques uns de vos asiles ; eh bien ! voulez-vous conserver un beau monument de votre gloire ? laissez épars sur la place même où ils sont accumulés les débris de vos paisibles toits. Ils attesteront votre valeur ; ils électriseront celle du voyageur qui traversera votre contrée ; leurs cendres éteintes allumeront encore dans tous les cœurs la soif d'une nouvelle vengeance. Ainsi dans les siècles antiques de la liberté , les Grecs laissèrent répandus sur la terre les décombres de leurs temples incendiés par les Perses, jusqu'à ce qu'ils eussent anéanti l'immense armée du plus puissant des despotes.

Dignes soldats de la liberté , vieillards , femmes , enfants d'une cité immortelle , nous vous louons tous avec enthousiasme ; vous, guerriers magnanimes , d'avoir foudroyé ces hordes d'esclaves ; vous , vieillards , d'avoir recouvré vos forces passées ; vous , femmes , de vous être élevées au-dessus de votre sexe , et vous , enfants , d'avoir devancé l'âge des combats ! Mais quel prodige n'opère pas le génie de la liberté? A son souffle tout devient également intrépide ; il marche et les satellites des tyrans disparaissent.

» Honneurs éternels vous soient rendus , braves frères et amis, et puissent tous ceux qui vous admirent avoir le bonheur de vous imiter. Recevez le baiser fraternel !

» Desgarceaux , président ; Benissein , Robert , Bourquin et Chevallier, secrétaires. »

L'adresse était piquante ; elle fut reçue avec transports. Mais un membre du conseil municipal, Coutouly, qui avait les yeux et la bouche de travers, mais le cœur droit et l'ame élevée, Coutouly, à la lecture de ces mots : « Les brigands ont brûlé vos asiles ; » fit et écrivit au crayon sur un papier qui courut dans l'assemblée, des observations que je ne veux pas perdre :

« La vérité, voilà l'ame du républicain. Aussi les habitants d'Angers, pénétrés de ce principe, doivent avoir à cœur de détruire le faux et l'erreur qui se mêlent à ces flatteurs éloges. Les rédacteurs de l'adresse ont droit à notre reconnaissance, mais pourtant il est juste de dire que c'est nous, nous-mêmes qui, ne voulant pas que nos maisons servissent d'asile et de retranchement à l'ennemi, en avons fait le sacrifice à la liberté, et que c'est par nous qu'elles sont devenues la proie de flammes. »

Ces observations fort goûtées de tous les officiers municipaux, furent insérées dans la réponse qui, faite par Coutouly même, F. Grille et Farran, et signée de tous leurs collègues, fut sur-le-champ expédiée à la société de Mezières.

<h2 style="text-align:center">L.</h2>

Les administrateurs du département de Maine et Loire firent une invitation pressante aux citoyens :

» Frères et amis,

» Les traits sublimes de bravoure et d'héroïsme qui ont caractérisé nos braves défenseurs et grand nombre de nos concitoyennes, pendant le combat de trente-six heures, soutenu contre les scélérats de la Vendée, méritent de passer à la postérité. Nous désirerions les recueillir avec soin et les transmettre à la convention, mais pour remplir cet acte de justice, si précieux pour nous, il faut des renseignements, et nous venons, frères et amis, vous inviter, vous qui avez été témoins de ces actions inouies, à nous faire part de tous les détails venus à votre connaissance, et sur lesquels doit naturellement se baser le travail que nous projetons. Dites-nous les noms, l'âge, le nombre des enfants et la fortune de ceux ou celles qui sont devenus les vrais martyrs de la liberté ; désignez, nommez les citoyens qui pourront attester et garantir ces faits de toute espèce, malheureux et glorieux, qui nous occupent, et comptez sur la gratitude et de nous et de tous vos compatriotes. Vive la république une et indivisible !

» Villier, président ; Jean Vial, procureur général syndic ; Letourneau, secrétaire. »

Les notes demandées ne vinrent ni aussi vite, ni aussi abondantes qu'on l'aurait voulu. Les événements marchaient, les faits succédaient à d'autres. Du siège on passait à la poursuite. On jetait les yeux non pas en arrière, mais en avant. Personne ne croyait avoir fait mieux que son devoir et l'on n'apprit les traits particuliers que par des tiers, par hasard et très incomplètement.

Vial en fit pourtant le rapport à la convention nationale, et il y joignit une lettre courageuse dans laquelle il dénonçait des trahisons qui étaient à ses yeux manifestes. On le trouvait alors bien hardi et bien imprudent, et ceux qu'il attaquait l'accusaient de calomnie. Mais le temps a confirmé ses préventions et justifié l'âpreté de ses paroles.

Je transcris sur la minute de son rapport les fait avérés qu'il signale ; j'en ai découvert d'autres que je fais suivre à l'honneur des Angevins et des Angevines. Qu'ils regardent bien dans ce miroir, et qu'ils sachent ce qu'ils auraient à faire si, ce qu'à Dieu ne plaise, les mêmes circonstances ramenaient pour eux les mêmes devoirs.

LES HOMMES.

Louesdon (Louis) cannonier du 8.ᵉ régiment eut le bras fracassé par un boulet ennemi, sur le rempart, et ses camarades qui le virent chanceler volèrent à son secours ; mais lui, se redressant : « Ce n'est rien, mes amis, s'écria-t-il, vive la république ! » On l'emporte à l'Hôtel-Dieu et l'on reconnaît que sa blessure exige l'amputation du poignet : « Coupez, dit-il en présentant son bras, coupez ; vive la nation ! » Il subit sans jeter un cri l'opération, et quand elle est faite, un infirmier veut s'en aller avec la main qui vient d'être séparée du bras : « Où vas-tu, dit Louesdon ? porte la main à mon canon et recommande à mes camarades de l'envoyer à ces bougres de brigands. »

Le lieutenant Perrin, du même régiment d'artillerie, était au Port-Ayrault, à la batterie du chantier Delaunay, et pendant qu'il pointait, un biscaïen siffle et lui enlève l'oreille : « Bravo, c'est excellent pour un homme de mon metier que d'être sourd. » Le sang coulait avec violence ; il fallut néanmoins le prier pour qu'il se décidât à se faire panser.

Pâtureau (dit Leblois), fusillier de la 4.ᵉ compagnie du premier bataillon de la garde nationale, ne quitta pas un instant durant tout le siège, le mur fait à froid qui masquait en dedans la porte Cupif. Il ne cessa de faire feu sur les brigands, et pendant la grande alerte du second jour, il fut plus de quatre heures, un genou appuyé sur les tuffeanx, tirant sur l'ennemi jusqu'à ce que la nuit fut close et que la délivrance fut assurée. Trois soldats du 58.ᵉ de ligne furent tués le 3 à ses côtés. Deux gardes de sa compagnie, Gasnereau et Pilet, furent blessés, le 4, en chargeant son arme et la leur, qu'ils lui passaient tour à tour pour tirer.

Tasseau le tambour chantait toujours en montant ou en descendant la garde ; en battant la générale ou le rappel. C'était un frédonneur et un musicien déterminé. Il savait par cœur et entonnait à plein gosier la Marseillaise, la Carmagnole et tous les airs patriotiques. Une balle lui frise la poitrine, et coupant sa bandoulière fait rouler sa caisse dans la boue; il la ramasse avec beaucoup de sang froid, l'élève en l'air d'une main, et de l'autre il bat la charge, en chantant à tue tête à la face des brigands:

> « Ah! ça ira, ça ira, ça ira
> « Les aristocrates à la lanterne!..., »

Huet et Maillocheau étaient amis. Ils avaient été au même collège, dans les mêmes classes; ils étaient dans leurs amours les confidents l'un de l'autre et au jour du danger ils ne se quittèrent pas d'une minute; on les félicitait; le siège allait finir, quand Huet fut atteint dans le corps d'une balle qui le renversa. Maillocheau court à lui et l'emporte avec trois hommes sur un brancard; il le mène chez lui, le confie à sa femme et remonte sur le rempart pour n'en descendre qu'après avoir fait sauter le crâne à trois brigands qu'il a voulu *sacrifier à son frère d'armes.*

Mauchien *le bretteur* fut blessé à la cuisse à la porte Saint-Aubin, en tirant sur ceux qui voulaient à coups de hache forcer les chevaux de frise. On le panse, on lui met le bras en écharpe et le voilà qui d'une seule main se met à recommencer sa fusillade comme de plus belle.

Un biscaïen tombe dans la gamelle d'une escouade à la porte Neuve; que fait le caporal (Guilloteau)? il prend et la soupe et le plat et les jette par dessus le mur au nez des brigands en leur criant: *Mangez!*

Poulet (de Précigné), qui était jeune, audacieux, étourdi, se mit à courir sur le parapet de la porte Saint-Julien. Il portait aux brigands qui étaient à la *Fidélité* (1), il leur portait le défi de l'atteindre et il dansait en dépit de leurs balles qui brisèrent les contrevents et les vitres de la maison de Vaugirault, rue Saint-Blaise.

Prudhomme, grenadier du second bataillon s'élança sur la glace avec trois de ses amis, Prévost, Grivet, Leblond, et ils entreprirent d'aller enlever une pièce de 4 que les brigands, mitraillés par la pièce de 36, venaient d'abandonner sur la levée Besnardière. Ils la traînèrent cent pas, mais une charge de l'ennemi leur fit lâcher prise et ils furent trop heureux de rentrer tous quatre, sains et saufs, dans la place à la faveur d'une planche qu'on leur jeta sur la douve. La glace à demi cassée, s'enfonçait sous leurs pas.

---

(1) Couvent de filles, alors déserté par elles et qui plus tard fut transformé en salle de comédie bourgeoise, et puis en salle de danse qu'on nommait le *bal de Therpsicore.*

Beraud et Fardeau, les chefs de bataillon, eurent leur chapeau et leurs habits criblés de balles sur les tours, et ne manquèrent à pas une des exigences de leur service et de leur grade.

Les porte-drapeaux avaient juré de périr plutôt que de se rendre. Tout le monde fit son devoir, mais on citait comme s'étant particulièrement distingués après ceux que je viens de nommer : les frères Leblanc, gendarmes ; Granry, qui tenait le four-banal, rue Tulibale ; les deux frères Cady, boulangers ; Mabile, du port Ligny ; Doguereau le ferblantier ; Constantin le marchand ; Fresneau, de la rue Bodin (du Petit-Prêtre) ; Baudron, de la rue Baudrière ; Coessin l'entrepreneur ; Restaut, Jahyer, Chasteau ; Renou le marchand de chevaux ; le gros Georget ; Péraudière ; Gohin l'aîné ; Boullet ; Goujon l'épicier ; Bocage ; Bourgeois ; Brichet ; Bardet et le père Goubault (de la rue Poissonnière) qui dans les vétérans n'avait pas quitté sa pique pendant quarante-huit heures.

LI.

Parmi les officiers du régiment d'Aunis il y en avait un nommé Brillac. Il était de la Réole. Logé chez une dame noble, d'Angers, il passait avec elle presque toutes ses soirées. Mais que dis-je avec elle ? c'était avec sa nièce, qui n'avait pas vingt ans, mais qui était grande, belle, tendre et par dessus tout cela extrêmement spirituelle.

La nièce et l'officier s'entendirent ; on mangeait ensemble, on causait, et quand on ne se voyait pas, on s'écrivait. O doux âge des erreurs, des folies, des passions, des espérances ! Que de confidences on a à se faire ; en se quittant on a toujours oublié quelque chose, et ce qu'on a gardé dans son ame est mille plus fois doux que ce qu'on en a laissé échapper. On prend donc la plume avant de se coucher, et l'on passe la nuit à griffonner des aveux, des reproches, des prières qui sont l'histoire de toutes les liaisons.

Ainsi faisait Brillac, et il trompait la tante en adorant la nièce. Que fera-t-il de cette imprudente ? l'épousera-t-il, l'emmenera-t-il ? Elle a de la naissance, mais qu'importe, on n'y pense guère et l'on sera trop heureux à ce moment là de la lui donner. Ce qu'elle a aussi c'est de la fortune, mais compromise et en partie sous le séquestre à cause des parents émigrés. Bon ! c'est bien ; il a un oncle à la convention et par ce canal il fera arranger les affaires. Il épousera donc ; il ne trahira point la foi jurée. Il est ravi et fier de la résolution qu'il a prise ; il fixe le jour, il compte les heures, les amants sont dans l'ivresse ; tout est prêt, on va signer l'acte, c'est le *quatre* que le mariage doit avoir lieu devant le maire, c'est le *cinq* qu'un prêtre caché doit célébrer la messe et couronner les feux des deux enfants.

Enfants, vous dis-je! ils sont trahis du sort! Le 5, Brillac sort
de son lit au premier coup de baguette; on bat la générale, il
court se mettre à la tête de sa compagnie et l'une des premières
balles des brigands le jette du haut du rempart dans la rue. Il
est blessé au cou, on l'emporte, on croit que ce ne sera rien. A
sa vue la tante s'évanouit, mais la nièce le prend, le serre dans
ses bras, elle résiste à sa douleur et à ses larmes; elle le panse,
le soigne, le réchauffe, l'appelle de tous les noms d'amour, et il
ne répond point, il penche la tête sur son épaule, ses yeux sont
fermés; il ne les rouvre que pour mourir!

LII.

J'ai promis des notes sur les Angevines. Vous venez de voir
la première; écoutez les suivantes :

LES FEMMES.

Une bonne et fraîche paysanne, Renée Texier, veuve de Pi-
nard, née et mariée en Saint-Laud (où est encore toute sa famille), était rentrée en ville avec Nail, Tijou, Bougère, Plan-
chenault, Déniau, Morier et bien d'autres gardes nationaux,
ainsi que leurs femmes et filles qui *craignaient*, disaient-elles
simplement, *d'être violées*. Les maris aidaient à la défense;
les femmes portaient de la soupe aux combattants; la veuve Pi-
nard fut tuée à la porte Toussaint.

Julienne Macé, couturière dans la rue de la Serine, fut tuée
au Port-Ayrault.

Françoise Courbalay, rentière, tuée rue du Cornet, d'une
balle par ricochet. Son corps fut jeté dans l'égoût.

A la place Saint-Martin, deux femmes, la maîtresse et la ser-
vante, furent tuées pendant qu'elles faisaient des sacs-à-terre
dans la chambre haute d'une des maisons sur lesquelles on a
bâti le *Concert* (ateliers du *Précurseur*).

Cinq femmes portaient, dans un fauteuil, un soldat blessé, et
traversaient la place des Halles. Elles passaient sous la prison
lorsqu'une d'elles fut couchée à terre par un biscaïen et ne se
releva plus. Les quatre autres continuèrent leur chemin et allèrent jusqu'au Palais des Marchands où l'on avait organisé une
permanence. C'était un hôpital provisoire pour les blessés qui
ne pouvaient supporter le voyage jusqu'à l'Hôtel-Dieu et au
Ronceray (1).

Madame Évain, la femme de l'horloger, qui avait la direction des postes et dont le fils, lieutenant-général, a été ministre
de la guerre en Belgique; M.me Queneau, M.me veuve Plas,
M.me Frémont, la bonne femme Verger et les D lles Duvignau,

---

(1) L'ancienne abbaye du Ronceray (l'école des arts) était trans-
formée en hôpital militaire.

étaient là jour et nuit avec beaucoup d'autres amies, parentes et voisines. On avait du linge, du bouillon, des attentions infinies pour ces braves défenseurs qui jamais n'avaient été de leur vie l'objet assidu de tant de caresses.

Justine Vauvert eut sa coiffe percée d'une balle sur la porte Neuve : «Ah! bah! ce n'est rien!» et elle ne bougea pas (1).

Louise Vanjeul, qui, sur la même porte, distribuait des cartouches, eut l'œil droit et la joue effleurés d'un coup de feu : » Oh! oh! dit-elle, ce n'est que ça? » et elle ne voulut quitter la place que pour voler au secours d'un malheureux sous-officier qui, frappé d'une balle à la tempe, tomba, fut un moment relevé par elle, et, en cinq minutes, expira dans ses bras.

Passons à la porte Saint-Michel :

Jeanne Pioger, de la rue Valdemaine, et M.me Garnier, de la rue des Poëliers, servaient de la soupe aux artilleurs. Des balles viennent et les blessent, l'une au haut du bras, l'autre au poignet. Le sang jaillit et M.me Garnier, dont la blessure est grave, est enlevée et reconduite chez elle; mais quand on va pour secourir Jeanne Pioger : « La soupe est au diable, dit-elle, mais moi je n'ai rien, presque rien, mon fichu noué en fera l'affaire, et le seul regret que j'éprouve, savez-vous, c'est de voir qu'en ce tracas le dîner est perdu. »

De la soupe, des cartouches, des balles, du sang-froid, du courage dans les deux sexes : c'est partout la même répétition.

Les femmes qui sont sur le rempart ont peut-être moins d'inquiétude que celles qui sont dans leurs maisons à faire la cuisine et des sacs.

Ma mère, dans la nuit du 3 au 4, nous força à nous coucher,

---

(1) Justine Vauvert était femme de chambre de M.me de Gohin qui, avec son mari, sa sœur et ses enfants, avait abandonné sa maison du Champ-de-Mars et s'était réfugiée dans un hôtel de la rue de l'Hôpital.

La *maison Gohin*, vis-à-vis la porte Neuve, a des appartement. doubles, les uns qui regardent les boulevards, les autres qui regardent le jardin. Dans le grand salon du rez-de-chaussée, sur le jardin, et dans un fauteuil de soie damassée, devant la cheminée qui était de marbre blanc avec des perles sculptées en cordon, un chef vendéen était assis bien tranquillement. Une balle, partie du rempart, perce une des fenêtres du milieu du bâtiment, du côté du Champ-de Mars; elle traverse la porte intérieure qui sépare le vestibule du salon, vient frapper sur les perles de la cheminée de marbre, ricoche, atteint le chef vendéen et le tue sur son fauteuil qu'elle brise au dossier.

Je vis, comme beaucoup d'autres, le fauteuil, la cheminée, les trous de la fenêtre et de la porte, le sang sur le parquet. Jamais homme ne fut tué plus singulièrement.

La maison est encore toute criblée de boulets et de balles.

ses domestiques et moi. Nous dormmîes d'un sommeil paisible
et de moments en moments les boulets nous réveillèrent.
Nous dormions, nous, mais ma mère ne dormait pas ; mon père
ne rentra point. Les hommes restèrent à leur poste. Dès la pointe
du jour je m'esquivai et j'allai déjeuner à la porte Saint-Michel.
Ecoutez encore le récit de quelques faits :

Jeanne Duchesne et Renote Rabouin avaient apporté du bœuf
et du pain à des gardes nationaux. Deux de ces gardes sont tués
devant elles, mais elles n'en demeurent pas moins là impassibles
et ne descendent du rempart qu'à la nuit.

Je termine par une scène plus sombre :

Deux autres femmes, car elles marchaient souvent ainsi par
deux afin de s'entr'aider ; deux femmes, deux cousines, Perrette
et Anne Martin, filles des deux sœurs, étaient l'une auprès de
son père, et l'autre auprès de son frère, sur le rempart et leur
servant à boire du vin blanc, vieux et fort, pour les exciter à
combattre. Un boulet passe et frappe les deux hommes à l'épaule,
au front ; ils sont moulus et broyés sur le coup : « Ah ! les brigands, les gueux, les assassins ! ils ont tué mon frère !.... mon
père !... Ah ! braves soldats, exterminez-les ; véngez-nous, ven-
gez-nous ! » Tel fut le cri navrant de ces femmes. Elles descendent du rempart, elles emportent les restes de ceux qui leur sont
chers, c'est elles-mêmes qui de leurs mains les ensevelissent, et
puis elles reviennent, échevelées, palpitantes ; elles reviennent
armées de fusils, toutes deux, et pendant trois heures, au milieu
du plus grand feu, elles sont sur la porte animant de la voix,
de l'exemple et du geste les officiers et soldats qui ne se las-
saient pas de les admirer.

Et que sont nos remparts ? abattus ; que sont ces femmes ?
mortes ; où sont ces maisons ruinées et en flammes ? on les a re-
levées, alignées, recouvertes ; elles sont blanches, neuves,
meublées avec luxe et peuplées de familles qui n'ont rien su du
siège, ou que peu de chose, et qui croient que je leur parle
hébreu.

O Dieu ! que de sang versé pour obtenir ce calme ! conservez-
le donc sans turpitude, sans honte. Cette liberté si chèrement
achetée, ne la jouez pas aux dés ou à la bourse !

Agioteurs que vous êtes, cupides que vous êtes, vous n'avez
pas une larme pour les maux de vos pères, pas un marbre pour
graver leur nom, pas un regard pour leur histoire, pas une
couronne pour leur martyre et pour leur gloire !

O nation froide, accroupie, indolente ! qu'est devenue ta grandeur passée ? Tu cèdes à tout, tu plies à tout ; te voilà traînée sur
la claie et souillée par la fange. Ah ! comme l'étranger t'a trai-
tée, comme il te foule aux pieds et te méprise !

Sans cœur, sans foi , sans morale , sans pudeur ! plongée dans l'or , dans le vice , dans le doute et dans l'abîme !

Mais je m'égare..... et je vous demande pardon. Il faut reprendre mon travail : vous venez de voir, dans les pages qui précèdent , les traits héroïques de la défense. Lisez maintenant les actes capitaux de la politique afin de vous faire bien une idée du bouillonnement des esprits à cette époque de rapine , de triomphe et de deuil.

On veut par des confiscations, payer les frais de la guerre , et d'un autre côté , comme on ne trouve pas qu'une seule commission militaire , celle qui est à Angers , suffise aux besoins et soit assez expéditive , on en crée une seconde qui traînera après elle la guillotine et qui tranchera promptement les difficultés. C'est l'invention d'une furie fabuleuse , et cette fois le génie de la destruction s'est surpassé.

Arrêté de l'administration du département de Maine et Loire.

« Le directoire du département,

« Considérant qu'il est urgent de connaître tous ceux qui ont commencé et soutenu l'affreuse guerre civile qui a ravagé notre malheureux pays ; qu'il est de la justice et de l'intérêt de la république de chercher et de trouver dans les propriétés des scélérats amis de la tyrannie une indemnité des dépenses énormes que leur répression a causé à la patrie ,

» Le procureur général syndic entendu ,

» Arrête :

» 1. Les administrateurs des districts enjoindront à chaque municipalité de leur ressort de dresser une liste énonciative de tous ceux qui ont pris part à la rébellion, et des propriétés qu'elles leur connaissent.

» 2. Tous ceux qui sont absents de leur domicile habituel, par le fait seul de leur absence seront compris sur cette liste, à moins qu'il ne soit bien notoire qu'ils sont chargés de quelque fonction qui les en éloigne et que leur patriotisme ne s'est jamais démenti.

» 3. Lorsque tous les membres d'une municipalité devront être eux-mêmes compris sur la liste, où plutôt lorsque de fait, l n'existera plus de municipalité dans une commune, les administrateurs de district feront choix de commissaires intègres qui recevront une rétribution prise sur les revenus de ceux dont ils rempliront les fonctions à cet égard.

» 4. Faute par les municipalités d'exécuter les dispositions du présent arrêté, dans le délai de huitaine après sa réception, de vrais patriotes, nommés par les administrateurs de district, se transporteront dans les communes , aux frais des municipalités, pour la confection de ces listes.

» 5. Les administrations de districts feront passer ces listes à l'administration du département au fur et à mesure qu'elles les recevront et seront responsables de l'exécution du présent.

» Angers, 18 frimaire an 2.

» *Signé* Villier, Vial, Letourneau. »

Arrêté des Représentants.

« Les représentants du peuple,

» Considérant que l'indiscipline qui existe dans les armées destinées à combattre les brigands exige des mesures de répression aussi promptes que sévères;

» Qu'il est instant de livrer au glaive de la justice tous les scélérats qui ont pris les armes contre la liberté et qui cherchent par tous les moyens à la détruire;

» Qu'il importe que tous les ennemis du peuple en un mot disparaissent promptement de la société des hommes;

» Arrêtent ce qui suit :

» 1. Il sera établi, à la suite de l'armée destinée à combattre les brigands, une seconde commission militaire et révolutionnaire.

» 2. Elle sera composée de trois juges, d'un président, d'un accusateur public et d'un greffier, lesquels pourront être pris parmi tous les citoyens indistinctement.

» 3. Cette commission connaîtra de tous les délits militaires et de tous ceux attentatoires à la liberté et à la sûreté générale.

» 4. Les coupables seront jugés d'après les lois révolutionnaires et celles contenues dans le Code pénal militaire.

» 5. La commission sera tenue de suivre l'armée partout où elle ira et de s'établir près du quartier général dans les lieux où elle sera en station, à l'effet de quoi il sera remis à chacun de ses membres un cheval pris parmi ceux du dépôt des remontes établi à Angers.

» 6. Les citoyens Mory, attaché au bureau de l'état-major, Morin et Vacheron, employés près l'armée, sont nommés juges de ladite commission, qui sera présidée par le citoyen Proust, membre du comité révolutionnaire établi à Angers; le citoyen Allain, capitaine de la section révolutionnaire d'Angers, fera les fonctions d'accusateur public, et Parquet, attaché à l'état-major, celles de secrétaire greffier.

» 7. Il sera alloué à chacun des membres une indemnité de 10 livres par jour.

» 8. Il sera mis à la disposition de la commission militaire et révolutionnaire, une somme de 3,000 livres pour ses frais de bureau, impression, transport et toutes dépenses relatives *à l'exécution de ses jugements.* Cette somme sera délivrée par le

payeur général de l'armée , sur les fonds de la guerre , à l'effet
de quoi, copie collationnée du présent lui sera expédiée.

» 9. La commission militaire pourra décerner des mandats
d'arrêt et d'amener et requérir la force publique pour leur exécution, autant que pour la sûreté et la tranquillité de la France.

» 10. Elle entrera sur-le-champ en fonction et le président est
chargé de son installation.

» Angers, 19 frimaire an 2. (1793).

» *Signé* Esnue Lavallée, Levasseur, Francastel. »

La commission, aussitôt sa mise en œuvre, requit un attelage
du train de l'artillerie légère pour la *sanctam guillotinam*.
L'exécuteur et ses deux aides burent en jouant dans des crânes
chevelus, et l'on vit des peaux d'hommes qu'on avait fait tanner,
pour qu'un tailleur des hussards, un méchant borgne, en put
faire des culottes.

LIII.

Tout cela bien lu, bien médité, bien entendu, bien réglé
nous savons sur quel terrain nous sommes, et nous pouvons, je
crois, retourner à l'armée.

Où sont les brigands? entre Baugé et la Flèche ; car Baugé
vient d'être évacué par eux, et déjà Kléber y arrive ayant quitté
la levée et faisant sa jonction avec Marceau et Tilly.

Westermann est encore en avant-garde, et, pensant qu'il est
soutenu par la division Muller et Amey, il s'engage sans réserve
à la poursuite de l'ennemi. Mais Stofflet et Piron se retournent et
le ramènent battant pour la seconde fois. Les leçons avec lui
n'y font rien. Amey et Muller ont fait halte, ils sont tous deux
mous comme des chiffes, et, comme leurs soldats, ils ne son-
gent qu'à s'enivrer, mais le vin de Baugé est maigre et il leur
porte au ventre plus qu'à la tête. Tout ce corps d'armée est dans
une dégoûtante saleté.

Larochejaquelein est en face de la Flèche. On a coupé le pont.
Il va passer le Loir à Bazouges où trois femmes, trois anges,
d'une famille d'émigré, d'une beauté ravissante et vendéennes
dans l'ame, le reçoivent et guident ses pas. Il n'était pas suivi
de cent hommes, mais il chasse et balaie Chalbos et ses chasseurs ou fantassins (repliés de Durtal), et faisant jeter des
planches sur les piles, il ouvre une voie de retraite à ses colonnes.
Pendant qu'elles passent, il les protège, allant au galop de la tête
à la queue, de la queue à la tête, comme un chien de berger fidèle, mais qui ne parviendra pas à sauver ce troupeau, marqué
du sceau de la fatalité.

Une lettre de Bénaben nous fournit des détails. Bénaben
était gascon. Il passait tout ensemble pour littérateur habile, et
pour savant mathématicien ; ex-oratorien, point marié, bizarre,

grand , sec , et serviable au fond , quand on savait lui plaire. Il avait traduit les lettres de Phalaris, (sur la version latine), et publié divers autres ouvrages , dont il faisait sonner le mérite bien haut, quand les troubles de l'ouest éclatèrent. Il était à Angers, grand péroreur de club ; on le fit , avec Duverger , commissaire du département, commissaire civil , à la suite des armées républicaines.

Duverger et lui quittèrent la ville et partirent avec l'armée de Mayence (en octobre 1793) quand les brigands passèrent la Loire à S.t-Florent. Duverger fut tué à S.t-Georges ; Bénaben continua de chevaucher au quartier général , armé d'un gros bâton tordu et à nœuds qui lui servait de massue ; mais il frappait rarement , sinon sa bête. Il était à Dol, à Antrain où il pensa être pris et où il eut une belle peur. Il revint à Angers avec l'armée de Rennes et n'y resta que deux jours ; il en sortit avec Marceau, qu'il faisait rire. La lettre que je donne de lui est familière. badine. Il n'écrivait pas autrement , ce ton là lui allait. Il mêlait le bouffon au sérieux, n'épargnant pas le papier et s'étant fait, au millieu du tapage, une espèce de position de mouche du coche et de Triboulet qui fit oublier sa vieille robe et sauva sa tête.

J'ai de lui, en vers, proses , comptes rendus , motions et discours de tout calibre, de quoi faire un volume où se trouveraient réunis beaucoup de faits originaux et inconnus.

Voyons sa lettre : elle est datée de Baugé , le 17 frimaire an 2 de la république *et de la mort du tyran*, à neuf heures du soir.

» Citoyens,

« Quoique je ne sois parti d'Angers qu'à 9 heures du matin, j'ai été assez heureux, grâce aux jambes de mon cheval , pour assister à la bataille que notre cavalerie et une partie de notre infanterie sous les ordres de Westermann, ont livrée aux rebelles de la Vendée. Je me suis avancé d'assez près avec mes deux ordonnances pour entendre siffler les boulets autour de mes oreilles.

Les ennemis étaient alors à une lieue environ de Baugé , sur la route de cette ville à la Flèche. J'ai suivi les combattants jusqu'à une lieue au-delà , laissant derrière moi les divisions de Muller et d'Amey. Je les aurais suivis plus loin, si , ayant parlé à trois ordonnances que Westermann avait successivement envoyées pour faire avancer les deux divisions, je n'eusse voulu m'instruire par moi-même de la cause de leur immobilité. Il était presque nuit lorsque j'ai atteint le corps d'armée qui se disposait à établir son bivouac dans le lieu où je l'ai trouvé, c'est-à-dire, à trois quarts de lieue environ de Baugé. Tout ce que je puis vous dire du succès de cette journée , c'est que les ennemis ont été battus à plate couture , et qu'ils ont dû laisser un grand nombre de morts sur le champ de bataille. Si l'armée de Saumur prend la route de Baugé et si celle de Kléber prend celle de la Flèche, je ne doute pas que le jour de demain ne soit le dernier pour les brigands.

» Lorsque j'ai vu que le corps d'armée dont j'ai parlé se disposait à bivouaquer, j'ai été droit à Baugé où j'espérais trouver un abri plus commode qu'à la belle étoile. Je suis le premier patriote (avec mes deux ordonnances) qui soit entré dans cette ville depuis que les brigands l'ont évacuée. Aussi n'y ai-je reçu d'abord que les félicitations de deux enfans qui m'ont demandé comment je me portais; les hommes et les femmes ne sachant encore si j'étais un patriote ou un brigand se tenaient tapis dans leurs maisons. J'en ai pourtant trouvé à la fin deux à qui j'ai demandé où la municipalité tenait ordinairement ses séances. Ils m'ont répondu que c'était au château. Je m'y suis transporté tout de suite et je n'y ai trouvé qu'une concierge que ma présence à glacée de frayeur et j'ai tâché de la rassurer en la qualifiant de *citoyenne*. Je lui ai demandé ensuite à qui appartenait une superbe voiture que j'avais trouvée à l'entrée du château; elle m'a répondu qu'elle appartenait aux brigands qui n'avaient pu l'emmener avec eux, ayant été obligés d'en prendre les chevaux pour les atteler à un train d'artillerie. « Dans ce cas, lui ai-je » répondu, je m'en empare au nom de la nation, car je suis « un commissaire du département de Maine et Loire. » Je me suis informé aussitôt où pouvaient être les harnais et je les ai trouvés. Vous devez bien penser que je n'ai rien eu de plus pressé que de faire transporter dans l'auberge où je logais ladite voiture pour la soustraire à la rapacité des généraux ou des hussards, qui n'auraient pas manqué de la vendre sur-le-champ pour faire la *ribotte*. Si j'avais pu me procurer des chevaux ou des bœufs, je l'aurais fait conduire pendant la nuit à Angers, mais je ferai en sorte qu'elle vous parvienne en toute sûreté. Cette voiture peut valoir environ six mille livres, quoique les brigands en aient enlevé les coussins que leurs canonniers, m'a t-on dit, ont mis sur leurs caissons. J'ai trouvé beaucoup de cadavres depuis Angers jusqu'à Suette, depuis Suette jusqu'à Baugé et depuis Baugé jusqu'au champ de bataille.

» Par les renseignements que j'ai pris ici il paraît qu'avant l'arrivée des brigands on avait fait filer vers Saumur tous les vivres et tous les fourrages; c'est la seule manière de vaincre des gens de cette espèce, lorsque les soldats chargés de leur faire la guerre ne veulent point les combattre ou fuient lâchement devant eux.

» Vous ne serez peut-être pas fâchés de savoir quelque chose de l'affaire qui a eu lieu hier, à trois lieues de Baugé, sur la route de cette ville à Saumur. Cette affaire qu'on avait voulu faire passer pour un échec a été tout à notre avantage. Westermann après avoir chargé plusieurs fois les ennemis avec sa cavalerie a fait mettre pied à terre et s'est battu avec la carabine comme l'auraient pu faire des fantassins avec des fusils. Mais n'ayant que 400 hommes avec lui, il a été obligé de battre en retraite jusqu'au-delà de Jarzé dont les brigands ont brûlé le château ; mais cette retraite était honorable, c'était une jolie retraite ; une retraite, comme le disait plaisamment un hussard , *faite pour l'amour.*

» Je me suis informé ici quelle pouvait être la force de l'ennemi. On m'a dit qu'il avait 30 pièces de canon et 12 caissons seulement dont la plupart étaient vides. On m'a dit aussi qu'il manquait totalement de cartouches, et que le jour qu'il avait évacué Baugé, on ne distribuait que de la poudre , des balles et du papier pour charger les fusils à la manière des chasseurs. Les brigands ne savent plus où donner de la tête. Ils sont excédés de fatigue et de faim et sont privés de presque tous les moyens le défense. Ainsi rassurez bien nos concitoyens. Bientôt les brigands de la Vendée n'existeront plus. Il y a long-temps que leur règne serait fini si on n'eût mis à la tête des armées destinées à les combattre des généraux ou traîtres ou inertes. »

LIV.

On prit la Flèche, Mareuil, Clermont, lieux charmants, pays de Cocagne , où sont engraissées les poulardes qu'on vend à Paris comme poulardes du Mans, pour les jours gras. Nous venions d'entrer en carnaval, mais il n'y avait pour nous ni violons , ni gavottes, les basses-cours étaient dévastées et muettes ; on ne trouvait pas de paille pour les chevaux , pas de seigle ou d'orge pour les hommes.

Les brigands quoique affaiblis , résistaient partout, dans les bourgs , dans les fermes. Nous n'avancions que lentement. On leur tuait moins de monde par le plomb et le fer, qu'on n'en trouvait de morts par la faim, le froid et la misère. L'air était empesté. Allez donc dans ces campagnes, au printemps , vous les les trouverez couvertes de fleurs qui les enchantent et les embaument. Mais en ces jours maudits , il s'exhalait de leur sein une odeur de cadavre et de pourriture qui faisait vomir. Des femmes coupées en deux , des enfants tués dans les bras de leur mère, des membres éparpillés sur la neige, un spectacle d'horreur !

Le 12 décembre toute l'armée se trouva réunie en vue de Fouletourte , et le 13 , elle marcha sur le Mans. Je crois fort inutile de faire ici désormais de la stratégie. J'aime l'art moins que le drame; pour enseigner un peu , je veux toucher. Je puise mes renseignements aux vraies sources ; plutôt que de répéter ce qui a été dit déjà dans vingt volumes , j'imprime des documents que les *grands auteurs* n'ont point connus et qui jettent une lumière nouvelle et imprévue sur des événements que la partialité ou d'ignorance ont trop souvent défigurés.

Première lettre sur l'affaire du Mans.

« Les représentants Prieur de la Marne, Turreau, Bourbotte, à leur collègue Francastel.

« Victoire ! ami, victoire complète ! depuis la guerre de la Vendée, on ne vit jamais *hacherie* pareille. Les brigands morts couvrent toutes les rues. On ne sait où mettre le pied ; on ne peut faire un pas sans marcher sur leurs cadavres. Ils ont abandonné la plupart de leurs femmes, de leurs berlines, leurs charrettes, leurs caissons, leurs canons. Westermann qui les poursuit, nous écrit un billet et nous assure qu'il va leur prendre les deux dernières pièces et le seul caisson qui leur restent.

» Les soldats de la république, qui composent la division Tilly, nos braves hussards et chasseurs, ont seuls fait les frais de cette mémorable affaire. Leur courage est digne des plus grands éloges. Nous les avons vus, nus - pieds, poursuivre les brigands, et refuser jusqu'à de l'eau-de-vie, pour ne pas perdre une seconde. Nous avons à regretter tout au plus quarante braves ; on compte à peu près cent blessés, qui ne cessent de crier : vive la république !

» Les brigands ont pris la route de Laval, nous marchons sur leurs pas, et nous ne les quitterons point.

» Carpentier, Delaage, Decaen, ont fait et font merveille.

» Au Mans, le 23 frimaire an 2. »

Les représentants ne nomment point Marceau, mais il était pourtant à l'avant garde, se comportant comme toujours, c'est-à-dire en héros.

Kléber commandait la réserve. Il fit son entrée au Mans, le 18 frimaire, quand partie de nos troupes déjà arrivaient à Laval.

Seconde lettre sur l'affaire du Mans.

» Le commissaire Bénaben, aux administrateurs de » Maine et Loire.

» Citoyens,

« C'est dans le cabinet du général Marceau, de ce brave général auquel nous devons la victoire la plus complète sur les rebelles ; c'est dans son cabinet, dis-je, que je me hâte de vous écrire. Je l'avais rencontré hier avec la division de Tilly, dans le moment où celle de Muller était en déroute, et je ne doutai pas d'un retour de succès pour nos armes.

» Nous attaquons le Mans à huit heures du soir. Le feu dure dix-sept heures parce qu'il faut nous battre dans les rues à coups de canon et de fusil et prendre les maisons l'une après l'autre.

» Tout est sang, débris, cadavres. Nos braves défenseurs,

à la tête desquels je dois mettre Westermann, Marceau, Tilly, Delaage et Carpentier, sont à la poursuite de l'ennemi qui se porte sur Laval. Toute cette route déjà est jonchée de morts à la distance de 5 à 4 lieues. Imaginez qu'on se bat à portée de pistolet et à coup de sabre. La guerre sera terminée vraisemblablement dans trois jours. Tel est du moins le sentiment de Westermann qui, dans une lettre qu'il écrit à Marceau, général en chef de nos armées, ne demande que des vivres et quatre cents bons cavaliers pour achever d'exterminer la horde.

» La brigade de Carpentier, qui est la 5.e de la division Muller, s'était enfoncée dans un bois, à droite d'une butte où l'ennemi avait ses batteries. Je tournai ce bois moi-même, avec mes ordonnances, pour voir un peu s'il n'était pas possible que nous fussions cernés de ce côté là. Mais quelle fut ma surprise en revenant d'assister à la déroute de toute cette division Muller. Carpentier seul en cette triste circonstance, abandonné par sa brigade, à l'exception de cent hommes au plus, peut-être, ne perd pas courage, au contraire tient ferme, et avec ce peloton valeureux rejoint Westermann, et enlève six pièces de canon à l'ennemi.

» Muller et sa division, rassurés et ralliés, mais à grande peine, ne sont entrés au Mans que long-temps après que le reste de l'armée avait passé outre pour atteindre au dehors les fuyards.

» Tilly et ses troupes ont pris position à Chassigny, et c'est là qu'ils ont passé les dernières heures de la nuit. Carpentier avec ses cent hommes campait six lieues au-delà. Je suis d'autant plus charmé de vous faire connaître ce fait d'armes que je m'étais lié fort étroitement avec ce brave et son adjudant général. Ce Carpentier, comme vous savez, est de Saumur, et qui plus est, prêtre. Cette dernière qualité le rend plus estimable à mes yeux; car il est rare de trouver parmi les gens d'église d'aussi bons patriotes et surtout d'aussi bons généraux.

» Je vous enverrai par la première occasion le chapeau de Larochejaquelein qui a été tué par un de mes amis, officier du 19.e régiment de chasseurs. Ce chapeau est surmonté de six panaches blancs. J'ai mieux aimé vous envoyer ce trophée que des calices, des soleils, des croix, des reliquaires et des reliques qu'il m'aurait été facile de me procurer, car je suis arrivé assez à temps pour profiter du pillage. Il y a des hussards et des dragons qui ont fait les prises les plus riches. Quant à moi, si j'en eusse fait quelqu'une, ce n'aurait été qu'au profit de la nation.

» Salut et fraternité ! »

Bénaben se trompait sur le chapeau ; ce n'était pas celui de Larochejaquelein ; Henry ne fut tué qu'à Nuaillé, à trente lieues et à six mois de là.

Troisième lettre.

« Turreau et Prieur, à Francastel.

» Le 25 frimaire , à dix heures du soir.

» Nous profitons de la victoire ; le cœur de l'armée royale est entamé. Partout les communes s'arment contre eux ; tout est bon pour les combattre : des piques , des faulx , des ser es , tout sert, tout tue. On nous amène à chaque instant des prisonniers. Les brigands ne resteront pas à Laval ; ils se portent sur Candé ; veille sur Angers encore et sur la Loire. Leurs pertes sont incalculables. Mais voilà notre armée qui défile sous nos yeux. La joie et le patriotisme remplissent toutes les ames. Quoique nous n'ayons pas autant de souliers que de soldats , tous marchent en chantant , chaussés ou non. Nul ne veut rester en arrière : Aux brigands , aux brigands , au feu , au feu ! C'est un délire ! »

Francastel , en recevant cette lettre, ordonna qu'on ajoutât partout aux fortifications d'Angers et surtout à la porte Cupif. «Si les brigands , dit-il , veulent passer la Loire , il faut que ce soit dans la barque à Caron. »

Quatrième lettre sur l'affaire du Mans et ses suites.

« Delaage , adjudant général de l'armée de l'Ouest, au citoyen Rabouin, président du tribunal criminel.

» Laval , 25 frimaire an 2.

» Ça ira, oui, ça ira, si l'on veut toujours mettre à la chose, le zèle et l'enthousiasme républicains qui s'unissent à la prudence, depuis quelque temps, pour la destruction de nos ennemis.

» Depuis Angers jusqu'au Mans la route est parsemée de cadavres, mais dans le Mans et jusqu'à Laval, la terre en est jonchée. Je veux te donner une idée de nos succès pour te faire participer à l'horrible joie que j'en ressens moi-même.

» Nous croyions tous que l'ennemi, en quitant les murs d'Angers, tenterait le passage de la Loire, à Saumur ou à Tours. Nos meilleurs troupes étaient sur la levée destinées à s'y opposer (1), quand tout-à-coup notre cavalerie et la colonne qui avaient pris la route de Suette , forcèrent l'ennemi à évacuer Baugé , et à se porter précipitamment sur le Mans, par la Flèche.

» Notre armée victorieuse talonnait l'armée royale, et le soldat républicain brûlait de trouver enfin son ennemi arrêté. L'occasion ne s'en fit pas attendre : aux portes du Mans, sur une hauteur qui domine la ville, les brigands retranchés nous attaquèrent en force, et environ cinq mille des nôtres furent obligés de battre en retraite. Heureusement que pour empêcher la déroute de s'étendre, une de nos colonnes, celle de Tilly, rétablit le

(1) Kléber était là et Delaage avec lui.

combat; elle avait juré de ne pas plier, et elle tint son serment.

Deux fois elle chargea l'ennemi ; deux fois elle fut repoussée ; enfin la baïonnette et la cavalerie enlevèrent d'assaut quatre retranchements qui semblaient inexpugnables et qui étaient sur un point tel que quinze hommes seuls auraient pu les défendre. On s'acharne, on se prend corps à corps, on s'assassine ; à la fin l'ennemi cède, on entre avec lui par Pontlieue dans la ville ; on s'empare d'un vieux couvent où il cherchait à s'embusquer ; on pénètre jusqu'à la grande place, mais on ne peut y tenir, car de toutes les rues qui y aboutissent l'ennemi tire à boulets et à mitraille sur nos troupes harassées et exténuées. On se contente de se fusiller mutuellement dans tous les coins et par toutes les issues.

» J'avais reçu l'ordre de me porter avec mon avant-garde légère, pour seconder les combattants, avec environ six cents hommes qui sans manger avaient marché tout le jour et même une partie de la nuit jusqu'à trois heures. On me charge de relever un poste occupé par quinze cents hommes. A la petite pointe du jour l'ennemi eut je crois envie de savoir si nous étions réveillés. Ses bandes remuent et se mettent à faire feu, mais nous recevons leur visite avec trois coups de nos pièces de huit, à mitraille.

» Cette réponse fut suivie d'une charge générale battue à tous postes. Dans un quart d'heure les fenêtres, les portes, tout est enfoncé. A mon attaque, sur la gauche, nous prîmes deux pièces de canon ; alors l'ennemi ne tint plus, et là commença la boucherie ; on tuait, on tuait, sans fin et sans relâche. Nous comblâmes de corps entassés les fossés des retranchements des rebelles. La fureur du soldat était au comble ; il n'y eut plus ni redoute, ni obstacle ; toute l'armée royale prit la fuite, et bientôt la ville fut purgée entièrement de cette horde barbare.

» Sur la route, les brigands furent massacrés par milliers. Mes chasseurs s'écartèrent à droite et à gauche, dans les champs, dans les taillis, et les tuaient par centaines. Il y eut de ces Vendéens qui firent mine quelquefois de vouloir se rallier, mais l'artillerie et la cavalerie les coupaient et les écrasaient de toutes parts. Le nombre des morts est si considérable que je puis t'assurer qu'il a été tué plus de monde à cette affaire qu'à la bataille de Jemmapes.

» Tous mes soldats sont cousus d'or, d'argent, de papier. Ils étaient tellement animés qu'ils ont poursuivi les fuyards pendant près de dix lieues, et nous étions tellement dispersés et écartés les uns des autres que près d'une chaumière où, exténués de fatigue, nous nous étions retirés quatre à cinq, il a couché trois brigands, lassés comme nous et attirés par le même besoin de repos. Nous ne l'avons appris qu'au matin et tu peux croire ce qu'il en est arrivé! Les municipalités se sont armées et font la chasse. Je n'ai jamais vu une déconfiture comme celle des prêtres; j'en aurais pu compter jusqu'à deux cents sur les chemins, étendus, morts. Un chasseur du premier bataillon républicain, sergent de ma brigade, s'étant écarté dans les champs fait rencontre d'un officier, en habit vert, chevalier de Saint-Louis. Il fonce sur lui à coups de sabre, l'autre tire son épée, mais notre républicain lui plonge son arme dans le cœur et lui arrache sa croix. Je l'ai présenté aujourd'hui aux représentants du peuple qui vont le faire capitaine. Un autre sergent va aussi, à ma recommandation, être fait officier.

» Salut et fraternité.! »

LV.

Delaage avait un chasseur pour domestique, ou mieux tous les chasseurs s'empressaient à le servir. L'un pansait ses chevaux, l'autre cirait ses bottes (quand on en avait le temps), un autre allait aux vivres et n'en trouvait pas toujours. Officiers et soldats étaient souvent à jeun. Il y en eut, pendant l'affaire du Mans, qui furent trente-six heures sans manger.

Delaage était l'ami et le père de ses soldats. Il a depuis long-temps prit sa retraite; cette ame ardente est devenue bien sage. Mais dans sa jeunesse il avait une activité prodigieuse et son courage ne se démentait jamais. Il avait donc au Mans, un affidé qui ne le quittait pas plus que son ombre. Quand ils furent sur la route de Laval, durant la nuit, ils entendirent des cris dans un petit bois, et tous deux le sabre au poing, ils y coururent. C'était une femme et trois hussards, une pauvre demoiselle assaillie, haletante, sa robe déchirée, presque nue; enfin dans un affreux désordre et qui se débattait, en étouffant, contre la rage de trois forcenés. Delaage se jeta entre eux et la victime, il les bat et les roue à coups de plat de sabre et leur arrache à la fin la jeune fille qui tombe dans la boue à ses pieds.

» Relève-la, dit-il au chasseur, prend-la en croupe, couvre-la de ton manteau, et souviens-toi que tu m'en réponds sur ta tête. »

On arrive à Laval, les brigands n'y sont plus; ils se dirigent sur Candé, on les suit et c'est là, près de cette ville, chez une tante qu'il avait à Loiré, que Delaage fait conduire la jeune fille.

Deux ans après (1795), il était employé dans l'armée des côtes de la Rochelle quand un Vendéen, le comte de Ménars, l'envoya prier instamment et en secret, de venir dîner à son château de la Claye, qu'il habitait malgré la guerre. Il y va et l'on se met à table; la haine était vive entre les deux partis, mais on y faisait trève pour boire, chanter, trinquer et même à l'occasion parlementer. Au dessert Delaage est surpris de voir des bouquets que lui présentaient de jeunes filles, et à (leur tête, la plus jolie de toutes, qui sous le nom de *Perrette*, l'avait servi pendant tout le dîner. Il ne l'avait pas reconnue. C'était elle pourtant, la fille du comte de Ménars, celle qu'il avait sauvée de l'outrage et de la mort ; elle était devant lui tout en larmes : le père, la mère, toute la famille pleurait, Delaage pleurait aussi. Mais la nuit vint : « Adieu, dit-il, mes hôtes ! »

On voulait le retenir, mais comment ? « Vous êtes royaliste, je suis républicain ; aujourd'hui du vin, demain du sang ; c'est le devoir, c'est le sort ; au revoir, *monsieur le comte* ! »

Il part au galop, rentre à Luçon, et le lendemain il était à cette affaire de Saint-Cyr qui lui valut de Hoche un *billet* plus beau et plus cher que tous les cordons et tous les titres.

Mais le chasseur ? il est mort. La jeune fille s'est mariée ; elle est morte. Delaage est vivant et il cultive les roses !

LVI.

Reprenons et achevons.

En quittant Laval et en descendant par Candé, les brigands avaient pour espérance d'atteindre Varades ou Ingrandes, et de rentrer enfin, enfin dans la Vendée par les mêmes lieux qu'ils en étaient sortis.

Moins de trois mois s'étaient écoulés, mais que d'événements, grand Dieu ! Quelle différence entre l'heure du départ et celle du retour ! quel délabrement ! quelle impuissance ! On avait pu délibérer sur le passage, on pouvait rester en octobre, la lutte encore à Saint-Florent était permise. Mais hélas ! aujourd'hui on ne délibère plus, on marche d'instinct, on va devant soi, sans but fixe ; et pour entreprendre quelque chose on n'a plus assez de confiance et de force.

Quand nos représentants surent pourtant que les brigands descendaient vers la Loire, ils envoyèrent des troupes d'Angers et de Nantes qui les firent tourner bride et rebrousser chemin. Par où s'en iront-ils ? par la Chapelle-Glain et Saint-Mars-la-Jaille ; ils tuèrent en passant les maires de ces communes et, faisant volte face à l'improviste, ils tentèrent un coup de main sur Ancenis qu'on avait imprudemment trop dégarni. Maîtres de la ville pendant deux heures, ils construisirent des pontons à la hâte, et déjà ils se lançaient dessus quand apparurent nos barques canonnières. On tira à bout portant sur les radeaux ; ils sombrèrent tous et chavirèrent. Westermann arrive au galop sur le rivage et tombe à coups de sabre sur ces bandes affligées. Hommes, femmes, combattants, fuyards, tout y passa encore une fois, et il en périt plus de huit cents dans le fleuve. Larochejaquelein et Stofflet parvinrent seuls, avec une cinquantaine des plus alertes, à attrapper la rive gauche. Le reste fut éparpillé dans la campagne. On ne voyait que gens qui demandaient à se rendre. Ils entraient dans les fermes, ils encombraient les hôpitaux; les gardes nationales les traquaient et ramassaient, sans savoir qu'en faire. Les femmes de Laval en avaient à elles seules, en l'absence de leurs maris, désarmé plus de cinq cents.

Il y eut pourtant un petit corps d'élite, un noyau de 1,500 hommes à pied, 900 à cheval, qui ne cessa pas de se battre et qui, ralliant à lui ceux des prêtres et des femmes qui pouvaient encore se tenir debout, se dirigea d'Ancenis sur Nort et Blain, pour marcher de là vers le Morbihan, où la chouannerie s'organisait par les soins du comte de Puisaye.

LVII.

On écrivait de Châteaubriant : « Un prêtre, ci-devant vicaire de S.t-Léonard, près d'Angers, a été arrêté ici. C'est une capture des plus heureuses. Il était liant, cauteleux, et d'un caractère à corrompre les hommes que leur crédulité rend propres à se laisser entraîner. Le voilà pris. Son compte est bon. Il ne languira pas. Puissent ses pareils subir dans peu son sort; puissions nous avoir à vous mander, par notre première lettre, l'entier anéantissement de ces pendards !»

LVIII.

Pendant que ceci se passait sur la rive droite, les représentants assemblés à Saumur, décidèrent, à l'unanimité, que les moulins et les fours de la Vendée seraient mis en cendres, afin d'ôter tout moyen d'existence à ce qui restait de révoltés dans le pays.

Turreau (plus cruel que Marat) était le promoteur de ces mesures.

L'administration centrale de Maine et Loire voulut réclamer contre l'arrêté pris. Vial, son procureur syndic, fut député par devers la convention pour lui porter la requête, mais il fut *coffré* à Chartres, par suite d'un avis que les représentants avaient donné au comité de salut public.

LIX.

Le corps armé des brigands est à Blain-sur-l'Adon. Kléber qui le pourchassait, le trouve en bataille. Il ordonne de réunir les différentes colonnes républicaines et se dispose à attaquer. Mais une pluie averse qui survient, et des débordements considérables dans tous les cours d'eau environnants ralentissent la marche des bataillons. On ne fut prêt que le soir, et l'attaque fut remise au lendemain.

Le lendemain on vit que, malgré une pluie horrible, les Vendéens avaient évacué Blain, quitté sans bruit leur position, et qu'ils se portaient rapidement sur Savenay.

Vite, vite on se met à leurs trousses. Pour passer la rivière, les soldats avaient de l'eau jusqu'aux aisselles. On vide les caissons, on porte les gargousses sur la tête, on recharge ensuite les caissons, et l'on continue la chasse avec des fatigues incroyables.

Mais si nos peines étaient grandes, celles des brigands n'étaient pas moindres. Westermann disait : « Ils courent comme des lièvres et nous comme des barbets. » Savenay ouvrit ses portes ; l'ennemi s'y logea. Nous avions là un général et six cents hommes qui prirent la fuite et coururent au Croisic.

Les brigands creusèrent des fossés, élevèrent des redoutes, crénelèrent des maisons, mirent en batterie les canons qui leur restaient et firent voir qu'ils étaient résolus à une résistance opiniâtre. Mais Kléber, Marceau et Westermann leur firent bientôt juger à leur tour que tous ces moyens improvisés ne retarderaient leur chute que de quelques heures : « Point de quartier ! » fut le cri de mort qui partit en même temps des deux côtés.

Nos pelotons se déployaient à droite, à gauche. Prieur de la Marne leur disait à tous : « Chargez à l'arme blanche ! » et par sa précipitation il faillit un moment à tout perdre. Sa tactique à lui c'était de crier : « en avant, en avant.» Il n'en avait pas d'autre, et si on l'avait cru c'en était fait de l'armée. L'ennemi eût passé dessus comme un torrent, car dans l'extrémité où il était réduit, acculé, cerné, sans espoir de salut que dans sa rage il eût pu profiter de la nuit qui était venue et, culbutant nos troupes, il les eût fait rétrograder jusqu'à Nantes où même, peut-être, il serait entré avec elles. Les chances des combats sont si mobiles ! Prieur ne voulait pas entendre raison. Plusieurs fois, à minuit, à deux heures, à quatre, Kléber fut provoqué par lui à fondre sur les brigands sans attendre le jour, mais il tint ferme et ce fut à son expérience qu'on dut la ruine totale de cette armée catholique et royale qui jouait aux barres avec la nôtre, laissant partout des traces de sa colère et de ses malheurs.

LX.

Kléber, dans un moment, à cette affaire de Savenay, vit des grenadiers qui revenaient en désordre, poussés vivement par l'ennemi. Verger, leur commandant, s'écria : « Nous n'avons plus de poudre. »

— « Hé ! dit Kléber, n'étions-nous pas convenus de les écraser à coups de crosse? Allons, grenadiers, retournez au combat, je vous ferai soutenir. » Ils y retournent en effet, électrisés par ces paroles. Verger tombe mort, ses soldats le vengent, et la victoire se décide pour eux avec une violence qui fit que tout ce qui avait cocarde blanche fut tué, haché, exterminé.

LXI.

Je veux recueillir le nom du seul des chefs qui fût resté aux

Vendéens jusqu'à Savenay : c'est Langrénière. Il était petit, trapu, nerveux, austère et d'un courage à toute épreuve. Il ne quitta pas le champ de bataille. Il avait fait de bonnes dispositions et dit en peu de mots à ses gens : « Vendons cher le sang qui nous reste. » Forcé de plier et de rompre, il tint dans le cimetière, dans l'église, se jeta dans un bois et fut pris, blessé de deux coups de feu, dans la salle basse d'une auberge où il cherchait encore à se défendre avec une dixaine de braves, tous blessés grièvement comme lui.

On les fusilla.

Mais là même, à Savenay, ce ne fut pas l'armée vendéenne qui, toute mutilée qu'elle était, souffrit qu'on l'attaquât : elle tira la première ; c'était le 23 décembre, l'avant veille de Noël ; France contre France ; on devait s'atttendre à des prodiges. Beaupuy écrivit de Savenay où, quoique blessé, il s'était rendu en amateur : «Ah ! mon cher Merlin, que n'étais-tu avec nous, comme tu aurais joui ! Quel feu, quelle bataille, quelle défaite ! Jamais on ne vit rien de semblable. Les brigands plutôt que de lâcher pied ont préféré mourir. Je les ai vus, bien vus et bien examinés. J'ai reconnu de mes figures de Torfou, de Cholet, d'Entrames. Quelle contenance, quelle mine ! Il ne leur manquait du soldat que l'habit.

» Je ne sais, mon ami, si je me trompe, mais cette guerre de paysans et de brigands sur laquelle on a jeté tant de ridicule ; dont on faisait à Paris des gorges chaudes ; qu'on regardait en pitié et qu'on traitait volontiers de méprisable ; cette guerre, vois-tu, m'a toujours paru à moi la *grande partie*, et puisqu'à présent elle est éteinte, puisque voilà cet bande formidable anéantie, il me semble qu'avec nos autres ennemis nous ne ferons plus que peloter. Vive la république ! »

LXII.

Je donne, pour clore, un bulletin officiel qui fut placardé sur tous les murs de Nantes. Le style fait la date :

« Liberté, égalité, fraternité,

» unité et indivisibilité de la république.

» Les brigands sont foutus. Il n'en est plus question. Bagages, munitions, caissons, canons, équipages, tout absolument ce qui leur restait est en notre pouvoir. C'est le 2 nivose qu'à commencé le combat, il a fini le 5 faute d'ennemis.

« Prieur était partout, Kléber était partout, Marceau partout aussi, et franchement ils ont eu fort à faire. Les canonniers brigands se sont fait égorger sur leurs pièces. Les rues de Savenay ruissellent de sang. L'armée catholique a disparu. S'il y a quelques débris nos paysans patriotes s'en vont en tirailleurs et les fusillent dans les marais et dans la plaine.

» Trois cents hommes de la cavalerie brigantine, poursuivis par Westermann, se sont jetés dans la Loire, à Donges, et s'y sont noyés : pas un cavalier, pas un cheval n'a échappé. On les canardait, et ils faisaient le plongeon pour ne plus revenir.

» Six mille brigands et plus, tant de leurs braves que de la suite, sans choix, pêle-mêle pour en finir, ont expiré depuis Blain sous les coups de nos intrépides républicains.

» Nantais, vous êtes délivrés de vos ennemis. Dansez la Carmagnole, vive la nation, vive la justice du peuple, il n'y a plus de calotins et de royalistes ! »

LXIII.

La guerre vendéenne, la vraie guerre, la grande, celle d'abnégation et de croyances, a eu quatre époques très distinctes. Toujours le zèle, la foi s'éteignant par degrés ;

Savoir :

1. L'époque de Cathelineau ; Thouars et Saumur pris ; le siège de Nantes.

2. L'armée de Mayence : Clisson, Torfou, la bataille de Cholet ; les brigands passant la Loire à Montglone.

3. Combats de la rive droite : Entrames, Grandville, Pontorson, Dol, Antrain ; le siège d'Angers, point culminant de cette guerre ; le sac du Mans, le massacre de Savenay.

4. La reprise enfin des hostilités sur la rive gauche, jusqu'à l'exécution de Stoflet et de Charrette.

L'ensemble du sujet était au-dessus de mes forces. Je n'en ai traité qu'une partie, la troisième. Qu'une plume meilleure s'exerce sur les autres.

La tâche que je m'étais imposée, l'ai-je remplie? C'était une dette envers mon pays, l'ai-je acquittée? Ah! je l'avoue j'ai souffert à toutes ces descriptions; j'en ai fait de cruelles. Plus d'une de mes nuits s'est passée sans sommeil, ou, si mes yeux se fermaient, je voyais en songe, des os, des bras, des plaies saignantes, des spectres; des têtes que des bourreaux montraient au peuple. O Dieu, quelles scènes! je ne puis m'en distraire aujourd'hui même.

Je suis allé récemment à Savenay. On y montre encore les deux fosses jumelles et profondes, où le lendemain de la bataille on enfouit les morts. Ici les blancs, là les bleus : éternels ennemis !

Fait à Angers, le 9 décembre 1840.

DUVEYRIER.

RÉVOLUTION, CONSULAT, EMPIRE. — DOUBLE RESTAURATION. CHANGEMENTS. — MÉTAMORPHOSES.

On doit à Duveyrier le livre qui peint le mieux les événements des 12, 13, 14, 15, 16 et 17 juillet 1789. La révolution fut faite en six jours ; on se reposa le septième.

L'enfant fait eut pour nourrice la guerre, et but du sang au lieu de lait.

L'histoire de cette grande réforme, subitement opérée, est consignée, en détail, dans trois volumes que j'ai achetés sur les quais et qui ont pour titre : « Procès-Verbal des séances et délibérations de l'assemblée générale des électeurs de Paris, réunis à l'hotel-de-ville. »

Paris fait et défait tout.

Bailly, qui fut son premier maire, est donné comme ayant eu part à la rédaction de l'ouvrage. Mais la vérité est que Duveyrier seul tint la plume pour la partie qui concerne les affaires de juillet, partie la plus importante et que je vous recommande à tous de lire comme offrant un immense intérêt.

Duveyrier était le plus ancien des secrétaires de l'assemblée des électeurs, et ses collègues lui remirent leurs notes; Moreau de S.t-Méry, qui présidait, lui confia les siennes. C'est avec ces matériaux qu'il éleva l'édifice dont je parle et qu'il fit le récit complet et animé des scènes inouies de ces premiers jours.

Comme tous les acteurs de ce drame à son début, comme tous les meneurs enthousiastes de l'époque, Duveyrier obtint plus qu'il ne voulait. L'action et le dénoûment passèrent toute croyance. Ces révolutionnaires inexperts furent d'abord effrayés de leur triomphe ; ils voulaient guider, suspendre, modérer. Mais le char qu'ils lançaient roulait sur eux. Ils eurent bien de la peine à s'en garer. Ils n'évitèrent sa roue qu'en tournant avec elle.

Il y eut des infamies, il y eut des dévoûments, ils y eut des cris féroces, des chants sublimes, un mélange indicible de voix enrouées et claires, les unes qui déchiraient, les autres qui ravissaient, et des mouvements rapides dont nul ne pouvait dire la cause et le terme. On allait selon le flot des masses et le vent des passions ; puis à la fin il s'éleva une gerbe de gloire qui fit tomber à genoux, aux pieds de l'Eternel (encore debout) des populations haletantes, tout enivrées d'amour, d'admiration et de joie !

Oui, croyez-moi, lisez ce procès-verbal ; c'est une pièce vive et saisissante ; c'est le miroir de ces journées de trouble, d'élan, de conquête, qui ont ému et honoré nos pères ; c'est le tableau transparent et limpide de ces efforts bouillants, de ces heures fécondes, d'où sont sorties la grandeur et l'indépendance de la patrie !

—

J'en étais là le matin du 15 décembre 1840, quand les restes mortels de Napoléon entraient à Paris au bruit du canon et des fanfares.

Il était juste de s'associer à ces cérémonies quand elles préludaient à une réhabilitation ; quand elles promettaient un noble avenir ; quand elles étaient le gage d'une alliance avec l'Angleterre qui assurait le repos du monde et l'avancement de la raison humaine par les principes d'une haute moralité !

Mais quand cette alliance est rompue par les trahisons du cabinet de Londres ; quand la question d'Orient se termine et se tranche au détriment et à la honte de la France ; quand tous les pactes sont violés ; quand notre abaissement est manifeste ; les fêtes qui se donnent, les transports qui s'excitent, les monuments qui s'élèvent ne sont plus que des jongleries et des pièges. Les devoirs sont changés, la condition n'est plus la même et ceux qui s'unissent à ces vaines parades, ceux qui cèdent en de telles circonstances à une puérile curiosité font preuve ou d'une légèreté criminelle, ou d'une odieuse indifférence ou enfin d'une insigne lâcheté.

—

Je reprends ma narration.

Duveyrier avait pour prénoms ceux d'Honoré-Nicolas-Marie. Il était né à Pignans (Var), en 1753, le 6 décembre. Il avait trente-six ans lors de la convocation des états généraux. Il fut nommé député suppléant, et son lot semblait être de rester tapi dans les rangs secondaires. Mais ce rôle obscur ne lui convenait guère, et l'on va voir qu'il ne tarda pas à l'agrandir.

Il avait pour auteur un chevalier de Saint-Louis, considéré quoique pauvre, et plus d'une fois dans sa jeunesse, il changea de direction et de métier. Il devait entrer dans le génie, et ses études de ce côté étaient fortes, mais il y renonça tout à coup, et songeant à s'enrichir pour le moment plus qu'à s'instruire, il entra dans les aides et visa, dans son cœur, à devenir fermier général.

Mais cette fantaisie n'eut qu'un temps. Il quitta le fisc pour se faire avocat et, en peu d'années, poussé par Gerbier, protégé par d'Ambray, se faufilant au barreau, il était parvenu, par une activité infatigable et par une éloquence inégale, verbeuse, ampoulée, mais qui ne laissait pas d'avoir d'heureux mouvements et des éclairs, il était parvenu, dis-je, à se faire une assez belle réputation et une très nombreuse clientelle, quand s'ouvrit cette ère des assemblées nationales dont un homme comme lui, ardent, appliqué, éminemment habile, ne pouvait manquer de se démêler fort adroitement.

Il habitait Paris, ce centre et ce foyer de lumière et d'intrigue; il fréquentait le jeu de paume et les clubs. Rival de Robespierre dans sa section, luttant avec lui corps à corps dans les questions les plus ardues; gênant son ambition en démasquant sa politique. Il fut serré de près, arrêté et rigoureusement emprisonné à l'Abbaye, si bien que s'il n'en fût sorti le 1.er septembre (1792), il est hors de doute que le 2 ou le 3, il n'aurait pas échappé aux massacres.

Garat qui l'aimait et qui veillait; Garat qui faisait tout le bien qu'il pouvait faire sans se compromettre; Garat qui entendait gronder l'orage le fit venir; l'interroger fut un prétexte; il lui donna un passeport, une mission et le fit partir en hâte pour l'arracher aux bourreaux et aux furies. Duveyrier s'en alla dans les états du nord, en Danemarck et en Suède, pour acheter des bois, des fers, des chanvres, et assurer l'approvisionnement de nos arsenaux. Les chiffres lui revinrent à la mémoire et il s'en servit avec dextérité. On passait en ce temps-là d'une profession à l'autre sans hésiter, sans déroger. Tout était applani et nivelé. Le marquis se faisait marchand, le robin soldat, et, pour réaliser le proverbe, plus d'un de nos prélats fut d'évêque meunier.

Duveyrier, le commissaire, fut vîte passé maître en tarifs, en calculs et en commerce. Dès qu'il eut mit le pied dans les *magasins*, il n'en bougea plus et il comprit que cette branche d'*économie sociale*, encore fort embrouillée de son temps, valait mieux pour augmenter son pécule et son bien-être, que la politique pure et creuse, qu'il avait trop, jusque-là, courtisée. Il s'y tint donc cramponné comme un lierre au mur, comme une vigne à l'orme, et quand il reparut en France, après la *terreur*, il eut l'art ou le bonheur de se faire attacher étroitement aux grandes compagnies de fournisseurs qui exploitaient ou, si vous voulez, qui nourrissaient nos armées.

Il fut, en Italie, directeur des finances et administrateur des hôpitaux, deux sortes d'emplois dans lesquels on sait, depuis Gil-blas, que personne ordinairement ne met du sien. Sans faire brèche à la probité, sans effleurer le moins du monde la plus scrupuleuse délicatesse il se trouve qu'en ces positions, sans savoir comment et par des accidens fortuits et favorables, on tire toujours son épingle du jeu. Bonaparte commandait les troupes, remportait les victoires, signait la paix ou ses préliminaires; Duveyrier faisait fortune, allait à Rome, à Naples, visitait ces divines contrées et y faisait, en vrai connaisseur, un choix de tableaux et de statues qu'il mettait bien au-dessus de ses lingots, de ses rouleaux et de ses richesses.

On sait que nos bataillons, après avoir pendant quelques mois occupé le *fond de la botte*, furent contraints de se replier, au moins temporairement et que Rome même, à l'improviste, fut par eux abandonnée. Nous avions là des mandataires qui avaient fait force captures, force emballages d'objets précieux et qui furent surpris dans leurs opérations. Les Napolitains arrivèrent; peu habitués à être vainqueurs et par cela même plus impertinents et plus rudes, ils saisirent nos caisses, nos ballots et en même temps ils mirent le séquestre sur le bagage de Duveyrier. Mais l'armée française reprenant presque aussitôt ses avantages, notre butin rentra en son pouvoir et l'expédition en fut faite pour Paris, avec les embarras du reste et les lénteurs que l'on peut croire. Tout ce convoi dont l'origine datait de 96 et 97, ne fut achevé que vers le commencement de l'an XI, c'est-à-dire en 1803.

Duveyrier avait quitté l'Italie en 1799. Il se trouva à Paris au *retour d'Égypte*, lorsque Bonaparte, rappelé par Sieyès et ramené, comme on disait alors, par son étoile, s'empara du gouvernement et établit le consulat aux acclamations de la France entière. C'était une acte de tyrannie, mais masqué de nécessité publique. Le directoire était mangeur, avili, conspué. Celui qui balayait cette pourriture fut, quelque prix qu'il y pût mettre, salué comme un libérateur, et de là ces illusions et ces bravos; de là cette chaîne de fautes et de promesses dont le dernier anneau fut l'invasion.

Mais ne précipitons rien. Le tribunat fut créé et Duveyrier y eut sa place. Il avait approché Bonaparte à Milan et à Parme, et actuellement il tenait à Paris une bonne maison, élégante et somptueuse, où il raisonnait et haranguait dans le sens du pouvoir qui allait naître. On ne l'avait pas mis absolument dans le secret du 18 brumaire. Mais il hantait les faiseurs, et il avait deviné à leur front soucieux, à leur mine rêveuse, qu'ils tramaient un complot, ourdi de longue main, et qu'il allait se passer quelque chose. Il attirait chez lui tous les gens en crédit, il se liait à eux par ses opinions, ses désirs et, s'il n'aida pas visiblement à la catastrophe directoriale, il fut des premiers à la chanter, à applaudir au coup d'état de S.t-Cloud et à se ranger tout près de l'aigle qui secouait déjà et déployait ses ailes.

Tribun, il fit imprimer des têtes de lettres qu'il lui fallut plus tard effacer ou modifier. En effet on lisait au haut de la page :

République Française.
Liberté — Égalité.

Cela devint bientôt du vieux style. Mais en attendant, sous cette enseigne, Duveyrier entretenait une volumineuse correspondance avec tous les personnages principaux. Il était obligeant, charitable. Il aimait à être et à paraître, mais aussi il aimait à donner. Il se rendait secourable aux grands et aux petits, et exerçait une notable influence dans les ministères, à la justice surtout où il avait été secrétaire général. Il y conservait d'intimes relations dont il tirait parti sagement pour ses intérêts et ceux des autres. Rien avec lui n'était perdu, pas un moment, pas un coup de chapeau. Il serrait la main à celui-ci, étouffait celui-là dans ses embrassemens et se trouvait au mieux d'une *camaraderie* qui a fait depuis bien des progrès, mais dont on lui doit l'invention et les préceptes.

On ne fait rien quand on agit isolément; on parvient à tout quand on a des affidés et des compères.

Duveyrier s'était fait des amis dans tous les partis, dans toutes leurs nuances. Il allait souvent chez Chaptal, et ce fut par ce ministre qu'il se fit rendre ces fameuses caisses que nous avons laissées à Rome et que nous allons à propos y retrouver. Voici à ce sujet une lettre positive datée du 12 germinal an XI.

» Honoré Duveyrier, Tribun,
» *Au citoyen Chaptal, ministre de l'intérieur.*

» J'ai eu l'honneur, citoyen ministre, de vous entretenir, de de vive voix, de quelques objets d'art, en marbre, achetés par moi à Rome et déposés à *Rippa-Grande*, avec le convoi du muséum, pour les faire profiter des moyens de transport et de la protection qui devait accompagner le convoi jusqu'en France.

» Les Napolitains ont tout saisi et tout rendu, et j'ai notion assez probable que mes caisses sont au nombre de celles qui viennent d'arriver à Paris.

» Je joins ici la note de ces objets, note extraite d'un acte passé devant notaire, à Rome, le 7 fructidor an VI, et qui comprend tous les tableaux dont j'ai fait l'acquisition en Italie, sauf les trois tableaux qui me furent vendus par le prince Borghèse.

» Je vous prie de m'autoriser à les rechercher et à les reconnaître, et j'ai l'espoir que vous voudrez bien donner des ordres pour qu'il soit vérifié et certifié que ces objets ne font point partie de ceux du muséum et que, vérification faite, ils me soient restitués comme étant ma propriété.

» J'ai l'honneur, au surplus, citoyen ministre, de vous répéter ce que j'ai déjà dit au directeur, M. Denon : à savoir que si certains de ces objets (ce que je suis loin de croire) pouvaient convenir au muséum, j'aurais grand plaisir à les y laisser, soit en remboursement de la portion des frais de transport qui doit être à ma charge, soit en échange de quelque autre morceau qu'on jugerait moins convenable aux collections nationales.

» Agréez, citoyen ministre, l'hommage de mon estime et de mon inviolable attachement.

» H. Duveyrier. »

L'ordre du ministre fut exprimé à la marge, en ces termes : « Écrire à M. Denon qu'il peut remettre les objets pour lesquels le citoyen Duveyrier produira un titre de propriété et qui, en outre, ne seront pas portés sur les états dressés par les commissaires envoyés en Italie, comme étant acquis et appartenant à la nation. »

Tout cela était poli et généreux de part et d'autre. L'ordre de Chaptal fut exécuté. Denon remit tout, et il n'y eut point de réclamation faite pour les frais de transport. On ne tint nul compte de cette *bagatelle*. Le gouvernement se montrait facile avec les tribuns, comme il l'est aujourd'hui avec les députés. Autres temps, mêmes mœurs.

Duveyrier vota pour sa proposition qui élevait le consul à la dignité impériale.

Il s'acquittait apparemment par conviction, des avances qu'on lui avait faites par courtoisie. Il fut, à l'abolition du tribunat, pourvu de la présidence du tribunal d'appel à Montpellier et devint, à peu de mois de là, premier président de la cour *impériale* de la même ville quand cette juridiction fut instituée. Quels détours divers pour arriver à ce rang suprême !

Tout allait bien, tout cela était doux. L'un des plus chauds partisans de la liberté, l'un des champions de la démocratie organisée s'accommodait à merveille du despotisme ; mais aussi, avouons-le, quand le despotisme de l'empereur tomba, Duveyrier ne le regretta guère. Il plia devant la restauration et trouva fort bon (comme tant d'autres) de rester premier président de la cour *royale*.

Les rois vont au galop et les juges ne peuvent les suivre.

Malheureusement les cent jours arrivèrent. Duveyrier, stoïcien, impassible à son poste y siégea sous l'usurpateur. Il signa l'acte additionnel et ce fut le défilé maudit dans lequel il s'égara et se perdit. A la seconde apparition de la race bourbonne il fallut prendre sa retraite et se voir destitué par un brave et digne émigré qui avait dû la vie à l'avocat, mais qui ne se piquait pas de mémoire.

15

C'était le temps des épurations, des catégories, des cours prévôtales. Le midi était en feu, la réaction était violente, on n'y échappait pas aisément. Duveyrier qui se connaissait en crises, fut content, peut-être, *in petto*, d'en être quitte pour une démission forcée, quoique sans dédommagement et sans pension. Qui sauve sa tête en cas pareil doit une chandelle à la bonne Vierge, et souvent, tout sceptique qu'on soit, on y pense et l'on s'y empresse. Dévotion est fille du malheur !

Duveyrier avait deux fils. Il les lança tous deux dans la magistrature, mais un seul y demeura et s'y fit remarquer. L'autre, plus connu sous le nom de Melesville, s'est jeté à corps perdu dans le théâtre ; c'était une vocation, et doué d'une verve piquante, d'une facilité prodigieuse il a produit une infinité de pièces qui, toutes charmantes, ont, en concurrence du Bayard et du Scribe, alimenté les répertoires des troupes de comédiens stationnaires et ambulants.

Mais revenons au père et achevons. Il n'était pas homme à bouder à jamais le pouvoir régnant. Sa nature était caressante pour tout ce qui avait le sceptre et la domination. Quand il apprit, en 1820, que son ancien collègue du tribunat, le comte Siméon, était membre du conseil des ministres, il vint à lui tout droit, lui conta son affaire et se fit donner à Montpellier, en dépit de ses envieux et de ses ennemis, le titre de premier président honoraire, grâce auquel il put descendre un peu moins tristement au tombeau.

Encore un de ces patriotes de 89, créés barons par l'empereur, puis devenus fidèles royalistes sous la branche aînée et dont il faut enfin, tout philosophiquement, laisser en paix dormir la cendre !

VINCENNES.

MONUMENT DU DUC D'ENGHIEN. — DESENNE LE SCULPTEUR.

— GAUTHIER L'ARCHITECTE. —

LETTRES DES ABBÉS LAMENNAIS ET ROUGIER.

L'exécution à mort du duc d'Enghien fut un crime odieux. L'empereur a voulu s'en laver à Sainte-Hélène. Mais toutes les raisons que Lascases lui fait donner sont mauvaises. Il n'y a

point d'excuse pour une trahison si noire, une cruauté si gra-
tuite et une concession aussi basse à de barbares intérêts.

En 1807 j'allais souvent à Vincennes, seul, avec un livre, et
je me rappelle qu'en examinant ces fossés et ces tours j'éprouvais
un serrement de cœur qui se terminait souvent par des larmes.
Je pleurais sur la mort de ce jeune homme, enlevé à ses amours
et à ses plaisirs (1), et entraîné dans un piège horrible par les plus
infâmes machinations. Je pleurais sur l'aveuglement de la gloire
qui poussait un génie de la trempe de Napoléon à sacrifier le repos de sa conscience aux vaines fumées de l'ambition.

O terre, ô monde, ô faiblesse de l'humanité, faux calculs de
l'esprit le plus élevé, dégradation du cœur le plus magnanime,
qui le porte et l'entraîne jusqu'à la turpitude et à l'atrocité!

Il y avait toujours à Vincennes quelques gardes, quelques
espions qui rôdaient autour des remparts. Des rangées d'arbres
touffus et sombres bordaient les fossés. On visitait peu ces lieux
alors et surtout on évitait de parler de l'événement qui s'était
passé là, il n'y avait pas encore trois années révolues.

Je questionnais pourtant, à demi voix, les soldats et les habitants, et j'étais curieux de savoir où était la place, la pierre, la
tombe. « Est-ce là, disais-je, la petite porte par laquelle il est
» descendu de la tour? Où l'a-t-on mené? Est-ce ici ou plus loin?
» Quelle heure était-il? Quel visage montrait-il? Quelles ont été
» ses dernières paroles? » Je demandais et l'on ne me répondait
point, et je restais des jours entiers assis et appuyé sur le parapet,
examinant et considérant des yeux tous ces objets témoins du plus
affreux supplice!

J'ai admiré Napoléon, mais non dans toutes ses œuvres. J'ai
fait la part de l'homme, la part du faible et celle du héros. On ne
peut pas dire que généralement il ait été sanguinaire et féroce,
mais pourtant que de sang répandu par son ordre et par l'effet de
ses passions.

Je méditais un poème funèbre sur cette mort du duc d'Enghien. J'en distribuais les actes, les scènes sur le terrain même
et en face de ces murs qui avaient reçu ses derniers adieux. Dans
la vie ce qui nous frappe le plus c'est sa fin. L'heure suprême c'est

______

(1) Un de nos Angevins, M. de Sapinaud de Boishuguet, dans l'é-
migration, et jeune encore, vivait dans l'intimité du duc d'Enghien;
il partageait ses jeux; et un jour qu'ils couraient l'un contre l'autre dans
une partie de barres, ils se heurtèrent si rudement qu'ils tombèrent
tous deux et roulèrent ensemble dans le sable.

— Ah! dit le prince, voilà une chute qui est de mauvais augure.

— Pour moi, au nom du ciel (dit M. de Sapinaud).

— Non, pour moi (reprit le duc).

Et il ne se trompait pas!

pour nous celle de la séparation et de la chute. Tous nos drames se basent sur la mort. On ne touche et l'on n'entraîne les populations rassemblées que par les déchirements et les images qui font vibrer toutes les cordes du cœur.

Ainsi j'avais l'idée de traiter deux sujets : celui de Quiberon et celui de Vincennes ; la mort de Sombreuil et celle du duc d'Enghien. Je sentais qu'en de pareils ouvrages les ressorts de la terreur, les accents de la pitié se présenteraient en foule à mon esprit et que j'atteindrais le but de la poésie qui est toujours d'émouvoir et d'instruire.

J'ai fait le plan, non l'exécution. J'ai commencé, qu'un autre achève. Hoche commandait à Quiberon, et tout ce qu'il fit à cette bataille, tout ce qu'il fit après la victoire le montre sous le plus beau jour. Mais Bonaparte est là bien au-dessous de lui. Il n'était pas dans la même position. Il n'avait pas combattu le duc d'Enghien. Le prince devait sa captivité et sa mort à un guet-à-pens, à une violation de territoire, et cette tache dans la vie de l'empereur est livide et ineffaçable.

Une loi fût portée en 1816 pour les monuments expiatoires qui devaient être élevés à Louis XVI, à Marie-Antoinette, à Louis XVII, à Madame Elisabeth et au duc d'Enghien.

Louis XVIII voulut que les quatre premiers monumens fussent placés dans l'église de la Madelaine. Il sépara d'eux le monument du duc d'Enghien et ordonna qu'il fût érigé dans la sainte chapelle de Vincennes.

Cette chapelle fut bâtie par S.t Louis. Elle est d'une architecture remarquable. Gauthier qui arrivait de Rome où il avait été pensionné aux frais de l'Etat comme ayant remporté un grand prix à l'Institut, fut chargé de restaurer les voûtes, les piliers, les carreaux et le pavé. Tout était à faire. Il ne restait que le vaisseau et la carcasse, et l'artiste eut à employer son talent à tous les rajustements et à tous les raccords.

J'étais arrivé au ministère, à la tête de la division des arts, et je fis donner ce travail à Gauthier parce qu'il en était digne et que j'étais sûr qu'il s'en acquitterait avec soin (1).

Cela ne manqua pas et l'on n'eut qu'à se louer de ses dessins et de son zèle.

Le statuaire choisi pour les figures était celui du prince de Condé. C'était le vieux et inepte Desenne, qui n'avait que de la routine et du métier sans la plus légère étincelle de génie. Il fit un modèle qui fut peu goûté et cependant l'exécution en marbre fut autorisée. Il fallut avoir des blocs de Carrare d'une forte dimension, et cela prit un temps assez long. Desenne étant mort avant

(1) Son ouvrage sur les monuments de Gênes était une garantie.

que le monument ne fût achevé, cela ralentit encore la marche
de l'affaire. Il fut grandement question de recommencer tout et
de ne tenir compte des avances faites. Le prince de Condé aussi
était mort, mais le duc de Bourbon tenait à l'exécution du modèle de Desenne. Quant à Louis XVIII il ne s'en inquiétait
guère. Il n'aimait pas, tant s'en faut, les Condé, et la perte du
duc d'Enghien avait été loin de lui être sensible.

Les ministres balançaient à ordonner une nouvelle et forte dépense. C'était M. de Vaublanc qui avait nommé Desenne, qu'au
reste il ne pouvait pas éviter, et MM. Lainé, Decazes, Siméon et
Corbière qui vinrent après lui ne se hâtaient pas de prendre de
détermination.

J'avoue que quelques défauts qu'on reprochât au groupe
du vieil artiste j'étais d'avis qu'on l'employât néanmoins sauf à
en modifier quelque partie ; sauf à retoucher les figures qui seraient absolument trop défectueuses et auxquelles on pourrait
donner un meilleur tour.

Ce fut à ce parti que l'on s'arrêta. Les changements durent
être faits sous l'inspection de Gauthier qui avait le tact et la dextérité nécessaires. On se mit à l'œuvre et l'on en était à ce point
lorsque M. de Corbière me destitua et donna ma place à Lourdoueix.

Tant de soins de police et de contre-révolution occupaient et
Lourdoueix et Corbière qu'ils ne suivaient pas avec beaucoup de
chaleur l'exécution des monuments d'art. Quoique celui du duc
d'Enghien dût, à leurs yeux, être de ceux qu'il ne fallait pas négliger, il n'avançait pas, et l'on était arrivé à 1823 sans que la
translation des cendres du prince eût été faite dans le mausolée
ordonné il y avait bien déjà sept ans.

L'abbé de Lamennais écrivit à ce sujet au ministre la lettre
suivante :

———

» GRANDE AUMÔNERIE DE FRANCE.

» *Paris, le 19 mai 1823.*

» Monseigneur,

» J'ai l'honneur de transmettre à votre excellence le rapport
que le premier chapelain de la chapelle de Vincennes vient de
m'adresser, d'après ma demande, pour connaître si la translation des cendres de S. A. S. monseigneur le duc d'Enghien pouvait être faite en ce moment, dans la supposition où vous jugeriez
convenable d'ordonner quelques changements aux figures qui
sont placées sur le monument dans lequel ces cendres doivent

êtres renfermées. Il paraît d'après ce rapport qu'elles peuvent être enlevées sans obstacle, et que rien ne s'oppose à fixer le jour de cette cérémonie.

« S. A. monseigneur le grand aumônier devant être de retour sous très peu de jours m'a chargé spécialement à son départ de prier V. E. de prendre les ordres du roi pour déterminer ce qui a rapport à cette cérémonie, et de demander à S. M. de vouloir bien ordonner que cette translation ait lieu dans les derniers jours de ce mois. Je ne doute point que V. E. ne reconnaisse comme monseigneur le grand aumônier qu'elle ne peut être différée, et qu'il serait inconvenant sous tous les rapports de laisser plus long-temps les cendres du prince dans le local provisoire où elles ont été déposées.

» Je suis avec respect,

» Monseigneur,

» Votre très humble et très obéissant serviteur,

» L'abbé S. M. DE LAMENNAIS.

» Vic. gén. de Monseig. le grand Aum. »

La lettre du premier chapelain de Vincennes à M. de Lamennais était ainsi conçue :

« Monsieur le Vicaire-Général,

» J'ai reçu la lettre que vous m'avez fait l'honneur de m'écrire, au nom de monseigneur le grand aumônier, pour me demander, conformément aux intentions de S. E. monseigneur le ministre de l'intérieur, s'il était possible de déplacer les figures posées sur le mausolée destiné à recevoir les restes de S. A. S. monseigneur le duc d'Enghien et si, dans ce cas, la cérémonie de la translation pourrait être faite avec toute la dignité exigée. J'ai l'honneur de vous répondre, M. le vicaire-général, que rien ne s'oppose aux changements projetés, et que les figures posées sur le massif peuvent être enlevées et remplacées, s'il était jugé convenable, sans que pour cela la cérémonie soit différée, la dépouille du prince devant être renfermée dans l'intérieur du massif, auquel il ne peut être touché. La chapelle du château de Vincennes est actuellement dans un état qui permet d'y déposer les cendres du prince avec décence.

» J'oserai me permettre d'ajouter, M. le vicaire-général, qu'il serait urgent que la translation eût lieu ; la dignité du roi et le respect dû à l'auguste victime ne permettant pas de laisser ce dépôt dans la chambre qu'il occupe déjà depuis trop long-temps.

» J'ai l'honneur d'être avec la plus haute considération,

» Monsieur le vicaire-général,

» Votre très humble et très obéissant serviteur,

» L'abbé ROUGIER.

» Premier chapelain du roi au château de Vincennes. »

———

L'affaire n'en alla pas plus vite et ce pauvre abbé Rougier, navré des retards qu'éprouvait la cérémonie, s'adressa directement au chancelier dans une lettre du mois d'août, qui doit trouver ici naturellement sa place :

« Monsieur,

» Vous présidâtes, il y a sept ans à l'exhumation de la dépouille mortelle de S.A.S. monseigneur le duc d'Enghien : j'imagine que la mission dont vous chargea le roi ne doit se terminer que lorsque la cendre de ce prince auguste aura enfin obtenu le dernier asile qu'une loi des deux chambres lui a assigné dans la sainte chapelle du château de Vincennes. Comme membre de la commission de l'exhumation de ce prince, je m'adresse à vous, monsieur, pour vous demander si le jour de l'exhumation est enfin fixé.

» Depuis sept ans que la garde de cette cendre m'a été confiée, elle est demeurée déposée dans une pièce dépendante de mon appartement. Cette pièce fut tendue en étoffe de laine blanche qui en sept ans est devenue si sale par la fumée des lampes et autres lumières, qu'il n'est plus possible d'y introduire qui que ce soit, sans rougir de honte d'y montrer le cercueil d'un descendant de Henri IV, du petit-fils du grand Condé, du duc d'Enghien ! assassiné depuis dix-neuf ans et encore privé de la sépulture que depuis plus de sept ans une loi rendue solennellement lui a décernée. Cette cendre auguste est encore déposée dans un lieu infect dont les laines qui le tapissent sont en bonne partie détruites par les vers et les souris.

» L'assassinat de cette infortunée et auguste victime révolta toute la France et fit horreur aux hommes de toutes les opinions. Elle révolta l'Europe entière. Aujourd'hui, les voyageurs de toutes les nations, avides de visiter la sépulture de ce prince se retirent indignés autant qu'affligés au seul aspect du lieu repoussant et dégoûtant d'où sa cendre réclame enfin la sépulture que la nation lui a décernée.

« Huit jours avant le 24 mars dernier, anniversaire de la mort du prince, tout était prêt pour la cérémonie à laquelle s'attendaient les deux chambres, la capitale et la France entière.

» Le monument érigé à la mémoire du prince, commandé par M. de Vaublanc, inspecté et accepté par les préposés du ministère pendant six ans, ne trouva quelques détracteurs qu'à la mort de son auteur, avant qu'il ne fût posé dans son entier. Il n'en trouve aujourd'hui que dans les ennemis de M. Desenne et dans quelques personnes qui désirent dans leur intérêt que le gouvernement en commande un autre. Ce n'est pas qu'une des figures ne laisse beaucoup à désirer pour l'attitude qu'on lui a donnée.

« La composition de ce monument ne peut avoir été le vrai prétexte de l'ajournement de l'inhumation, car on pouvait évidemment changer et déplacer toutes les parties qui le composent sans toucher à la bière du prince.

» Quel peut donc avoir été le vrai motif de ce retard sur lequel S. A. S. monseigneur le duc de Bourbon ne peut dissimuler son mécontentement, et qui n'a pu qu'affliger S. A. monseigneur le grand aumônier de France qui, au reste, ne négligea aucune des mesures à prendre pour que la cérémonie pût se faire le jour anniversaire, 21 mars?

» Je ne vous retracerai pas ici, monsieur, les plaintes et les propos que ce retard met dans la bouche des personnes de toutes les classes et de toutes les opinions. Toutes portent intérêt à cette cendre auguste (c'est un Condé). Je ne vous dirai rien des interprétations qu'on donne aux motifs de ce retard.

» Il serait urgent que cette cérémonie se fît avant la clôture des chambres qui doivent et s'attendent à y être représentées. Monseigneur le grand aumônier de France doit s'absenter vers le milieu de mai, pour six semaines ou peut-être deux mois. Il est donc à désirer que cette cérémonie se fasse dans le plus bref délai. Je crois que l'honneur la commande, surtout dans ce moment.

» Serait-il bien possible, monsieur, qu'au moment où le roi de France fait marcher glorieusement un Bourbon à la tête de cent mille hommes au secours d'un Bourbon, son voisin et son parent, on hésitât, sous je ne sais quels prétextes, à donner à un prince du sang royal, à un Condé! la sépulture que sa cendre attend depuis sept ans aux portes de la capitale!

» C'est à vous, monsieur, que je confie ces réflexions, je crois en cela m'acquitter d'un devoir qui m'est prescrit par les clameurs et les propos que j'entends tous les jours, et qu'il eût été si facile d'éviter. S. E. monseigneur le ministre de l'intérieur apporte pour raison du retard, une lettre écrite par M. le marquis de Puyvert sur les défauts des figures du monument. Il n'avait vu alors que deux figures, entreposées sur un massif de pierre de taille. Je désire vivement, monsieur, que vous revoyiez bientôt ce monument, et surtout que vous soyez assisté par des hommes sans passion. Dans cet espoir,

» J'ai l'honneur d'être avec une haute et respectueuse considération ,

» Monsieur,

» Votre très humble et très obéissant serviteur,

» L'abbé ROUGIER ;

» Premier chapelain du roi près la sainte chapelle royale du château de Vincennes, chanoine honoraire du chapitre royal de Saint-Denis, aumônier honoraire de S. A. S. monseigneur le duc de Bourbon.

» *Vincennes, 17 le août* 1823. »

On lit à la marge de cette lettre :

» La translation aura lieu après la session. Le ministre paraît avoir une opinion très prononcée contre le monument. » Ce ministre était Peyronnet.

La cérémonie d'inauguration n'eut lieu qu'en 1824.

Le chapelain Rougier resta attaché aux dépouilles du prince, et tous les jours il disait une messe au profit de son ame. La révolution de juillet n'interrompit point ses offices. Ce ne fut qu'à la mort du duc de Bourbon que le service fut interrompu. J'ai voulu savoir ce qui était arrivé depuis et voici ce que Gauthier m'a fait savoir à mon petit village de l'Etang, près Marly-le-Roi, d'où je lui avais écrit en 1836.

« Monsieur,

» A mon retour d'un voyage que je viens de faire en Normandie, j'ai trouvé votre lettre que j'ai reçue avec plaisir et à laquelle je m'empresse de répondre.

» La chapelle du château de Vincennes dont vous me demandez des nouvelles n'a point été terminée extérieurement, mais la restauration intérieure était achevée, quand par un changement de ministère, ce monument s'est trouvé de nouveau dans la dépendance du ministère de la guerre, et par conséquent livré aux ingénieurs militaires qui n'y ont rien fait, si ce n'est d'y établir un dépôt d'armes de toute espèce ; de sorte que c'est maintenant une succursale de salle d'armes. L'abbé Rougier qui en était le chapelain s'est retiré en province où il est mort.

16

» La dépense des travaux exécutés s'est élevée à 120,000 fr.

» Il me reste peu de dessins que je vous montrerai avec plaisir si je puis m'échapper un jour pour vous aller voir ou si vous venez à Paris.

» Vous apprendrez sans doute avec plaisir que j'occupe maintenant la chaire d'architecture de l'école polytechnique, de sorte que je me trouve le collègue des savants les plus distingués.

» Je profite de cette occasion pour vous renouveler l'assurance des sentiments de parfaite estime et de reconnaissance avec lesquels,

» J'ai l'honneur d'être,

» Monsieur,

» Votre très humble serviteur,

» GAUTHIER.

» Rue Thérèse n.° 8. butte S t-Roch.

» *Paris, le 12 mai 1836.* »

Gauthier n'est plus à l'école polytechnique, tout est changé à Paris. Le duc d'Enghien est oublié. Son mausolée probablement ne tardera pas à être réduit en poudre..... Et combien durera le monument qu'on érige en ce moment même à l'empereur Napoléon aux Invalides ?

LE CHEVALIER DE BOUFFLERS

ET DOM MALHERBE.

LE POÈTE ET L'ÉRUDIT. — LE BÉNÉDICTIN ET L'HOMME DE COUR.

Chevalier de Boufflers, chevalier de Parny, chevalier de Bertin et Bonnard, Léonard, Imbert et tous les poètes légers, voluptueux, charmants du dernier siècle, n'auraient aucun succès dans le nôtre. Chaulieu même, Hamilton, Lafare, on ne les lit plus, Gresset est oublié ou fermé pour jamais. On savait il y a trente ans tous leurs vers ; on sait à peine aujourd'hui leur nom. Leurs œuvres in-18 sont reléguées dans le coin des vieilles bibliothèques, et l'armoire vitrée, les tablettes d'acajou sont réservées pour Hugo, Lamartine, Sainte-Beuve.

Il y a un poète pourtant qui participe des deux genres : l'ancien et le nouveau, le sacré et le profane, l'incorrect et le pur, le classique et le romantique. Ce poète, le vrai poète c'est de Musset (Alfred) qui est joli de visage, singulier de tournure, élégant de manières, bizarre de costume, marquis par les mœurs, bourgeois par l'argent, peuple par le cœur, je veux dire ardent, passionné, libre ; délicieux à lire plus qu'à entendre ; dangereux aux enfants dont il trouble l'imagination et fausse l'esprit par un doute affligeant qu'il traîne partout ; cher à sa mère, excellent pour sa sœur, fidèle à ses amis plus qu'à ses maîtresses, insoutenable avec ceux qu'il dédaigne, et toujours, dans ses vers comme dans sa prose, plein de feu, plein d'images, plein de sel, plein de grâce et (sauf quelques fantaisies) plein de goût.

Je ne viens parler ici au long ni de lui ni des autres ; je ne m'arrêterai qu'un moment à Boufflers, le dernier des poètes de boudoir, non par le mérite mais par l'âge ; l'auteur d'Aline, reine de Golconde, le faiseur de rimes qui volaient de bouche en bouche. Les dames de France alors n'étaient pas prudes ; on ignorait ce que c'était qu'un *bas-bleu.* On disait tout, on chantait tout, et la table de nos pères était moins discrète que chez nous l'alcove.

Madame de Boufflers était une femme belle, spirituelle, accomplie, Voltaire était devant elle en adoration, et delà les douces choses qu'il écrivait du fils. Ainsi porté par le grand prêtre du temple, Boufflers eut un fauteuil à l'Académie française et, ce qui étonnera davantage, il fut de l'assemblée constituante, mais il n'y fit que des madrigaux. On s'en moqua, il en fut piqué et, quand vint le dix août, il comprit qu'il n'y avait plus rien à faire pour lui sur les rives de la Seine. Il lui fallait une cour, il lui fallait un maître, il lui fallait des compliments à faire aux reines. Un jour, le croira-t-on, il avait été question de lui faire prendre l'habit ecclésiastique ; lui abbé, quel scandale ! Au lieu de la soutane il prit l'épée et eut par-ci par-là quelques petits faits d'armes qui firent voir qu'il ne manquait pas de cœur. Mais son lot était la mollesse, l'insouciance, le plaisir. Elevé à Lunéville, près du bon Stanislas, roi (détrôné) de Pologne, il en avait le prénom ; il se piquait de toutes ces habitudes de galanterie qui ne s'accommodaient pas avec la république, et il s'en alla droit à Berlin où le prince Henri le fit admettre à l'académie prussienne, veuve du grand Frédéric, mais où l'on parlait encore un peu le français.

Le ciel brumeux du nord ne lui convenait guère. Il rentra en France sous le consulat, et à l'Institut sous l'empire. Il fit des couplets pour Bonaparte, un quatrain pour Jérôme, des stances pour Joséphine et se mit au mieux avec les mi

Indépendamment d'une maison de ville agréable,

campagne à Auteuil , près du bois de Boulogne , et il y donnait
des fêtes où c'était à qui se ferait admettre : comédie , bal , cón-
cert , souper, tout y était fin et délicat ; des hommes , l'élite ! des
femmes, la fleur ! O soirées, mes amours, qu'êtes-vous devenues ?

La maison a été vendue dix fois. Je l'ai vue entre les mains
d'un chef de division des affaires étrangères, puis d'un fournisseur général, puis d'un Anglais. A qui est-elle maintenant ? je
ne sais. Les biens des environs de Paris changent tous les dix
ans de maître ou plutôt c'est l'état qui en est le maître et qui en
hérite plus que les familles par les gros droits de timbre et de mu-
tation.

En décembre 1810 , Boufflers écrivit à M. de Montalivet , qui
avait le portefeuille de l'intérieur, une lettre que je veux citer.
Elle lui fait honneur ; on va voir quel en était l'objet. Je la donne
avec son orthographe et même ses fautes de français, assez re-
marquables dans un académicien. Mais notez qu'il avait alors 75
ans. Ce serait bien mal à moi d'épiloguer sur une telle lettre qui
fut écrite à si bonne intention. Si l'esprit baissait , l'ame était
belle et tendre.

Lisez et jugez :

« Monseigneur,

» Je ne crains pas d'importuner votre excellence ou plus tôt
j'espère acquérir un titre auprès d'elle en recommandant à ses
bontés un homme de mérite distingué que depuis long-temps on
aurait dû lui faire connaître. Je veux parler de M. Malherbe,
ex-bénédictin et ci-devant bibliothécaire du tribunat ; un des
hommes les plus savants, les plus modestes et les plu spauvres
qu'il y ait dans l'empire. Il a été oublié lors du transport de la bibliothèque , dans son ancien logement , dont maintenant on voudrait , mais inutilement , lui faire payer le loyer. Son traitement
a cessé avec son emploi ; il ne vit plus que du tiers de son traitement d'ex-religieux et de la vente successive du peu de livres
qui lui appartenaient. Voilà , monseigneur, la situatiou dans laquelle j'ai vu dernièrement ce vieillard , également respectable
par sa science et sa vertu , mais avec l'esprit toujours présent ,
toujours calme , toujours serein et résigné à tout , même à mourir sur la pailic.

» Je me suis promis , sans l'en prévenir, d'avoir l'honneur de
le recommander à votre excellence , bien persuadé qu'elle serait
aussi touchée que moi de la position de cet honnête homme et
qu'elle lui accorderait , avec un secours provisoire , une pension
qui le *mette* en état de vieillir sans inquiétude et de mourir en
paix.

» J'ai l'honneur d'être avec respect, monseigneur, de votre excellence, le très humble et très obéissant serviteur,

» BOUFFLERS, membre de l'Institut. »

Cette lettre en vérité était très bonne; elle n'eut pas néanmoins tout le succès désiré. Un secours de 300 fr. fut donné le 15 décembre par le ministre, sur la proposition d'Amaury Duval (chef de bureau) mais la pension annuelle ne fut pas accordée. Il n'y avait pas de crédit! On paie largement les douaniers, les commis, les gendarmes, mais on n'a jamais que des fonds écourtés pour les gens de lettres.

Malherbe resta dans cette position précaire dont Boufflers en vain l'avait voulu tirer. Quand je fus chargé des sciences et arts, j'allai le voir, en 1812; dans le petit appartement qu'il occupait au troisième, rue Sainte-Hyacinthe, près le Panthéon. C'était l'hiver, il avait un feu de houille et de mottes. Il était enveloppé dans une blouse qui datait de 15 à 20 ans et qu'il avait fait faire avec une ancienne robe de bénédictin. Aux pieds il avait des chaussons de lizières et des sabots; sur la tête un bonnet de vigogne. Il lisait, avec une loupe dans un manuscrit du chancelier Gerson, c'était le chapitre de *consolation intérieure*, et je crois qu'en effet il en avait grand besoin.

Il était de la famille du grand Malherbe; il avait été moine à l'abbaye du Bec, l'une des plus célèbres de l'ordre : puis il était venu à Angers comme prieur à Saint-Aubin; il s'y fit chérir et vénérer, et ensuite il alla à Paris à Saint-Germain-des-Prés où il était encore à la suppression des couvents.

Saint-Germain avait des livres rares. Les religieux en sortant se les partagèrent. Malherbe eut les siens, bien choisis. Dans tous les monastères on faisait de même, et l'on tâchait de partir le moins qu'on pouvait les mains vides. Pieux pillage qui n'offensait pas le ciel. Chacun enleva ce qu'il put et prit ce qu'il y eut de plus curieux et de meilleur. La *nation* n'eut pour elle que les ouvrages qu'on ne pouvait ou qu'on ne voulait pas emporter. Il ne lui en resta pas moins des milliers, des millions de volumes qui, par toute la France, mirent la convention à même de fonder des bibliothèques pour le public. Heureux quand il s'est trouvé dans les villes (comme chez nous) des gens de bien et d'esprit pour les doter et les entretenir; heureux quand il s'est trouvé des *travailleurs* qui sont allés y puiser des leçons de haute littérature et des principes de saine philosophie, sans songer au journal et au poêle.

Malherbe qui avait perdu le *dom* fut placé au tribunat en quittant le cloître. Les séances se tenaient dans les salles du Palais-Royal, mais quand le tribunat fut cassé, quand l'ex-moine en sortit il fut obligé d'appeler les bouquinistes et de se défaire, à vil prix, de sa bibliothèque particulière.

Que de gens ballottés ainsi par la fortune ont fait, vendu, refait et revendu encore leurs collections sans pouvoir dire où s'arrêterait ce manège. Quand je vis Malherbe il n'avait plus dans son galetas misérable que quelques rayons garnis à moitié de ce qu'il nommait ses amis et ses frères : parchemins usés, vélins jaunis et sur les marges desquels étaient de piquantes notes de sa façon et d'épaisses et larges gouttes d'huile.

C'était le portier qui faisait gratuitement son lit, qui remuait les matelats applatis de ce grabat, et quant au potage maigre, au riz, qui était sa seule nourriture, une jeune ouvrière en corsets, qui demeurait au-dessus, dans un cabinet en mansarde, se chargeait de le lui apprêter tous les matins, avant d'aller à sa journée.

En rentrant le soir elle ne manquait jamais de venir voir comment se portait *le voisin*. Il la retenait un moment pour causer ; quelquefois il lui expliquait des passages de ses vieux livres ; elle écoutait avec complaisance et lui promettait bien de ne pas lire de romans. Mais elle en lisait !

Je rendis compte au ministre de ma visite, et de nouveaux secours furent donnés au vieillard. Mais il ne tarda pas à s'éteindre. Boufflers mourut en 1815 ; Malherbe aussi Boufflers fut enterré avec pompe ; l'Institut fournit une députation à son convoi. Malherbe alla sans bruit à Saint-Etienne-du-Mont, et la jeune fille qui lui avait fermé les yeux suivit seule le deuil avec le portier.

Ouvrière et portier, on appelle cela des *gens de rien !* généreux et compatissants, ils se font de pieux devoirs qu'ils accomplissent dans l'ombre !

Tout autour il y avait des riches qui, devant le corbillard du moine, n'ôtèrent pas seulement leur chapeau. « Ah ! dis-je, quand je l'appris, voilà donc le sort d'un vieux bibliothécaire ! »

LES CAMBACÉRÈS.

L'ARCHICHANCELIER, LE GÉNÉRAL, LE PAIR DE FRANCE, MAIS SURTOUT L'ARCHEVÊQUE DE ROUEN.

Il y a eu trois frères Cambacérès : l'archichancelier, l'archevêque, le général.

Ce dernier, assez obscur quoique spirituel et brave, a eu un fils qui, jouissant aujourd'hui de tout le bien de la famille, n'a pas moins de 2 à 300,000 livres de rentes ; c'est beaucoup, mais tant mieux car il en fait un bon usage.

Il a débuté dans le monde *politique* par un emploi modeste, par une place de capitaine de voltigeurs au 3.e bataillon de la 10.e légion de la garde nationale de Paris. Il est grand, un peu sec et peut-être à l'abord un peu froid, mais doux au fond et ferme à propos ; honnête, obligeant, probe ; probité, obligeance, honnêteté, on devrait trouver ces trois qualités partout, mais elles sont si rares qu'on en fait des vertus.

Le capitaine faisait du bien sans bruit, de la dignité sans faste, et de toute façon il se conduisait honorablement et adroitement dans sa compagnie et dans son quartier.

Dans sa compagnie il donnait de sa bourse des bonnets à poil et des plumets aux voltigeurs qui avaient moins d'argent que de zèle ; dans le quartier, aux jours fâcheux du choléra, il était des commissions sanitaires et s'en acquittait avec un courage qui n'était égalé que par sa libéralité.

Je le vis de près, j'étais aussi de ces commissions, j'étais à même de savoir tous ses soins, tous ses sacrifices ; il nous servait de modèle à tous, et je suis charmé d'avoir une occasion de lui rendre justice. Il n'y a pas dans Paris un homme plus généreux ; il n'y a pas un meilleur citoyen.

Il voulait être député et, en 1831, il se mit sur les rangs, mais pour essai, pour tâter le terrain, et persuadé que d'abord il n'aurait que peu de voix ; ce fut ce qui arriva. Cependant on le connut, on apprit sa fortune, on s'accoutuma à sa figure et, en 1834, lors des élections municipales, il fut membre du conseil de Paris. Ces fonctions, alors comme toujours, étaient fort ambitionnées et fort briguées.

De là, il a été plus haut et, sans passer par le palais Bourbon, il est arrivé à celui du Luxembourg. O richesse, que tu es belle ! que tu ouvres de portes, que tu applanis d'obstacles !

Pauvre et malgré son mérite personnel, notre jeune Cambacérès fût resté voltigeur, ou du moins n'eût-il jamais été au-delà du grade de caporal ou de sergent.

Favorisé du cens, il l'est aussi du vote, et le voilà qui prend place parmi les sénateurs.

Il n'est pas radical, mais il n'est pas ministériel. Il ne fait d'opposition ni du pouvoir *quand même* et il va au crédit par la route de l'honneur.

Un de ses oncles, le prince archichancelier, a dans vingt ouvrages de longues notices qui l'ont surabondamment fait voir *sous toutes les faces*. On y peut recourir.

Je veux parler ici de l'archevêque, homme d'esprit et de savoir, ambitieux, entêté, qui ne vit dans la révolution qu'un moyen de s'élever par l'état ecclésiastique que de bonne heure il avait embrassé.

Ses frères avaient frayé le chemin devant lui; l'aîné surtout, l'avocat, le constituant, le conventiouel, l'homme du mouvement et de la discussion, jouait sa tête et courait des risques de toute espèce, comme pour faciliter au prêtre l'accession au cardinalat.

L'abbé Cambacérès fut nommé à l'archevêché de Rouen, en 1802. Puis, en 1805, lors de la bataille d'Austerlitz, il fit, à la nouvelle de cette victoire, un mandement pour son diocèse qui mettait Bonaparte au-dessus de tous les héros ; qui l'élevait aux nues et au ciel et qui, comme on pense, ne fut pas oublié.

Bonaparte aimait les éloges du clergé; il savait ce qu'ils ont de poids dans les populations. Quand, après le consulat, vint l'empire, l'archevêque jouit de toutes sortes de prérogatives dont la moindre pour lui n'était pas celle de dire son avis partout et sur tout avec une liberté et une franchise que ne réprima jamais Napoléon.

En voici un exemple : le ministre de l'intérieur réglait les budgets des départements et des villes. Le travail se faisait dans la division de Benoist d'Angers. Aux budgets figurait la dépense du clergé. Des allocations demandées par l'archevêque furent contrariées et rayées par le préfet Devansay. M. de Montalivet, qui contrôlait tout cela, crut devoir applaudir à la conduite de ce dernier, mais Cambacérès entra en fureur et, s'autorisant de quelques paroles favorables du maître, il écrivit au ministre la lettre suivante :

« Rouen, 4 février 1811.

» Monseigneur, je connais les règles de la comptabilité, je les respecte et il serait à désirer pour le trésor public que ces règles fussent observées aussi scrupuleusement par les fonctionnaires publics que par moi ; mais je ne mets pas au nombre de ces règles, le caprice, l'humeur, la malhonnêteté et l'abus d'autorité du préfet de la Seine-Inférieure et du secrétaire général. L'approbation de votre excellence à la conduite de ce préfet ne m'intimide pas. J'agirai vigoureusement et d'après les lois. J'obtiendrai le remboursement de la somme due et de celle de 12,000 francs que l'empereur a ordonné de rendre à la fabrique de mon église, par décret du 10 août 1809, malgré tous vos efforts.

» Ni votre excellence, ni encore moins le préfet, ne suspendront les effets de la générosité et de la bonté de l'empereur à mon égard. Dès que vous voulez vous mesurer avec moi, je ramasse avec plaisir le gant.

» J'ai l'honneur d'offrir à votre excellence, l'assurance de ma parfaite considération.

» Le Cardinal CAMBACÉRÈS,
» Archevêque de Rouen. »

Le ministre sourit en recevant cette lettre et il écrivit au coin : « Garder cette épitre comme pièce très curieuse. »

Plus bas le chef du cabinet, Labiche, ajouta : « Classer aux autographes. »

La lettre avait été portée à l'empereur qui haussa les épaules et dit : « Ménagez-le, et ne faites que ce qu'il faut. »

L'allocation n'eut pas lieu.

Devansay était de Châteaugontier. C'était Bénoist qui l'avait appelé et poussé ; il craignait pour lui les suites de cette bourrasque, mais les événements qui marchaient vite, la guerre de Moskou, l'affaire de Leipsick, la chute de l'empereur firent perdre de vue ces bagatelles. Devansay s'ingénia et alla loin sous l'invasion.

L'empereur tombé, Cambacérès envoya, quoiqu'à regret, son adhésion aux actes de déchéance. Membre du sénat *conservateur*, il fit comme lui et contribua à détruire. Tout ce qui chez nous prend cette affiche fait de même. Nous sommes forts pour les contre-vérités.

L'archevêque entra à la chambre des pairs de Louis XVIII ; resté pair aussi au retour de l'Ile-d'Elbe, il fut *biffé* à la seconde restauration. Mais il n'en reçut pas avec moins de grâce le duc d'Angoulême, quand ce prince alla visiter la Normandie. Il avait compris que le temps des coups de boutoir était passé. Il demandait poliment, onctueusement et obtenait tout ce qu'il voulait pour son église. M. Lainé, ministre à son tour, avait pour lui beaucoup de considération, à cause de son frère, l'un des principaux auteurs du Code civil, qu'il avait en vénération. Il lui donna des tableaux pour sa cathédrale ; des livres pour la bibliothèque de son séminaire, et il s'écria : « C'est une perte ! » quand le prélat vint à mourir.

« Tout ce qui a du caractère en France, disait M. Lainé, nous échappe l'un après l'autre. Evêques et rois tout fléchit et s'en va. Le génie s'éteint, les types s'effacent. Il n'y aura bientôt plus sur terre que des peuples sans chefs, des bras sans tête, des flots sans digues, des désirs sans frein, des cœurs sans foi ! »

Que nous ont depuis apporté les années ; que s'est-il fait, qu'avons-nous appris et qu'avons-nous à opposer à ces paroles ?

MADAME CORNUEL.

SON ORIGINE. -- SA VIE. -- SES BONS MOTS. -- SON ÉPITAPHE.

Les biographies modernes, celles même qu'on intitule universelles, sont, il faut l'avouer, bien singulièrement faites. On y donne de longs articles à des gens nuls et qui ne méritent que l'oubli, tandis qu'on n'y fait aucune mention de personnages vraiment historiques, très répandus et connus de leur temps et qui ne devaient pas s'attendre au mépris du nôtre.

Le nom de M.me Cornuel ne figure point dans l'épais et lourd dictionnaire de Michaud. Il n'est dans aucun des livres qui, venus après celui-là l'ont copié. Cependant cette femme occupa tout Paris de ses traits piquants et de ses railleries; elle eut une place dans un siècle où l'on n'en donnait qu'aux gens d'esprit, et je crois que je vas prouver par quelques citations qu'elle n'était pas indigne de la faveur dont elle jouissait auprès des Montespan, des Sévigné, des Larochefoucault et des Molière.

Tallemant des Réaux, malicieux écrivain, qui ne fut imprimé qu'outre tombe, a fort maltraité notre héroïne, et Montmerqué, ce magistrat érudit et goguenard, qui vient de publier, chez Carpentier, une seconde édition des *Historiettes*, s'est bien donné de garde de rien retrancher des mauvaises plaisanteries de son auteur. On se fait lire par le scandale, mais n'y a-t-il pas quelque honte à renchérir sur Brantôme et à dénigrer tout un siècle qui avait eu jusqu'ici la réputation d'être si grand, et dont on ferait volontiers passer les hommes pour des bandits, les femmes pour des catins?

Je ne suivrai point cet exemple Je ne donne, je crois, que des faits présentables. Que ceux qui en veulent davantage s'adressent à Tallemant et consorts.

Le nom de fille de M.me Cornuel était Anne Bigot, ou simplement *Annette,* comme on l'appelait à Orléans. Elle était née dans cette ville en 1606. Une tante qu'elle avait à Paris l'y emmena, qu'elle n'avait encore que quinze ans. A peine sur ce théâtre, elle y fut recherchée à cause de son esprit et de ses grâces. C'était une fée, disait-on, adroite, alerte, se tenant bien, marchant bien, causant bien, enfin toute formée, toute charmante. Point riche et point d'éclat de fortune, mais de beaux yeux, une jolie bouche, une taille divine et tout ce qui plaît dans une femme, tourne les têtes et ravit les cœurs!

Sans dot! c'était rude. Alors comme à présent il y avait bien des calculateurs qui n'épousaient pas les filles sans dot! Molière le dit, il faut le croire, et pourtant Annette trouva un mari. Parmi ses prétendants, tous assidus et dévoués, elle choisit Cornuel qui était beau, bien fait, aimable et qui de plus avait la place de *trésorier des guerres*, excellente place, bien rétribuée, bien fêtée, et qui donnait au jeune ménage toutes sortes de facilités et d'agréments.

Cornuel combla son Annette d'attentions et de caresses; elle y répondit en faisant son bonheur. Il y a tant de maris que je vois de nos jours qui sont d'une bonté excessive, qui n'ont point de volonté, qui ne font absolument que ce qu'exige leur femme et qui ne peuvent, malgré tout, parvenir à avoir la paix dans la maison!

Plus sages, M. et M.me Cornuel vivaient dans les délices d'une union bien assortie, quand la mort arriva, qui troubla tout cet enchantement.

Le mari passa de ce monde-ci dans l'autre. Avant de partir il fit son testament et nomma sa femme sa légataire universelle. Cette tendresse mettait le sceau à toutes les autres. Il fut pleuré à chaudes larmes, comme on le pense bien, mais pourtant on ne le suivit pas.

M.me Cornuel ne se remaria point. Sans afficher une douleur sans limite et sans terme, elle ne voulut pas toutefois convoler en secondes noces. Elle resta veuve et maîtresse de son sort. Elle vécut honorablement, mais non pas dans la solitude; au contraire, elle s'entoura de distractions et d'amis. L'élite de la cour et de la ville se donnait rendez-vous chez elle. Sa conversation était vive et brillante; grands et petits en voulaient jouir. Tout ce qu'elle disait avait un tour original et la manière dont elle le disait y ajoutait encore du prix. Ses bons mots étaient recueillis et colportés : c'était le Talleyrand féminin de l'époque; notez que tous ses bons mots étaient à elle. On ne savait qu'admirer le plus ou de la vivacité de son esprit ou du tour, à la fois ingénieux et profond, qu'elle donnait à sa pensée. Ce qui était surtout remarquable en elle c'était l'absence totale d'affectation et de pédanterie.

Le piquant de ses reparties ne s'est point émoussé et, après deux siècles, on en sent encore la pointe; ses bons mots n'ont point perdu leur sel malgré l'éloignement où nous sommes des événements qui leur ont donné naissance. L'esprit est toujours l'esprit, la grâce est toujours la grâce; ils ont le privilège du génie : ils ne meurent point.

Mais si l'ame est immortelle le corps ne l'est pas, M.me Cornuel eut, en 1694, une petite fièvre qui l'enleva doucement de la terre, ou plutôt qui la jeta dedans, et sans qu'elle eût l'air de souffrir, sans qu'elle fît mine de rien regretter. Quelque temps avant de fermer les yeux elle apprit que M.me de Villefavin, sa voisine, venait de mourir, dans sa 93.e année : « Hélas ! dit-elle, me voilà découverte ; il n'y avait plus qu'elle entre la mort et moi. »

La comtesse de Fiesque lui soutenait un jour que Combourg n'était pas fou. M.me Cornuel lui dit : « Bonne comtesse, vous êtes comme les gens qui ont mangé de l'ail. »

Sachant que M. de Ventadour avait donné une vilaine maladie à sa femme, elle dit : « Il a mis un bon Suisse à sa porte »

Berryer, syndic perpétuel des secrétaires du roi, et créature de Colbert, ne traitait pas bien M.me Cornuel. Un jour, elle attendait à lui parler dans son antichambre qui était pleine de laquais. Il vint un honnête homme qui lui dit qu'elle était mal dans ce lieu là : « Oh ! reprit-elle, je ne les crains pas tant qu'ils sont laquais. »

Le maréchal de la Ferté étant à l'agonie, sa femme, sa belle-fille et sa belle-sœur étaient autour de lui et criaient : « Monsieur le maréchal, monsieur le maréchal, nous reconnaissez-vous bien ? Serrez-nous la main, dites-nous qui nous sommes. » Le maréchal, fatigué de leurs criailleries, fait un effort, se redresse et s'écrie : « Vous êtes des p...... » M.me Cornuel à qui on faisait ce conte dit : « On peut juger que le maréchal avait toute sa raison. »

Dans une affaire du marquis de Sévigné, il y avait un arbitre d'épée : Montespan, et trois de robe : Montluc, Harlay, Sainte-Foi, « dont le nom, disait M.me Cornuel, est comme celui des *Blancs-Manteaux*, qui sont habillés de *noir*. »

En disputant avec le comte de Choiseul sur la promotion des chevaliers de l'ordre du Saint-Esprit, faite en 1688, par Louis XIV, et qui fit tant crier la cour : « Taisez-vous, lui dit-elle, ou je nommerai vos camarades. »

Elle ajoutait au sujet de cette promotion : « Je ne sais pas pourquoi on prétendait que le roi n'aimait pas Paris. Voyez donc la quantité de bourgeois qu'il a fait chevaliers de l'ordre. »

Reportez-vous au temps, pour juger de l'étonnement que causait cette chevalerie de bas étage. Il n'y a que de cela aujourd'hui ; on y arrive par toutes les portes, hélas ! et souvent par d'infâmes !

A la mort de Turenne, le roi, comme on sait, créa huit maréchaux. Ce fut sur la proposition de Louvois qui fit semblant de croire que par là il réparait la perte que l'état venait se faire, mais qui, en réalité, ne voulait qu'obtenir le placement et l'élévation de huit de ses partisans ou affidés. La rumeur fut grande à cette nouvelle. Les femmes surtout se récrièrent. M.me de Sévigné dit : « Le roi a changé ses louis d'or en pièces de quatre sous.» M.me Cornuel dit, quand elle sut les noms des huit maréchaux de fraîche date : « C'est la monnaie de Turenne. »

Ce dernier mot a fait proverbe.

Jean Tombonneau, président de la cour des comptes, avait épousé Marie Royer, sœur de la duchesse de Noailles. On appelait son fils, par dérision, le marquis de *mi-chaud*, parce que dans la famille Tombonneau tous les membres avaient la prétention, quoiqu'il arrivât, de rester modérés, (tièdes) gens de la pire espèce.

Ce marquis de Tombonneau quitta la robe et, comme dit M.me de Sévigné : « *Il mit la sangle autour de son ventre.* » Avec ce bel air il voulut aller servir sur la mer : « *Je ne sais ce que lui a fait la terre*, ajoutait-elle.

Le roi et M.me de Montespan firent, à tous deux, un couplet satyrique sur ce *robin* devenu guerrier tout à coup, même marin, et c'en fut assez pour que la cour toute entière se mit à railler cruellement ce pauvre homme.

Quand on dit à M.me Cornuel que Tombonneau allait à la mer : « Hélas ! s'écria-t-elle, c'est qu'il a été mordu d'un chien enragé ! »

M.me de Lionne s'était portée à des déréglements incroyables. Son mari la fit enfermer dans un couvent, à Angers, le Ronceray. Mais quand il fut mort elle sortit du couvent, revint à Paris et recommença ses frédaines. M.me Cornuel la voyant un jour avec de gros diamants aux oreilles, elle lui dit : « Il me semble que ces gros brillants sont du lard dans la souricière. »

Un autre jour parlant des jeunes gens de l'époque elle disait · « Avec eux, je me crois avec des morts, car ils sentent mauvais et ne parlent point. » elle n'eût pas dit mieux de nos dandys qui *punchent* et qui fument.

J'ai déjà parlé de la comtesse de Fiesque, mais j'y reviens. C'est d'elle que M.me Cornuel disait : « Ce qui fait qu'elle conserve sa beauté c'est qu'elle est salée dans la folie. »

M. de Seignelay ayant été nommé ministre à trente-six ans, cet âge parut singulier, sous Louis XIV, et M.me Cornuel dit en revenant de Versailles, où la galanterie cessait pour faire place à l'hypocrisie : « Je viens de voir l'amour au tombeau et des ministres au berceau. «

Nous avons fait depuis bien des progrès. Trente-six ans, un ministre ! c'est bien vieux ! on les mange en herbe.

On n'a de M.me Cornuel qu'une lettre, qui est restée manuscrite et dans laquelle on trouve un portrait fort piquant de M. de Sourdis.

Le père Brotier dans son *Recueil de paroles mémorables*, publié en 1750, a donné quelques uns des bons mots de cette dame.

On lit dans les Mélanges de littérature de Vigneul de Marville (tom. 1.er page 341) : « M.me Cornuel écoutait avec une attention qui débrouillait toutes choses et répondait encore plus aux pensées qu'aux paroles de ceux qui l'interrogeaient. Quand elle considérait un objet elle en voyait tous les côtés, le fort et le faible et s'exprimait, dans ses jugements, en des termes vifs et concis, comme ces habiles dessinateurs, qui en trois ou quatre coups de crayon, font voir toutes les perfections d'une figure. ».

Courart, un des fondateurs de l'académie française, parle deux fois, dans ses Mémoires, de M.me Cornuel, à propos de Barlet, secrétaire du cabinet. Ce Barlet était le petit-fils d'un paysan gascon, Gascon lui même et des plus remuants. Il se faufilait partout et montrait un air de fatuité et une jactance qui lui attirèrent de méchantes aventures. Il fut envoyé à Rome par Louis XIV, pour annoncer au pape la paix faite avec l'Espagne ; il fut aussi chargé de quelques autres missions diplomatiques dont il s'acquitta bien, ce qui n'empêcha pas le roi de le disgracier plus tard. Mais au temps de sa faveur, il voulait, tout petit qu'il était lutter avec les grands. Une telle audace, dans un siècle de hiérarchie, devait lui causer mille peines. Il se brouilla avec le duc du Lude, pour une maîtresse, M.me de Gouville, qu'ils se disputaient tous deux, et qui préférait le secrétaire. Mais une querelle bien autrement cruelle fut celle qu'il eut avec le duc de Candale, l'homme à la mode, l'élégant par excellence ; celui qui donnait le ton à la cour, à Paris, à la France et qui, comme de juste, était d'une impertinence égale à ses succès.

Barlet se trouvait un soir chez M.me de Nouveau, femme du surintendant des postes. Ce surintendant était d'un ridicule achevé, et Labruyère s'en moque, en le peignant sous le nom de *Ménalque*; sa femme recevait très nombreuse compagnie. Barlet s'y étant fourré fut interpellé par M.me Cornuel qui tout à coup et sans préambule lui dit : « Monsieur, monsieur Barlet, pensez-vous que ce soit bien parler de dire *un esprit fretté...* »

« — Vous vous adressez mal, répondit-il, de choisir un pauvre Gascon pour juge d'une phrase française, mais puisque vous l'exigez je vous avouerai, madame, que je regarde cette façon de parler comme ne valant rien, comme étant gauche, lourde, mauvaise et comme ne pouvant être employée que par un homme qui n'a pas le sens commun.... »

Cela se disait auprès d'une salle d'où, entendant cela, le duc de Candale sortit furieux, car c'était lui qui avait tenu le propos et qui ne sut gré ni à Barlet ni à M.me Cornuel de leur colloque

A quelque temps de là, Barlet dit fort imprudemment, chez le duc de Noirmoutier : « Otez au duc de Candale ses grands cheveux, ses grands canons, ses grandes manchettes et ses grosses touffes de galons, il ne paraîtra plus qu'un squelette ou un atôme. » Le petit maître ne pardonna pas cette saillie au pauvre Barlet ; il le fit épier, et un jour, comme il passait à dix heures du matin par la rue Saint-Thomas-du-Louvre, il le fit attaquer par onze hommes à cheval, dont deux saisirent les rênes des chevaux de son carrosse, deux autres mirent le pistolet sur la gorge au cocher, deux autres enfin, le poignard au poing, s'approchèrent de lui et lui coupèrent les cheveux, lui arrachèrent son rabat, ses canons, ses manchettes, puis après le laissèrent aller en s'écriant : « C'est de la part du duc de Candale, fils de monseigneur le duc d'Epernon. »

Quelle scène ! quelle insulte ! Ce fut un grand bruit à la ville et à la cour. Tout le monde s'en mêla. Le chancelier, le maréchal de Villeroi, tout ce qui avait un peu de raison jeta les hauts cris. Le reste rit et chanta. M.me Cornuel fit là-dessus ce couplet :

> Comme un autre homme
> Vous étiez fait, monsieur Barlet.
> Mais quand vous iriez chez Prudhomme,
> De six mois vous ne seriez fait.
> Comme un autre homme.

Prud'homme était un baigneur. Le Vigier et le Poitevin de de l'époque.

Aujourd'hui messieurs les ducs ne joueraient pas impunément ces tours-là aux Gascons ; je le pense, du moins.

Je finis par un trait de M.me Cornuel qui peint mieux que tous les autres les mœurs du siècle où elle vivait, et qui fait voir combien tout cela, que nous admirons sous mille rapports, était reculé cependant sous d'autres.

Dans un cercle de Paris on parlait des provinciaux. On disait qu'ils étaient long-temps avant que de se défaire des vices de leur terroir, et que ceux qui avaient été nourris tous les jours à la cour avaient un terrible avantage sur eux. Barlet, prenant la parole pour tous les provinciaux, dit qu'il voudrait bien qu'on lui montrât un homme né à la cour, et qui y avait toujours vécu, qui osât aller disputer le terrain aux grands seigneurs des provinces comme lui, qui était venu d'une des extrémités de la France le disputer à la cour aux plus grands seigneurs qui y fussent. Sur quoi M.me Cornuel, qui était présente, lui répondit : « Faites qu'il y ait une cour dans chaque province, et nos courtisans iront y disputer le terrain fort vaillamment, mais n'y ayant là que des brutaux et des ignorants, ils seraient bien sots de quitter la cour pour aller contester des conquêtes ou telles autres choses qui en vérité ne méritent pas qu'on se dérange d'un moment et qu'on fasse un pas pour elles.. . »

Tout est changé, n'est-il pas vrai? La mode, l'instruction, les belles manières ne se concentrent plus à Paris. Il y a de la science et du bon goût ailleurs. Les voyages, les journaux, les voitures, le dessin, la musique, les théâtres, la guerre elle-même et les commotions politiques, tout à contribué à l'avancement des idées et à la transformation des mœurs. La province est à Paris, et Paris est partout : c'est comme cela qu'il faut parler pour être dans le vrai, ou (si on l'aime mieux) pour être poli. La cour a peu d'avance sur le reste de l'empire, si tant est qu'elle en ait. Ce n'est pas elle qui donne le ton, elle le reçoit; et si M.me Cornuel revenait en ce monde, elle tiendrait bien, ma foi, un autre langage!

Cette femme serait plus célèbre encore si ses écrits eussent été conservés, car elle faisait des vers et de la prose; ses lettres couraient, ses couplets volaient de bouche en bouche, et il est dommage que de tout cela il n'en soit demeuré que si peu. Dangeau nota, dans ses mémoires, la mort de M.me Cornuel, et Chaulieu (suppose-t-on) fit pour elle l'épitaphe suivante qui se trouve dans le recueil de pièces curieuses, imprimé à La Haye en 1694 :

> Ci gît qui de femme n'eut rien
> Que d'avoir donné la lumière
> A quelques enfants gens de bien
> Et peu ressemblants à leur mère;
> Célimène qui de ses jours,
> Comme le sage et sans faiblesse,
> Acheva le tranquille cours.
> Dans ses mœurs, quelle politesse !
> Quel tour, quelle délicatesse
> Eclatait dans tous ses discours !
> Ce sel tant vanté de la Grèce
> En faisait l'assaisonnement,
> Et malgré la froide vieillesse,
> Son esprit léger et charmant
> Eut de la brillante jeunesse
> Tout l'éclat et tout l'enjoûment;
> On vit chez elle incessamment
> Des plus honnêtes gens l'élite,
> Enfin pour faire en peu de mots
> Comprendre quel fut son mérite :
> Elle eut l'estime de Lenclos !

Ce trait en faveur de Ninon n'est peut être pas trop à la gloire de l'autre, et Tallemant aurait pu le prendre pour épigraphe.

Qu'il est mal aisé à une femme d'avoir du trait sans se faire des ennemis, de la beauté sans avoir des envieuses, et de rester veuve enfin sans qu'on la calomnie!

M. DE QUELEN.

LA RENCONTRE EN VOYAGE.

DEUX DÉJEUNERS A PARIS. — LE COURAGE DE L'ACADÉMICIEN.

LE SANG DES AYEUX VERSÉ POUR LA PATRIE.

J'étais jeune encore et mon père me confiait pour la première fois la mission d'aller au dehors, au loin, en fabrique, à Rouen, à Wesserling, en Suisse, servir les intérêts de sa maison et de son commerce. J'avais de l'argent dans ma poche, de l'or dans ma bourse, des lettres de change en portefeuille, mon passeport en règle, mon cœur libre, mon imagination fort éveillée, ma santé robuste, et grand était mon désir de mettre à profit ces avantages pour bien voir, bien acheter, bien recueillir, bien m'amuser.

Je devais passer et repasser par Paris, avec permission d'y rester tout le temps que je jugerais à propos pour mes plaisirs et mes affaires. Comprenez-vous ma joie? elle était vive!

A cette époque là les messageries allaient lentement. Je partis d'Angers à 3 heures du matin, le 1.er vendémiaire an XII, et je ne fus au Mans qu'à 8 heures du soir. Mais j'eus le loisir de visiter le collège de la Flèche, que je n'aurais peut-être jamais vu en détail si la fureur eût été alors comme à présent d'aller en poste, comme des hirondelles, qui sifflent en volant et ne laissent pas trace dans l'air de leur passage.

Je soupai et je couchai au Mans, suivant l'usage ; puis le lendemain quand je montai en voiture je trouvai en face de moi un jeune homme en soutane, qui me salua fort obligeamment et avec qui bien vîte la conversation fut engagée.

C'était M. de Quelen, il venait de S.t-Malo par Laval et comme moi il s'en allait à Paris. Je sus son nom comme il sut le mien, au bout d'une lieue, et il s'établit entre nous des relations et des causeries qui nous firent oublier l'ennui de la route.

L'abbé voulait me convertir et je ne puis énumérer les belles et brillantes choses qu'il me dit sur les quiétudes et le bien être de ceux qui marchaient dans la loi. Il était frais, gras, de haute taille, d'élégante allure, bien mis, en moelleuse étamine, et sa voix était d'un velouté qui flattait mon oreille, sans pourtant, l'avouerai-je, me séduire l'esprit et me toucher le cœur.

11

J'étais endurci, je riais de tout, et parfois il en avait de l'humeur. Il boudait, se précipitait dans son coin, s'y fatiguait apparemment et revenait de lui-même à nos controverses. Quand il y avait une côte à monter, nous sortions de la voiture et nous faisions le chemin à pied, étudiant le pays, disputant sur la bible ou sur le dogme, et finissant par des traits de sentiment ou des anecdotes qui faisaient de tout ce voyage un très agréable pot-pourri.

— « Comment, lui dis-je, vous êtes-vous fait prêtre?

— » Je ne suis pas prêtre encore, mais je le serai. Dès l'enfance ma vocation s'est décidée. On me tonsurait en 1790, je n'avais pas quinze ans et vous savez qu'alors déjà on voyait chanceler les églises; si elles tombent, disais-je, j'aiderai à les relever. J'étais né à Paris, mais d'un sang breton; toute ma famille était à Rennes, à Vannes, à Morlaix et dans toute cette province des mœurs antiques et des croyances. Ma mère était pieuse, *adorante,* pure, comme une sainte; elle me nourrit de son lait et de sa foi, et vêtu de blanc, je répondais la messe au curé de notre paroisse, à l'âge à peine où je commençais à bégayer.

» Nos mères font nos voies!

» Quand l'autel fut ruiné, brûlé, réduit en poudre, je continuai pourtant à me préparer au sacerdoce. Il y avait chez mon père des prêtres cachés; ils suivirent et achevèrent mon éducation; je devins fort en théologie, et quand Bonaparte s'empara du consulat, quand il rétablit le culte, je fus des premiers à entrer au séminaire de S.t-Sulpice : j'y suis à présent, je reviens de mes vacances et je vas avec un bonheur inexprimable, reprendre des leçons qui valent mieux, n'en doutez pas, que tous les enseignements et que toutes les pompes du siècle. »

Il y avait dans ces élans une conviction et une ardeur qui m'éblouissaient sans m'entraîner.

— « J'aime trop la liberté, lui dis-je, pour imiter jamais un tel exemple.

— » La liberté!... pauvre esclave que vous êtes, esclave des mœurs, des préjugés, des modes! esclave des femmes, des désirs, des faux biens!

— » O vrais! m'écriai-je!.. si vous saviez... L'amour!...

— » Vous aimez donc?

— » Pas encore... mais j'aimerai!

— » Et moi, j'aime!.. sans délai, sans retard, sans mesure!.. j'aime le ciel et la terre... j'aime le Dieu seul et unique, tout-puissant, infini en sagesse et en miséricorde; j'aime le pauvre et le faible, j'aime ceux qui croient et ceux qui souffrent, j'aime ceux qui nient même et j'ouvre les bras aux aveugles...; j'aime l'église, l'assemblée, la famille... famille chrétienne, humaine, périssable... et immortelle !... qui vit , qui pleure , qui cède , qui s'efface comme un nuage et comme une ombre et qui renaît à la face et à la droite du Père !... qui relève son front à la voix de l'Eternel !... »

Ce fut ainsi que nous arrivâmes à Chartres. Nous y passâmes la nuit , dans deux lits contigus , en une même chambre , causant jusqu'au moment où le sommeil nous emporta.

Nous avions vu à Nogent-le-Rotrou le tombeau de Sully , nous vîmes à Chartres l'immense et magnifique cathédrale. Mon compagnon priait , moi j'admirais.

Nous traversâmes à pied le parc de Rambouillet et fîmes une pause dans la cour et dans la chambre où était mort François I.er, d'un mal que personne n'ose dire.

Quand nous fûmes à Paris , M. de Quelen m'invita à déjeuner pour le lendemain ; ses parents demeuraient rue Servandoni et il devait rester huit jours chez eux avant de reprendre les cours du séminaire.

J'allai et je fus ravi de la réception. Il y avait des dames et l'on parla de tout , avec une grâce charmante , excepté des théâtres pourtant , dont le nom ne fut pas prononcé.

Je voulus à mon tour avoir mon voyageur séminariste à une réunion que je projetais à l'hôtel Béarn , rue Feydeau , où j'étais descendu. Il y vint , mais quel ton différent régnait à cette table improvisée! Auguste Mame était à Paris , et je n'avais pas manqué de lui dire d'être des nôtres. Il était spirituel et galant , mais goguenard , léger , imprudent et ne ménageant rien quand il était en verve J'avais un négociant , Lamy , de Caen , qui avait couru mille aventures et qui les racontait en des termes qui pour être gais et piquants n'en étaient pas toujours pour cela de meilleure compagnie. Enfin Daleyrac était là et qui plus est il avait amené la Rolando.

Daleyrac avait goûté un petit opéra de l'*Heure du Berger* que je lui avais envoyé d'Angers et dont il devait faire la musique. J'étais fort honoré de son estime et je n'aurais pas oublié pour tout au monde de l'appeler à un cercle dont il faisait à mon gré le plus bel ornement.

Je ne comptais pas sur son actrice favorite. Mais comment n'être pas enchanté de la voir arriver avec lui ! je la reçus comme la divinité du temple. M. de Quelen en fut embarrassé. Cependant il fit bonne contenance. Le repas fut délicat de plus d'une façon. On parla de tout aussi cette fois, excepté de religion ; mais on ne heurta rien trop rudement, on ne blessa pas trop les convenances, Auguste lui-même retint sa langue, et par un mélange de comique et de rêverie, par la réserve que chacun adroitement s'imposa , la fête en acquit plus d'attraits , et l'abbé qui crut devoir partir de très bonne heure, me dit en me serrant la main : « Je ne croyais pas que les fous fussent si sages! »

Quinze ans s'étaient passés et je ne l'avais pas revu. Il avait eu les ordres en 1807 ; dans la même année je renonçai au commerce et j'entrai dans l'administration. Lui fut grand-vicaire à Saint-Brieux et se fit présenter au cardinal Fesch quand ce prélat fut chargé, par son neveu Napoléon devenu empereur, de présider le collège électoral de Rennes.

Le clergé alors était tout politique.

Le grand-vicaire plut au cardinal et le suivit à Paris, de là à Lyon quand Fesch, par suite de je ne sais quelle résistance, tomba en une disgrâce complète.

L'abbé de Pradt, archevêque de Malines, qui était à Lyon par hasard, aperçut Quelen et lui dit aussitôt : « Je vous ferai aumônier de Marie-Louise.

— » Merci, dit l'autre, je ne quitterai pas si vous voulez bien, mon cardinal malheureux et je subirai jusqu'au bout sa fortune.

— » Perdez-vous la tête?

— » Et vous la mémoire? »

De Pradt qui devait tout à Fesch, se pinça les lèvres et tourna le dos.

De retour à Paris, après l'invasion, M. de Quelen s'attacha à l'archevêque Talleyrand-Périgord et fut vicaire de la grande aumônerie, puis évêque *in partibus*, puis coadjuteur. Les dignités lui arrivaient de toutes parts ; elles allaient au-delà de ses espérances. Je le vis un soir entrer chez M. de Cazes. C'était en 1819, j'avais dîné là au milieu de cinquante maréchaux, généraux, ambassadeurs, ministres, peintres, poètes, juges, manufacturiers, marins, agronomes, professeurs, journalistes et gens de toute robe et de toute espèce.

Le comte, président du conseil, recevait dans son salon tout Paris, toute la France, toute l'Europe. M. de Quelen était avec l'archevêque de Bourges, bossu et habile, très compté, très aimable. Ils se trouvèrent dans cette cohue, vis-à-vis de moi, et le coadjuteur se remit mes traits. Il me tendit la main et me parut fort surpris d'apprendre que son *incrédule*, comme il m'appelait, fût monté à la direction des sciences et arts. Nous fûmes pendant plus de vingt minutes dans une croisée, nous reportant au passé et lui, me pressant d'aller chez lui déjeuner une seconde fois, *mais*, disait-il, *en tête à tête*, car *je veux absolument arracher de votre ame....*

Je l'interrompis par une promesse, que j'étais résolu de ne pas tenir.

J'avais mille occupations qui me prenaient toutes mes heures.

M. de Quelen fut nommé archevêque; il fut élu à l'académie française ; il alla à Rome, à Naples ; reparut ensuite à Paris, mais je ne le rencontrai plus.

Son palais fut jeté par terre en 1832, et il se retira rue de Varennes, chez les dames du Sacré-Cœur où il est mort.

Je veux dire une chose à sa louange : quand il se plaça dans le fauteuil que M. de Bausset laissait vacant à l'Institut, il fit un discours fort simple, mais qui se distingua éminemment par une phrase toute à l'honneur de M. de Châteaubriand, qui venait d'être maltraité par la Cour et renvoyé du ministère

Ces traits là sont rares, même à l'académie.

La famille de Quelen est des plus anciennes de France et j'ai sous les yeux sa généalogie authentique. Mais qu'on n'ait pas peur, je ne la transcrirai pas. C'est une litanie de grands et beaux noms qui toutefois semblerait ici bien sèche. Je me bornerai à citer les premiers.

Olivier, seigneur de Quelen, était à la croisade sous Philippe-Auguste, quand les deux rois, celui de France et Richard d'Angleterre, rivalisaient d'éclat et de courtoisie.

Il y retourna avec Saint Louis et y conduisit ses huit enfants, huit beaux et vaillants chevaliers qui firent merveille à la Massoure ; trois y périrent avec leur père ; deux autres moururent à Tunis avec leur prince ; deux autres perdirent la vie sur mer ou à leur débarquement ; et le huitième, le seul qui restât après tant de sacrifices faits noblement à la patrie, se vint reposer en sa chère Bretagne, où il se maria glorieusement, afin de perpétuer cette verte et dévote race d'où, à sept siècles de là, devait sortir le prélat que vient de perdre l'église.

Il n'aimait pas trop, il faut bien croire, la révolution de juillet que je vante, moi, par tant de solides raisons. Mais s'il n'a pas été de mon avis sur ce point, je le lui pardonne à cause de notre ancien voyage, à cause de tant d'aumônes qu'il a faites, à cause de la liberté que je laisse à chacun de penser comme il veut, et à cause enfin de ses manuscrits qu'il regrettait si amèrement, et de ses livres que le peuple en colère avait brutalement éparpillés, jetés dans l'eau, et qu'il était juste, après tout, qu'il pleurât.

LAFOND DE PAIMBOEUF.

QUINZE ANS DE VOYAGES.

HISTOIRE QUI N'EST PAS UN ROMAN.

> Aussitôt le voilà debout et docile,
> prompt, généreux, le regard dé-
> sormais fixé sur l'étoile qui vient
> de se lever au-dessus de sa tête ;
> il marche.
>
> LÉON BORÉ.

Gabriel Lafond met au jour ses voyages, et je suis charmé d'apprendre qu'il ait trouvé un éditeur probe, actif, intelligent, opulent surtout et ne reculant devant aucun sacrifice pour faire marcher son édition, car il faut tout cela pour assurer le succès d'une grande opération typographique. Les meilleures ne sont telles, que par ce qu'elles sont bien lancées et bien conduites. Horace ou Plaute, Voltaire ou Parny, s'ils n'avaient pas de *ré-clames* dans les gazettes, s'ils n'avaient pas de prôneurs dans les salons, verraient leurs exemplaires et leurs vignettes croupir au fond des magasins.

Rien ne va qu'au son des trompettes. Mais Lafond ne manquera pas d'appuis, et les volumes qu'il nous promet, au nombre de six, sont de nature à exciter au plus haut point l'attention de Paris et de l'Europe.

Jamais homme ne fut mieux taillé pour faire un coureur et un loup de mer : petit, trapu, vigoureux, résolu, intrépide ; ne doutant de rien, prêt à tout attaquer et à tout franchir. Tournant les positions qu'il ne peut enlever de face, ne se rebutant jamais ; pliant au sort quand l'orage gronde, pour se redresser ensuite plus nerveux et plus audacieux quand la bourrasque est passée et que le soleil d'espérance remonte et enflamme l'horizon.

J'ai connu son père, j'ai connu sa mère : son père était un officier supérieur, officier distingué de l'armée de la république et puis de l'armée de l'empereur. Il avait de l'esprit, de l'élan, un cœur d'or, une tête de feu, bouillante et rayonnante, et qui le porta dans des voies et des idées où il trouva toujours la gloire mais non pas toujours le repos et le bonheur. Il fut aide de camp de Murat et ensuite, l'ayant quitté, mais sans cesser d'être son ami, il mourut dans la campagne de Pologne, à Posen, regretté des maréchaux et des soldats ; regretté de Napoléon qui fit donner bien vîte une pension à sa veuve ; des bourses de collège à ses deux fils.

La veuve avait une ame toute céleste ! Dieu la reprit au milieu de ses jours. Ses fils pourtant ne restèrent pas orphelins. Ils avaient une sœur qui était leur aînée et qui, dans sa grâce touchante, dans son dévouement admirable, leur tint lieu de guide, de tutrice et de mère !

Oh ! qu'une bonne sœur est un don ravissant ! quelles caresses de toutes les minutes, quelle vertu patiente, quelle générosité inépuisable ! études, mœurs, plaisirs, tout est l'objet de sa constante sollicitude. Elle ne dort point ; elle veille, elle épie, et la fatigue par elle est oubliée quand elle voit le succès de ses élèves adorés.

Estelle était ainsi ; et quelle fut sa douleur quand Joachim, le plus jeune de ses frères, périt d'une mort cruelle, à la fleur de l'âge, sous l'habit qu'avait honoré son père et déjà décoré de l'épaulette ; poussé par ses chefs aux plus hauts grades et, tout à coup s'éclipsant comme un météore après avoir brillé un moment sur la terre !

Gabriel restait ; c'était l'aîné des fils. Il comprit, à la restauration, que par le rang que son père avait occupé dans la maison militaire des princes de la famille Bonaparte ; par l'éclat qu'il avait jeté, la réputation d'indépendance qu'il s'était faite, il comprit que son nom ne serait pas en odeur de sainteté, et que pour le rejeton d'une telle souche il n'y aurait ni serre, ni culture, ni rosée. Il prévit qu'il n'y aurait pour lui, sous le régime réintégré, ni place, ni faveur, ni fortune. Il partit donc aussitôt et s'embarqua sur un navire, n'ayant pas encore ses quatorze ans sonnés.

De le suivre d'ici dans toutes ses courses serait assurément fort difficile. Il faudrait du temps, de l'espace, et tout cela pour moi est borné. Je connais pourtant toute son affaire, toute sa vie, et je pourrais ajouter, toute sa pensée. Quand, après quinze ans d'efforts, de naufrages, d'aventures, il revint en France, ce fut chez moi précisément qu'il descendit. J'étais à la campagne, au fond d'un village, enfoui, ignoré et méditant tout à mon aise sur tant d'événements divers qui s'étaient passés autour de moi et sous mes yeux.

Lafond, dont toute la famille m'était chère, vint me trouver et me fit part dès lors du plan de confession universelle qu'il exécute courageusement aujourd'hui. Combien de fois, l'été sous les arbres, l'hiver au coin du feu, ne me conta-t-il pas son histoire et n'entra-t-il pas dans mille détails qui toujours et sans cesse davantage m'intéressaient et me divertissaient.

Il a vu tout le monde maritime; trois fois il a fait le tour du globe par les caps Horn et des Tempêtes. Il sait l'Inde, Malacca, la Sonde, la Chine, les Philippines, les Mariannes et les groupes de la Polynésie, dans le grand océan pacifique; il sait le Mexique, le Pérou, le Choco, le Chili; et il a pris sur tous ces pays, si étonnants et si variés, des notes à la fois piquantes et développées.

Il a voyagé de toutes les façons, sous tous les titres; il a été pilotin, subrécargue; il a été armateur et marchand; il a servi dans les troupes libératrices de l'Amérique, et il connut personnellement tous les généraux français et espagnols, royaux et insurgés qui combattirent sur les deux flancs des Andes, des Cordillères, dans les vallées profondes, dans les plaines immenses, dans les forêts épaisses, sur les fleuves majestueux et rapides de Vénézuela, de la Colombie, de la Bolivie et de toutes ces contrées teintes du sang de tant de victimes; de tous ces bords témoins de tant d'héroïsme et de tant de forfaits.

Il était capitaine sur le continent et capitaine aussi sur mer; tantôt il conduisait des tirailleurs dans les montagnes, tantôt il dirigeait des matelots sur un brick de guerre en vue de dangers les plus pressants.

Par là et par tant de chances opposées auxquelles il a fait tête, il s'est vu à même de tout examiner et de tout décrire avec un trait et une exactitude qu'on ne pourrait de bonne foi exiger et attendre d'aucun autre. Franc et loyal, mais simple en même temps et point menteur, il n'imitera pas les faiseurs de mémoires qui enflent tous les accidents et grossissent sans mesure leurs prouesses. Sans se refuser les réflexions et les images, il n'aura garde pourtant de nous donner des romans pour la vérité. Tout ce qu'il dira sera naïf et positif, et par lui on connaîtra enfin, on connaîtra à fond, le commerce, les forces, les lois, les coutumes, les arts, les richesses, les misères, les vertus, les vices, les races de tant de nations et de peuplades qu'il a longuement et mûrement analysées.

Les nègres et les blancs; les maîtres, les esclaves; les plantations, les sucres, les cafés, le poivre, le gingembre, le riz, le coton, l'opium, le thé, l'écaille, les baleines, les phoques, l'huile et l'ivoire; il n'est rien qui n'ait été pour Gabriel un objet d'observation journalière et précise. Il vous dira les vents et les moussons, les courants, les trombes, le mirage et les abîmes; il dira ce qu'on vend sur une côte et ce qui se place de préférence sur une autre. Il dira comment il faut que, pour qu'elles soient profitables, se composent les cargaisons et pacotilles.

Joignez à cela les sentiments, les goûts, les amours, et tous ces tableaux des huttes sauvages, des fêtes, des danses, des chasses, des pêches, des querelles, des jalousies, des désirs éprouvés, des larmes répandues, et vous aurez un ensemble de dessins, d'aperçus et de pages comme il est rare, extrêmement rare, que la librairie française et j'ose dire la librairie anglaise ou allemande en puissent offrir à l'imagination avide des amateurs.

La rédaction est en pleine marche. L'impression est commencée. Les *quinze ans de voyages* du capitaine Lafond sont mis dès à présent en souscription rue de Provence, N° 14, à Paris, chez M. Victor de Lopatta.

Nous recevrons nous-mêmes les demandes, enchantés que nous sommes de pouvoir, en sûreté de conscience, déclarer à ceux qui nous écoutent, que tout ce que nous leur promettons là sera dépassé.

O plages lointaines, que vous récélez encore de trésors inconnus! que de rubis et de perles, que de fruits et de fleurs, que d'êtres merveilleux et étranges! quelles marques radieuses des puissances de la création!

Mais que d'erreurs aussi, de fanatisme, de superstitions, de mystères! que de passions impétueuses qui désolent et dépeuplent les empires! que de folles croyances et d'inepties dans les trois quarts de cette boule magique qui roule dans le vide au milieu des sphères harmonieuses; qui se balance dans l'infini comme une mouche sur ses ailes, et que Dieu tient suspendue entre deux vies, entre deux gouffres, jusqu'à l'épuisement des siècles; jusqu'à l'heure où cesseront les bruits de l'air, et la parole des hommes, et les solitudes de la pensée. Avenir de doute ..... et de certitude! terme éloigné.... proche peut-être!

Etat que nul ne peut décrire,
Ombre que l'œil ne peut percer!

LA LOIRE ET LA MAINE.

LES INONDATIONS.

MAISONS ÉCROULÉES. — SCÈNES DE NUIT.

ANECDOTTES.

—

Je vais traiter un sujet triste mais je voudrais ne pas le faire tristement. C'est aggraver ses maux que les pleurer. Je connais un homme, à la vérité fort riche, mais qui a su dimanche qu'une de ses maisons s'était écroulée dans la dernière bourrasque ; c'était à quelques lieues d'ici ; à la première nouvelle, il a pris la poste et il est allé vérifier le dégât.

Quand il a été en face de cette grande carcasse qui ne battait plus que d'une aile, qui n'avait plus que trois murs à moitié debout, il s'est mis à admirer le pittoresque de ces ruines et les effets magiques d'un ciel nuageux qui servait de toiture. Dix personnes avaient été en danger de mort, trois étaient restées douze heures sous les décombres, toutes enfin étaient sauvées. Le mari embrassait sa femme, le père et la mère embrassaient leurs enfants, c'était une joie inexprimable et le maître du logis était dans le ravissement : « il n'y a que ma bourse qui souffre, s'est-il écrié, et tout sera réparé au printemps ; faites vos lits dans la grange, buvez, mangez, dormez et faites feu qui dure.... » Là dessus il a distribué quelque argent aux malheureux et il s'en est revenu tout radieux de sa course.

On peut rire de ses pertes quand on a de bons écus pour les combler, mais il n'est pas de bon goût de rire des pertes d'autrui : ce serait indignité et folie.

Entre le stoïcisme et la raillerie il y a un milieu. Qui n'a eu ses peines, ses revers ? qui n'en aura ? tel aujourd'hui triomphe qui demain sera bien humble ! telle femme brille encore à nos bals qui, un matin, en se réveillant verra, au coin de l'œil, sa première ride !

N'envions personne, soyons de sang froid, tenons nous fermes. Voyons les brèches qui sont faites à notre position ou à nos plaisirs sans tomber dans la frénésie ou le marasme. Relevons-nous au contraire de nos chutes par le courage ; surtout par l'espérance qui est le meilleur des remèdes parce qu'il est le plus prompt, qu'il coûte peu celui-là et qu'il est (Dieu soit loué !) à l'usage de tous !

L'inondation deux fois renouvelée des quartiers bas de la ville donne matière à réflexion.

Notre Angers ressemble à ces jolies femmes qui ont de belles robes, de beaux chapeaux, de beaux châles, et qui n'ont pas de chemise.

Les boulevards sont charmants, les jardins délicieux et l'intérieur est un labyrinthe et un cloaque.

Que faire à cela ? chacun le sait et le dit ; chacun fait des plans, il n'y a plus qu'une chose, c'est de les exécuter.

Les crues de Loire et de Maine combinées ne datent pas d'hier. En voulez-vous le tableau ? il est partout. Les historiens de nos désastres ne manquent pas ; dès qu'il y a un meurtre, un incendie, un débordement, un drame, il y a un écrivain, et si j'en avais la fantaisie je vous ferais de longs récits pathétiques à l'aide de Bodin, Desvaux, Godard, Walkenaer, Bourneau, Théodolfe et Grégoire de Tours : évêques, érudits, naturalistes, tous ont fait des volumes, les poètes mêmes s'en sont mêlés, souvent plus exacts que les autres ; témoin Lafontaine et Dubellay, qui ont parlé des grâces mais aussi des caprices et des fureurs de la Loire en des termes et avec des images que nul savant ou ingénieur ne peut prétendre à égaler.

Vous plaît-il d'avoir des chiffres ? je vais en étaler. Les grandes eaux se virent dans les mois et les années qui suivent :

584, 618, 720, 1040. Dans la première de ces années, sous Childebert, les pluies tombèrent pendant 12 jours et 12 nuits et furent si lourdes et si cruelles que tout fut enlevé dans la vallée : maisons, habitants, moissons.

1496 : inondation fameuse et dont le souvenir n'était pas effacé au bout d'un siècle. Les levées furent rompues ; deux ponts sur la Vienne enlevés ; l'Ile - Tonnelle à Saumur disparut ; la majeure partie des récoltes furent détruites. Le peuple ne mangea que de l'orge. On essaya de faire du pain avec du chenevis, plusieurs en moururent.

Quand la Loire donne et que son courant se grossit par le Thouet et la Vienne, il n'y a plus de bornes à ses ravages. La Maine, que refoulent ses flots écumeux, s'enfle et s'irrite à son exemple ; elle reflue sur la Baumette et sur nos ponts, remontant jusqu'à Cantenay et Soulaire, et même au-delà par les branches et les vallées de la Mayenne, du Loir et de la Sarthe.

Et quand ces trois rivières donnent à la fois, quand les glaces s'y joignent, c'est une débâcle qui entraîne et déracine tout. C'est pour le coup qu'on se peut croire à la fin du monde. Quels bouillonnements, quels craquements, quel bruit, quels cris ! Les bateaux sombrent, les voiles se déchirent, les marchandises sont englouties. Combien de veufs et de veuves ! Combien d'héritages changent de mains ! quel mouvement dans l'état-civil ! quelle paperasserie timbrée chez les notaires !

Continuons d'indiquer les sinistres : 1527, 1561, 1568 ; les digues sont renversées malgré les efforts des riverains, et des malheurs sans nombre attestent le passage du fléau. A Angers, le Port-Ligny n'est plus qu'un lac ; on va en bateau dans les rues Poissonnerie, Parcheminerie et Valdemaine ; on fait le tour par les rues de l'Écorcherie, du Pot-de-Fer et de la Croix-Blanche ; on jette l'ancre à la fontaine Pied Boullet.

1615, au mois de mars, crue affreuse et *déluge de Saumur*. L'eau reste quinze jours dans les faubourgs et dans la ville. Elle monte deux pieds au-dessus du sol des Capucins. La levée est trouée en cinq endroits. C'est alors que se forme l'étang du Boumois dont le château est renommé par les *du Petit-Thouars* qui l'habitèrent, l'un marin, l'autre botaniste ; tous deux au premier rang de nos illustrations angevines.

Février 1618, décembre 1628, février 1629, janvier 1649, janvier 1651, janvier 1661, tous mois et années terribles pour le bassin de la Loire et pour Angers.

Dans une année entre autres, 1651, les eaux montèrent sur l'autel des Carmes pendant qu'ils étaient à l'office. L'onde arrivait comme un cheval au galop. Elle s'éleva de quinze pieds dans une nuit. Trois arches et vingt maisons du grand pont furent emportées. L'évêque Henri Arnauld donna tous ses revenus pour secourir les pauvres enfants des noyés et naufragés. Je l'ai dit ailleurs, mais l'à-propos m'y ramène, et quel mal y a-t-il de rappeler deux fois une bonne action ? il y en a tant de méchantes qu'il faut taire !

1756 : Les eaux furent grandes constamment toute l'année. Elle montaient et baissaient mais lentement, progressivement, c'est ce qui fit qu'il y eut peu de ravages dans les vallées. Seulement jugez de l'humidité, des vases, des miasmes, des exhalaisons pestilentielles ! Ce n'est pas tout, il y eut, devinez quoi ? des troupes de rats qui, fuyant l'inondation, grimpèrent dans la haute ville et rongèrent chez les cordonniers tous les cuirs, chez les marchands de blanc toutes les toiles, chez les épiciers tous les fromages. On s'arma contre eux de pièges, d'arsenic, de souricières, c'était une guerre à mort. On eut beau faire, il en échappa toujours, et le pâtissier perdit sa fleur de farine, le confiseur ses amandes, et la coiffeuse ses colifichets et ses dentelles.

1799 : la Loire monta plus haut que jamais peut-être on ne l'avait vu. Elle battait et franchissait la levée en vingt endroits, se déversant en nappe dans la vallée au grand désespoir des planteurs et marchands de chanvre.

Il y eut des voitures enlevées par le vent et jetées dans le fleuve. Une jeune femme, une créole qui arrivait de la Martinique, débarqua à Nantes : elle allait à Paris, rêvant à mille amours et mille conquêtes : elle roule dans la Loire en sortant de Saint-Mathurin avec un nègre et une négresse qui la suivaient et l'adoraient. Leurs corps furent retrouvés accrochés à des saules.

La Maine s'éleva dans la même proportion et les vents d'ouest furent si violents qu'ils ruinèrent et démolirent deux maisons des ponts d'Angers. Je les vis tomber, toute la ville était là. Il y eut une vieille femme malade qui était dans l'une de ces maisons et qu'on ne revit plus !

Octobre 1807, novembre 1810, février 1811 : époques funestes qui ne laissèrent dans l'âme que traces d'épouvante et de deuil.

Je ne voulais pas d'abord m'affliger, mais comment y tenir ? la contagion me gagne.

La Loire et ses affluents qui, au-dessus des Ponts-de-Cé, sont de plus d'une centaine, charrie toujours des terres, des sables et son lit monte graduellement chaque année. Il faut aussi monter les levées. On ne sait jusqu'où cela peut aller.

A l'embouchure on fait la même remarque. Les marées qui se faisaient jadis sentir au-dessus d'Ancenis, ne viennent plus ordinairement qu'à Thouaré.

Le lit de la Maine monte aussi visiblement. Dans l'île de la Doutre il y a un vieux temple dont on a fait une raffinerie, et qui est bas, obscur, humide. Il fut autrefois dégagé et élevé de telle façon au-dessus du sol qu'on n'y entrait qu'en montant plusieurs marches. Cet exhaussement du lit des rivières rend les inondations plus fréquentes.

Les neiges et les pluies sont les causes des débordements, cela s'explique tout seul. La fonte des neiges vient habituellement au mois de juin. C'est elle qui donne la *crue des pirons*, crue qui arrive au temps des foins, au temps de l'incubation des oies dont les prairies de Briollay et de Cheffes sont couvertes.

Les neiges tombent en Auvergne, et c'est ce pays qui nous envoie ses eaux fatales et ses excellents petits ramoneurs.

La crue qui procède des neiges est moins subite et moins furibonde que celle qui vient des pluies et des rivières torrentielles : celle-ci naît au sein des hivers, et nous la voyons cette année qui s'avance au bruit du tonnerre et des trombes.

Deux fois donc elle est accourue comme un géant ; deux fois elle a versé ses urnes fétides sur nos ruelles tortueuses et désolées. On a peint avec talent et je pourrais dire avec colère les scènes de désordre et de misère auxquelles son apparition a donné lieu.

Les scènes là, il y a trente ans, étaient les mêmes.

Je me souviens d'échelles qu'on plantait aux fenêtres pour porter du pain aux familles bloquées. J'étais de garde un jour sur le port et laissant la sentinelle toute seule, nous allâmes une douzaine de jeunes camarades souper en bateau au *Griffon*. Mais au dessert il vint une alerte, le feu était chez un boulanger de la rue Toussaint. Nous brisâmes nos verres, nous courûmes, nous étions dans l'eau jusqu'au ventre et trois de nous périrent de ce passage subit de la table au bain.

J'ai vu un mort qu'on enlevait par une fenêtre. Le cercueil échappa des mains des porteurs, et l'on ne parvint qu'au bout de vingt minutes à le remettre à flot.

Ces détails là vraiment ne sont pas gais. Mais que sert de crier ? L'onde est la plus forte et son niveau est plus indomptable que s'il était de fer. Rien n'échappe à son équilibre. On éteint, on coupe la flamme. On ne peut couper et arrêter l'eau !

Est-ce donc à dire que la ville à jamais doive être submergée ?

Non certes ! apportez de la terre, relevez le pavé, gagnez trois pieds seulement et, par une opération qu'un enfant vous conseillerait aussi bien que moi, vous aurez tiré de l'abîme et de la *fange* toute cette population remuante et souffrante qui lève vers vous la voix et les bras.

Le budget y peut suffire ; des dépenses bien faites ne sont jamais impossibles. Long-temps on n'a pensé qu'aux *beaux quartiers* ; voici l'heure de songer aux autres ; le commerce appelle les fonds et les travaux dans les parties inférieures de la ville ; le peuple est une puissance ; on ne peut l'oublier et le négliger. Vous connaissez ses besoins ; servez ses intérêts. C'est le vœu de la raison et de la justice. L'autorité ne fait pas la sourde-oreille ; elle est à tout et prête à tout. Voyez ce qu'on lui doit ! Le passé répond de l'avenir.

Mais, par tous les sentiments sacrés ! n'attaquez pas les droits des beaux arts et de la science ; n'insultez pas aux gloires de la patrie ! ne refusez pas les hommages publics à ceux qui furent nos chefs et nos guides.

Je suis l'ami du pauvre et l'avocat de la noble industrie, mais je plaindrais ma ville natale si elle n'était pas jalouse et empressée de porter son encens et ses offrandes au pied de l'image auguste des beaux génies, qui ont élevé son rang entre les cités européennes et recommandé son nom à la vénération des hommes !

Le ministère et les chambres nous donnent aujourd'hui un bel exemple : une loi, votée par la représentation nationale, va faire concourir le trésor public pour cent mille francs à la souscription du monument de Molière !.....

Ce que fait Paris, qu'Angers le fasse. Comme il y a égalité entre les hommes, qu'il y en ait aussi entre les villes. Ne nous laissons devancer par aucune autre et montrons par des faits et des actes que chez nous tout s'émeut et s'anime quand il faut honorer le dévoûment, l'intelligence et la vertu !

LES OISEAUX.

LES DESSINS. — LIVRE NOUVEAU ET CURIEUX A CONSULTER.

Le magnifique ouvrage que j'ai sous les yeux ! Quelle **belle** ordonnance et quelle admirable exécution ! Que ce livre causera de plaisir à ceux qui le verront, le consulteront, le compareront à tout ce qui existe déjà dans le même genre , mais non point avec ce goût, cet ensemble et cette perfection.

Je parle des oiseaux de Temminck et de Laugier et cette volière à la fois immobile et animée, à la fois muette et harmonieuse mérite bien à toutes sortes de titres que nous nous y arrêtions un moment.

C'est un recueil qui remonte à 25 ans, et qui a traversé bien des milieux et bien des phases. Il n'a pas fallu moins d'un quart de siècle pour recueillir, dessiner, décrire, et mettre au jour les matériaux d'un édifice de 102 parties, d'une œuvre de 102 livraisons qui renferment plus de 600 planches chargées de chasseurs, plongeurs, coureurs , omnivores , insectivores , gallinacés , et échantillons de toutes les espèces curieuses, brillantes, nouvelles, d'un ordre de créatures auxquelles Dieu a prodigué ses dons les plus chers, ses grâces les plus piquantes.

Tout frappe, séduit, étonne dans la race favorisée des oiseaux: la singularité de l'organisation , le mécanisme des mouvements, le plumage et ses couleurs , les chants variés à l'infini , et toutes ces mœurs originales dont les mystères sont loin encore de nous être révélés.

Il y a les casaniers et les nomades , les grands et les petits , les amants du soleil ou de la nuit; tel se lie à nos joies, à nos jeux, à nos fermes ; tel habite les rochers et les bois et est pour jamais farouche et inapprivoisable.

Il y en a qui sur leur large envergure planent dans l'air comme des baleines ailées ; il y en a qui disputent d'exiguité et de gentillesse à l'abeille et au papillon.

Pour les bien observer et examiner tous, on a fait des distinctions sans fin , et on les a classés par le bec, par les pieds , par les jambes, par la queue, par les nuances de leur robe magique.

Mais que la nature se rit de ces vaines divisions !

Quand on croit qu'on a tout vu et tout dit ; quand on commence à se reposer sur son vaste et méthodique tableau ; quand on s'épanouit dans sa science et dans sa gloire , voilà qu'il arrive du bout du monde un collecteur infatigable qui vous rapporte des sujets inconnus, des merveilles inouïes, qui bouleverse tous vos cartons , met le désordre en vos armoires , et vous fait voir que vous ne savez rien , que vous ne possédez rien, qu'il faut changer vos séries, recommencer toutes vos études, et quitter courageusement l'hermine du maître pour reprendre la tâche et la livrée de l'écolier.

Malgré ces difficultés sans cesse renaissantes, il y a long-temps qu'on s'occupe d'ornithologie ; c'est la toile de Pénélope qu'on fait et qu'on refait de siècle en siècle , à grand renfort de patience. Aux descriptions tout de suite on a joint des figures , et l'on conçoit que d'abord, ces représentations, ces images durent être bien imparfaites et bien grossières. Telles furent en effet celles de Belon et de Gessner.

L'allemand Frish qui les suivit de près parvint vite à les dépasser

Les Anglais Albin, Edward, Catesby, portèrent l'art plus loin encore et doublèrent, quoique à grands frais les jouissances des amateurs. Mais Buffon, aidé de Daubenton qu'il dirigeait, fit oublier bientôt tous ces ornithologistes.

Il offrit à la France et à l'Europe plus de 1200 figures d'oiseaux. C'était sans contredit ce qu'il y avait de mieux jusqu'en 1788, et il faut même y recourir toujours quand on veut avoir des notions sûres et de clairs détails pour toutes les espèces connues antérieurement à cette époque.

Cependant des voyages multipliés ont été de toutes parts entrepris, et les cabinets de Paris, de Londres, de Vienne, de Berlin, d'Amsterdam et d'un grand nombre d'autres villes se sont enrichis par les dons et les envois des hommes les plus habiles ou du moins les plus zélés, à la tête desquels il faut placer Cook, Spartmann, Maugé, Macé, Leschenault, Reinward, Milbert, Le Sueur, Freycinet, Saint-Hilaire, Diard, Duvancel, Delalande, et ce Péron si profondément instruit en toutes choses, si généreux, si persévérant, mort si jeune et si malheureux !

C'est dans ces collections vierges qu'ont puisé Laugier et Temminck pour nous doter des tablettes éblouissantes qu'ils ont ajoutées aux cadres de Buffon.

Les deux suites se touchent, s'enchaînent, se complètent l'une l'autre. La première se dit *enluminée*, la seconde *coloriée*; en retenant bien ces noms, nul ne peut les confondre.

Il y a des collections spéciales : celles de Levaillant, ou de M.me Knip; ou de plus générales, celles de Vicillot, de Meyer, de Wilson, d'Oudart, qui ont un intérêt véritable; il y a les planches des dictionnaires de Levrault ou de Déterville; et une multitude d'œuvres particulières qui sont recherchées et appréciées des connaisseurs; mais il faut bien le déclarer, rien n'égale pour l'utilité, l'agrément et l'importance les deux grandes collections de Buffon et de ses continuateurs.

Huet et Prêtre, deux artistes célèbres attachés au muséum d'histoire naturelle à Paris, ont fait ou dirigé les dessins. Pas un qui n'ait été pris sur nature.

Remarquez que dans les notes descriptives pour dire l'origine d'un oiseau on emploie le mot *patrie*; cela ne vous paraît-il point bizarre ?

N'y a-t-il pas de l'inconvenance à dire la patrie d'un vautour, d'un chat-huant, d'un dindon ?

Patrie emporte avec soi l'idée d'un amour, d'un enthousiasme, d'un culte. Y a-t-il rien de semblable pour l'autruche, le héron, ou le milan ?

La patrie n'est pas seulement le sol natal, le séjour, la résidence ; c'est la loi, l'autel, la liberté, les affections, l'intelligence et la poésie ; c'est-à-dire tout ce qu'il y a de cher et de sacré dans la vie de l'homme. Est-il juste de mêler ces sentiments et ces trésors avec les instincts de l'animal, même de l'oiseau ?

Je sais, et ici je demande qu'on me permette de ne pas trop garder mon sérieux : il est bon de se dérider parfois ; la sagesse n'y perd rien, le bon goût s'en arrange ; Socrate était gai ; Platon de même, et Cicéron, le prince des orateurs, aimait tant la plaisanterie que ses envieux ne l'appelaient que le *Pasquin du sénat* : je sais qu'on dit d'un génie supérieur que c'est un aigle, et d'un esprit sournois que c'est un hibou. Nous abusons de tout dans le langage métaphorique : un vieux mari appelle sa femme : *ma poule* ; et la dame lui répond tendrement par : *mon petit poulet.*

On dit d'un parvenu qui marche au boulevard la tête haute : il est fier comme un paon ; on dit d'un auteur qui pille dans les Bénédictins ou les Grecs : c'est un geai ; on dit d'une femme babillarde et causeuse : c'est une pie ; d'une vieille qui gronde les jeunes : c'est une bécasse ; on dit d'un bas valet qu'il fait le *pied de grue.*

Mais avouez que toutes ces comparaisons, loin d'avoir rien de gracieux ou de noble, sont toutes plus ou moins fausses et bouffonnes, et finissent par tomber dans la platitude et le ridicule.

Il y aurait à ce propos une sage réforme à faire dans notre rhétorique.

Je conviens avec vous qu'il y a parmi les hommes bien des *rapaces* ; le nombre en croît chaque jour. Ils vivent sur le cadavre comme l'autour, mais cela ne suffit pas pour que je me décide à rabaisser l'espèce humaine jusqu'au genre gaypete et catharte, et que je passe à Temminck et Laugier l'idée saugrenue qu'ils ont eue de leur *patrie* appliquée à l'ornithologie.

Laugier a été maire de Nisme, député, et il avait été créé baron sous le règne de Louis XVIII, aussi professait-il un grand respect pour les opinions légitimistes.

Temminck était directeur des cabinets scientifiques du roi de Hollande, et à ce titre il n'était pas pour notre révolution de 1830 qui avait enlevé la Belgique à son souverain.

Mais que me font à moi ces accidents ? je ne considère pas ici les hommes politiques ; je ne vois que les savants éditeurs d'un des ouvrages les plus intéressants de notre librairie française, et j'en recommande l'examen à tous ceux qui tournent leur esprit et leurs regards vers la branche que je citerais volontiers comme la plus amusante de l'histoire naturelle.

Dans l'oiseau il y a l'éclat et le vol ; c'est une fleur qui tourne sur vos têtes et qui forme dans l'air mille corbeilles et mille guirlandes d'où sortent des concerts qui vont à l'ame, sans compter tous les ragoûts délicieux et les succulents pâtés qu'on fait avec les perdrix, les mauviettes ; et souvent même avec le foie de ce canard ignoble et de cette sotte d'oie à qui je garde rancune pour le tour qu'elle joua au Capitole à nos ancêtres !

Le nom de cette bête me rappelle un reproche qu'on fit à Bolingbroke quand, pour plaire au peuple, il allait se familiarisant dans les marchés : « Il donne du bonnet aux marchandes d'oie. »

Je terminerai par quelques mots : chez les oiseaux c'est le mâle qui a le plus joli plumage et qui chante le mieux. Tandis que chez nous, en général, c'est la femme qui a le prix pour la voix et que toujours, si elle nous cède par la force, elle l'emporte infiniment par la finesse, la grâce et beauté.

Qui de nous peut oublier ce vers où Delille, dans son poème de l'imagination, après avoir énuméré les prodiges de la création et parlé de l'homme avec enthousiasme s'écrie :

« Et sa compagne enfin fut son plus bel ouvrage ! »

LE PACHA ET LE NANTAIS.

OSMAN ET DROVETTI.

LES PRÉSENTS ET LA LETTRE D'ENVOI.

UN CHEVAL ARABE ET LES MINISTRES.

« J'ai assez parlé pendant ma vie, et je laisserai désormais parler ma tombe après moi. La vieille société se meurt, et j'ignore ce que sera la nouvelle. »

Telles sont les dernières lignes d'une lettre que je reçois de M. de Chateaubriand.

Le chêne tombe comme l'hysope, le génie s'éteint comme la flamme ; tout finit, tout meurt.

Jeunes femmes qui me lisez, qui êtes brillantes, spirituelles, *braves*, qui régnez, qui triomphez, qui croyez que la terre jamais ne vous manquera , hélas! que vous êtes folles !.., Un jour tout vous manquera ! et vous manquérez aussi partout à ceux qui vous flattent et vous adorent!

Mais auprès de ce monde qui s'écroule, il y a une société neuve qui sourdit, qui s'élève, qui marche. Il y a une génération qui croît et qui nous crie un peu durement : « Gare !

Elle-même, si prompte et si hautaine, où va-t-elle? Qui la pousse? Où est le guide, la règle et le but? On ne sait. Nul ne le peut dire.

Le globe se balance sur son axe : qui l'emportera? Est-ce l'occident qui cède et s'use? Est-ce l'orient qui prendra le dessus? Tous les regards s'y jettent inquiets et curieux. Que fait-on à Lahore ? que fait-on à Caboul? que fait-on à Bombay?

De Bombay nous avons une lettre, et il ne tiendrait qu'à nous de la transcrire... Mais que pensent Ventura ou Kamran? Que devient le bon et vieux Sha-Shoudja?

Les Anglais font jouer à ce dernier, dans l'Afghanistan, le même rôle qu'ils donnèrent à Louis XVIII : une restauration, des fêtes, le tout au profit de la banque de Londres.

Le sort de tous ces princes d'Asie influe directement sur le nôtre. Les firmans de Stamboul et du Nil, les querelles d'Abdul-Medjid et de Méhémet-Aly, la colère ou le calme de l'émir, tout est compté par nos capitalistes dans les chances de la hausse et de la baisse. Tout reflète dans nos villes et dans nos campagnes ; tout s'en vient de proche en proche agiter nos halles et nos familles comme l'extrême ondulation des flots qui battent ou caressent nos rivages.

Je vous ai entretenus récemment d'un archevêque, et maintenant c'est le tour d'un pacha. Ces pages sont un musée ; je bâtis moi-même ma galerie, et je place des silhouettes dans les cadres.

Méhémet-Aly a débuté par un massacre. Son pouvoir a les pieds dans le sang. Pour se bien affermir dans son usurpation et rompre d'un seul coup les intrigues de ses ennemis, il fit tuer un matin, par ses osmanlis et ses gardes, tous les mameloucks qui étaient au Caire. L'histoire en a été vingt fois racontée. Je n'y reviendrai pas. Au lieu de ces redites que je crains comme le feu, je passe à des faits qui serviront à compléter les notions que de toutes parts on recueille sur le vieillard rusé qui met aujourd'hui en défaut toutes les diplomaties européennes (1).

---

(1) Quatre cents soldats de notre expédition étaient demeurés en Egypte et avaient suivi la fortune des Mamelouks. Après le massacre ils entrèrent dans la garde de Méhémet-Aly. En 1815, il n'en restait pas quarante de vivants. Aujourd'hui même une lettre qui arrive de M. Théodore Pavie, nous apprend qu'il a rencontré le dernier.

En 1819 j'eus de fréquents rapports avec nombre de gens qui avaient vu de près le pacha. Osman-Bey entre autres vint à Paris, et je le fis causer sur une infinité de choses. Il aimait à jouir de l'effet que, dans les salons, produisait son riche costume; il s'en servait pour occuper et pour séduire certaines femmes, les danseuses de l'opéra, par exemple, qu'il trouvait pour le moins aussi belles que les almées. Ses aventures galantes feraient un long chapitre, mais le moment n'est pas venu de les raconter, et je les réserverai (si l'on veut bien) pour une autre section de mes mémoires.

Osman était marqué de petite vérole, et pourtant sa physionomie était agréable, douce, expressive. Il avait de l'esprit, de l'instruction; il excitait d'abord la curiosité et finissait par inspirer de l'estime. Il arrivait de Stockholm, et il avait passé par l'Angleterre, prenant de toutes mains des renseignements et des notes. Il désirait avoir pour le Caire le grand ouvrage d'Egypte exécuté par les ordres de l'empereur, et qui assurément ne pouvait recevoir une destination plus opportune. J'en parlai à M. de Cazes, qui est duc aujourd'hui, mais qui n'était alors que comte, et que tout le monde croyait tout puissant; on ne l'appelait que *le maire du palais*. S'il l'était, c'était pour faire de grandes choses, je vous jure, et tout placé que j'étais pour connaître ses vues et ses idées, je dois déclarer, en mon ame et conscience, que, dans ce qui arrivait jusqu'à moi, il n'y avait rien qui ne fût haut, large et tout à la gloire de la France.

Quoi qu'il en soit, M. de Cazes, pour la forme du moins, crut devoir soumettre au roi la demande d'Osman; et bientôt le vœu exprimé fut consacré par ordonnance. L'ouvrage fut relié avec un soin particulier et de telle façon qu'il fut digne enfin du personnage auquel on le voulait offrir; personnage fort éminent déjà et fort célèbre, mais qu'on ne savait pas bien encore comment qualifier dans nos cours.

A la même époque, Frédéric Cailliaud était à Paris. Petit de taille, mais nerveux, décidé, entreprenant; il avait quitté de bonne heure la ville de Nantes où il était né; et à 25 ans, après avoir vu la Hollande, l'Italie, la Sicile, la Turquie, il était passé de Constantinople à Alexandrie d'Egypte, où il rencontra pour son bonheur M. Drovetti, notre consul dans ce port.

Drovetti, l'homme le plus savant et le plus affable, l'emmena en Nubie où il faisait un voyage. Dans cette course, Cailliaud prit une teinture des villes, des mœurs, des monuments de toute la vallée du Nil. De retour au Caire, il fut présenté au pacha et recommandé par Youssouf-Boghoz, premier interprète, qui lui fit donner la mission d'aller dans le désert, à l'est, jusqu'à la mer Rouge, chercher à faire des découvertes. Il partit de Rédésyéh avec six hommes et huit dromadaires , et reconnut, après des fatigues et des efforts inouis , la ville antique de Sekket, l'ancienne route que suivaient les Romains pour faire le commerce de l'Inde. Ce n'est pas tout : aussi intelligent qu'infatigable , il trouva des mines de soufre et d'émeraude , et détermina l'emplacement de la ville de Bérénice , long-temps oubliée , abandonnée et perdue

Quand il rapporta à Méhémet tout le fruit de ses immenses travaux , il fut reçu de lui avec une grande distinction , et il en obtint quatre cents hommes d'escorte et des moyens de toute espèce pour une seconde expédition qui ne fut pas moins brillante en résultats que la première (1). Il était même question d'en faire une troisième; mais pendant qu'on la préparait , Cailliaud qui ne pouvait rester inactif , prit à l'ouest , et traversant les déserts de la Lybie , il visita l'oasis de Thèbes ; il revint avec des dessins , des souvenirs , des richesses , dont il envoya le tableau , par l'intermédiaire de Drovetti , à M. Jomard , à Paris. Celui-ci s'empressa d'en faire part à M. de Cazes qui, sans balancer , promit une somme assez considérable au voyageur s'il consentait à céder sa collection pour nos musées.

Cailliaud voulut traiter lui-même cette affaire ; et charmé aussi de revoir sa famille , il vint en France et y jeta les bases de la publication qu'il fit avec Jomard pour ses excursions à l'est et à l'ouest de la Thébaïde.

Le jeune Letorzec s'etait uni à lui, et tous deux ils eurent du gouvernement français un traitement annuel de 8000 francs pour aller en Afrique continuer leurs explorations. Quand ils partirent on les chargea de présents pour le pacha : des livres , des instruments d'optique , des glaces. Mais il fallait une lettre d'envoi et la rédaction m'en regardait. J'avoue que je fus d'un extrême embarras pour tourner cette missive avec un peu de convenance. Que dire et comment dire ? Quel titre donner ? quel était le protocole ? C'eût été , en bon règle , au ministre des affaires étrangères , à se charger de cette correspondance et de ces cadeaux. Mais M. de Cazes , comme président du conseil , avait la haute main sur toutes choses et il ne demandait pas mieux que d'écrire toujours et directement aux souverains.

J'allai pourtant au ministre des relations extérieures, car c'était là , me semblait-il, que je pouvais puiser des notions justes sur les formes employées dans les rapports de la France avec la sublime Porte et ses visirs ou ses pachas. Je trouvai Besson

______

(1) Cailliaud avait avec lui comme interprète , Joseph, un des Français de la garde de Méhémet, et parmi les objets précieux qu'il rapporta au pacha, il faut citer dix livres d'émeraude.

d'Angers, parent du général Evain et qui était chef du bureau des archives. Il m'ouvrit tous les cartons, me fit voir tous les dossiers, me laissa feuilleter tous les registres, et j'appris très positivement que sous Louis XIV et sous Louis XV, il y avait eu de fréquents rapports avec Constantinople; que des documens fort curieux à consulter existaient, pour les historiens, sur les plans du cardinal de Fleury et sur les observations et les réponses du divan; mais que sous Louis XVI toute la diplomatie du levant s'était éteinte, et qu'à partir de cette époque tout se bornait à une note remise par M. de Vergennes au grand visir. De dépêche adressée à un pacha, il n'y en avait pas l'ombre, et rien n'enseignait en quels termes un premier ministre de France pouvait écrire à un gouverneur-général d'une portion de l'empire ottoman.

Besson et tous les chefs de l'administration diplomatique n'osaient rien, me déclaraient-ils, prendre sur eux, en une telle circonstance, mais je crus que je ne devais pas avoir la même timidité. Je me rappelai Chardin et ses descriptions, je repassai quelques lettres des missionnaires de la Syrie, et pour ne pas demeurer court en cette capitale occurrence, je me pris à quatre pour formuler un compliment qui pût agréer tant au ministre qui devait le signer qu'au pacha qui devait le recevoir.

Voici cette épître telle qu'elle fut conçue et adoptée, puis transcrite sur un beau papier à Latellière, par un de nos plus habiles calligraphes :

» Très illustre et magnifique Seigneur,

» Méhémet-Aly, pacha d'Egypte !

» Nous avons appris, par tous les voyageurs, la haute protection que votre altesse accorde aux sciences et tous les soins qu'elle prend pour hâter les progrès de la civilisation dans les vastes états soumis à son gouvernement.

» Tous ceux qui vont lui offrir le tribut de leur zèle et de leurs lumières, sont certains d'obtenir d'elle un accueil flatteur. Mais elle honore de ses bontés spéciales, les hommes de notre nation. MM. Drovetti et Cailliaud, (chacun dans le rang qu'il occupe) ont été, entre autres, l'objet des grâces les plus signalées. Ce dernier, après un séjour de courte durée au sein de sa famille, qu'il était venu visiter, va retourner au Caire et nous n'avons pas voulu qu'il partît sans le charger d'une lettre qui portât à votre altesse l'expression de notre reconnaissance pour les services de toute nature constamment rendus par elle aux Français.

» Nous vous prions, très illustre et magnifique Seigneur, de continuer généreusement à prêter votre appui aux sujets de notre monarque ; tous s'en rendront dignes par leurs sentiments et leur

conduite : celui qui vous remettra cette lettre a des droits parti
culiers à votre confiance comme à la nôtre.

» Quant à M. Drovetti, il s'est acquis l'estime universelle,
par son instruction, son courage, son désintéressement. Votre
altesse qu'il a eu le bonheur d'approcher aura apprécié son mérite. La récompense qu'il vient d'obtenir de notre auguste souverain (1) fera connaître qu'il n'a pas inspiré en France un
intérêt moins vif que celui qu'il a su se concilier en Egypte. Il
n'ignore pas quels vœux sont chez nous formés pour le succès des
recherches que vous autorisez et des entreprises qui sont faites
par vos ordres.

» Puissent ces rapports s'étendre chaque jour. Les deux peuples
y trouveront de mutuels avantages. Votre altesse nous verra
toujours empressés de seconder en tout ce qui dépendra de nous
ses vues d'amélioration et de contribuer enfin à cette action si
noble et si touchante de la restauration des arts dans cette contrée glorieuse qui fut autrefois leur berceau.

» Très illustre et magnifique Seigneur, nous offrons à votre
altesse l'hommage de notre considération la plus distinguée et la
plus sincère.

> » Le ministre secrétaire d'état au département de
> l'intérieur.

> » Le comte de Cazes.

» Paris, le 30 juillet 1819. »

Cette lettre fut admise, cachetée, scellée, donnée à Cailliaud,
déposée par lui aux pieds du pacha et traduite par Youssouf-
Boghoz avec une adresse qui en rehaussa le prix. Elle causa une
joie extrême à Méhémet. C'était le premier gage qu'il reçût offi-
ciellement de l'attention que lui prêtaient les puissances européennes, et cette pièce qui n'avait, en apparence, qu'un objet
secondaire, frappa tellement l'ambitieux musulman, qu'il la fit
imprimer en arabe et multiplier par toutes sortes de placards et
toutes sortes de voies.

Je m'amusai de la vogue de ce diplôme que j'avais fabriqué
à ma tête et qui devenait une affaire d'état. Tout s'arrange et
s'enchaîne ainsi. Il n'y a point de petites choses en politique.
C'est un coup d'éventail qui nous a fait songer à la conquête
d'Alger ! je pourrais, donc, si je voulais, me vanter d'être pour
ma part dans les liens de la France et de l'Egypte ; liens si
chers, du moins si utiles et que l'Anglais fait bien de nous en-
vier !

---

(1) Il était nommé consul général et décoré de la Légion-d'Honneur.

Quand Frédéric Cailliaud repassa en France, il amena un cheval arabe dont Méhémet, prenant sa revanche, faisait présent au *ministre de l'intérieur*. M. de Cazes n'avait plus le portefeuille ; les vents furieux emportent les cabinets comme des grains de sable. C'était M. Siméon qui le remplaçait. Le vieux comte prit pour lui le cadeau ; mais tout de suite, courtisan raffiné, il envoya le cheval au duc d'Angoulême pour son haras(1), et quant à la selle, toute dorée, chamarrée, ornée de pierreries, elle fut, je crois, mise en pièces, et ses parties métalliques vendues au poids, car à quoi bon en faire des reliques ?

Cailliaud mit au jour sucessivement divers écrits dans lesquels il fut secondé par l'infatigable Jomard de l'institut. Puis, rentré à Nantes, il fut nommé directeur du cabinet d'histoire naturelle. Dans ce moment il est en congé, il parcourt la Sardaigne, le Milanais, les Etats de l'église, le royaume de Naples. Il verra le Vésuve, l'Etna, le Stromboli et l'Apennin ; les terres, les lacs, les mers, les îles, et avec l'activité que je lui connais, je ne doute pas qu'il ne revienne avec les matériaux d'un nouveau livre qui sera plein d'observations originales et piquantes.

Quel siècle que le notre pour les déplacements, les récits, les découvertes ! on fouille partout. Il n'y a qu'un pays qui nous reste fermé : c'est la Chine ; que se passe-t-il là ? qui pourra y pénétrer ? qui pourra en revenir ? les marchands chrétiens y sont ruinés, les prêtres martyrisés, et quand on songe que le *fils du ciel*, qui se livre à ces rigueurs, est le chef d'un empire de *lettrés*; qu'il est le maître du dixième de la terre habitée, et d'une population de trois cents millions d'ames, cela jette dans des réflexions profondes (2) !

Celui qui franchira la grande muraille, qui s'élancera dans les provinces centrales et qui naviguera sur le fleuve bleu ou jaune, aura certes à nous conter bien des merveilles !

(1 (Ce cheval, tous les jours conduit à l'atelier de Charles Dupaty, au Luxembourg, servit à cet artiste de modèle pour la statue équestre de Louis XIII, qui est à Paris, sur la place Royale.

(2) La guerre que les Anglais font à la Chine, va pour un temps nous priver de thé ou du moins le renchérit. Cela engage les femmes d'ordre à faire leur provision chez Sabatier. C'est sagement agir ; car, sans thé quel ennui qu'une soirée angevine! et même qu'une soirée parisienne!

OLIVIER LE NATURALISTE.

SA MISSION DANS LE LEVANT. - - SA LETTRE SUR BRUGNIÈRES. SES NOCES. -- SA FIN.

Rolland, dans sa première apparition au ministère ne tarda pas à s'apercevoir que nos relations avec le Levant n'étaient pas ce qu'elles pourraient, ce qu'elles devraient être. Nos achats dans les Echelles s'élevaient à plus de quarante millions ; nos ventes n'allaient qu'à vingt millions à peine.

Cette balance, toute à notre désavantage, il fallait la mieux établir ; il fallait exporter plus, importer moins, et pour cela il y avait à prendre toutes sortes de mesures qu'on ne pouvait sainement déterminer qu'en allant recueillir en Turquie, en Syrie et en Perse des notions positives et en s'informant bien exactement des dispositions tant des souverains que des peuples de ces pays divers et reculés.

Pour avoir ces renseignements, pour établir ces rapports, Rolland proposa à Louis XVI d'envoyer à Constantinople, à Smyrne, à Bairout, à Alep, à Bagdad et jusqu'à Ispahan deux hommes dévoués, Olivier et Brugnières, dont l'esprit et la science étaient de sûrs garants pour une mission si importante. « Ils verront tout, disait le ministre, ils ne laisseront rien échapper ; ils sont tous deux naturalistes, l'un a fait un ouvrage sur les coquilles, l'autre un livre sur les insectes ; ils continueront leurs recherches sur la conchyologie et l'entomologie ; mais ce n'est pas tout, ils observeront aussi les mœurs, l'état des arts et des fabriques ; bien plus, ils sauront les forces militaires, les finances, et ne s'en reviendront qu'avec des documents complets, propres à nous mettre à même de statuer en connaissance de cause sur les traités à passer, les espérances à fonder et les conditions enfin à rejeter ou à faire. »

Louis XVI aimait la géographie et les voyages, il trouva bon tout ce que voulait faire son ministre, mais de la décision à l'exécution il y eut loin.... Il fallait franchir un abîme.

Ceci se passait en 1792, dans les jours délicieux du printemps. La monarchie vivait encore. Mais elle mourut quand vint l'été ; la canicule est chez nous terrible. Tous les cerveaux brûlent, le sang monte ; c'est le temps des révolutions et des crises. Nous allons comme le thermomètre et le degré de froid ou de chaleur inquiète ou rassure les plus sages et fait la destinée de l'empire.

Le trône s'écroula en août. Rolland n'avait déjà plus le portefeuille , et tout départ de commission pour l'Orient fut impossible ; la science pendant six mois se mit la tête dans ses deux mains et sommeilla.

En 95 , il n'y avait plus de roi , plus de sceptre. Rolland, disgracié par la cour avec la Gironde , revint au pouvoir comme elle. Comme elle aussi il ne fut pas long-temps à disparaître et à périr , mais pendant son second et court ministère , il reprit ses projets de bien public et de commerce , il releva les études vraiment utiles , et donna des passeports à Brugnières et à Olivier.

Ils partirent , visitant et explorant d'abord le midi de la France afin de se rendre compte de ce qu'on pouvait porter et vendre aux habitants des terres où se lève le soleil. Ils touchèrent et firent halte à toutes les villes maritimes de l'Italie , et virent en passant la Sicile , la Morée , l'Archipel , lieux célèbres , lieux chers , si riches de souvenirs! et quand ils débarquèrent à Constantinople, ils y furent reçus avec distinction par le grand visir.

Ils en étaient là de leur voyage , quand Rolland fut trouvé mort dans un bois de Normandie , et que le gouvernement de la montagne se mit à faucher dans les plaines de la république en deuil.

Ni argent , ni nouvelles , plus rien n'arrivait de France pour nos voyageurs désolés , mais ils ne perdirent point courage , et ce fut à leurs frais et à leurs risques qu'ils poursuivirent leur belle et patriotique expédition.

O noble amour de l'étude et du savoir , que tu inspires de généreuses actions , et que tu donnes de jouissances à l'ame élevée!

L'esprit étroit et misérable ne te comprend guère! mais ta joie et ta gloire n'en sont pas moins réelles! tu vis , et il meurt ; tu planes dans les régions divines , et il rampe sur la pierre ou se perd dans le marais et dans l'ombre !

Brugnières et Olivier allèrent à Alexandrie et au Caire , ils y étaient en 1794. De là ils s'embarquèrent pour la Syrie , et après des difficultés et des dégoûts que d'autres eussent nommés insurmontables , ils parvinrent jusqu'à l'audience du favori du shah , ils formèrent avec lui et le cabinet persan des relations du plus haut avantage , et se montrant de nouveau au Bosphore, ils y firent toutes sortes d'excellentes découvertes. D'aller et de retour , ils avaient vu les champs illustres de la Troade ; ils avaient suivi le cours du Simoïs , du Timbrius et du Scamandre; ils s'étaient assis sur le sommet du Cotylus, le point le plus élevé de l'Ida , et chargés de notes sur Paros , Lesbos et les Cyclades, ils mirent pied à terre à Ancône vers les derniers mois de 1798.

Ils étaient deux alors encore et unis comme deux frères, ils ne s'étaient pas un moment perdus de vue ; mais une lettre d'Olivier que je vais transcrire vous fera voir quel coup funeste devait , au port même , les frapper !

Cette lettre fut adressée à M. Thouin qui était professeur au muséum d'Histoire naturelle, à Paris. Je la tiens de lui-même. Elle est datée de Gênes, le 4 brumaire an 7 de la république française.

« Citoyen,

» Echappé à tous les dangers de la mer, presque remis de ses fatigues, Brugnières est tombé malade à Ancône, le jour même de notre débarquement, et j'ai eu le malheur de perdre un ami, un compagnon de voyage, le onzième jour de sa maladie.

» Il est difficile de vous exprimer combien j'ai été douloureusement affecté de cette mort inattendue. Pouvions-nous croire que, lorsque nous touchions au moment de revoir notre patrie, après six ans d'absence, au moment d'embrasser nos parents, nos amis chers, lorsque nous allions recueillir les fruits d'un voyage long et pénible, la mort planait sur nos têtes et qu'elle nous attendait au seuil du foyer?

» La santé de Brugnières s'était maintenue dans nos courses faites aux différentes îles de l'Archipel, et même en Egypte, parce que nos principales explorations se faisaient par mer, et que je me chargeais seul de celles qui exigeaient une fatigue un peu forte. Mais lorsque nous avons quitté les côtes de la Syrie pour nous enfoncer dans les terres ; lorsque nous nous sommes trouvés à la suite d'une caravane, et qu'il a fallu marcher pendant trente ou quarante jours sans se reposer, la santé de Brugnières s'est tellement dérangée, que plusieurs mois à la cour de Perse et à Ispahan n'ont pas suffi pour la rétablir. Cependant après six mois de séjour à Bagdad, Brugnières se trouva en état de traverser le désert ; et quoique la saison fût déjà très chaude, notre voyage fut très heureux, moyennant la précaution qu'il prit de se faire transporter dans une espèce de voiture. Quant à moi je continuai d'aller à cheval, parce que j'avais la faculté de descendre et de ramasser des plantes, des graines et autres objets, et de pouvoir en un moment rejoindre la caravane, dont parfois je risquais de m'écarter, mais qu'on ne peut pourtant trop perdre de vue sans courir des dangers réels.

» Les fatigues n'ont pas été les seules causes de la maladie constante de Brugnières en Perse. Le défaut de vin dans plusieurs circonstances y a beaucoup contribué, d'autant plus que les eaux sont là, en général, un peu saumâtres et purgatives. Les chimistes nous en donneront l'explication lorsque je leur ferai part des observations curieuses que j'ai faites à ce sujet. J'ai résisté plus que Brugnières parce que j'étais plus jeune, plus habitué aux exercices du corps et accoutumé à boire de l'eau pure.

» Nous avons passé quelques semaines sur la côte malsaine de la Syrie pour attendre une embarcation ; nous avons même traversé l'île de Chypre sans accident, dans la saison de l'année la plus dangereuse, et nous sommes venus sur la côte de Cara-manie avec l'intention de parcourir dans tous les sens l'Asie mineure. Les Anglais et les Algériens infestaient les mers du levant ; nous avions avec nous des effets trop précieux pour les exposer aux caprices de la mer. Ce voyage a été moins funeste à Brugnières qu'on ne l'aurait craint. Il sera intéressant pour les botanistes, car indépendamment de graines diverses, ils auront les fruits du prunier sauvage que nous avons trouvé très commun depuis *Iconium* jusqu'aux environs du *mont Olympe*. Cet arbre ne diffère pas du prunier cultivé. Son fruit, un peu plus gros que la prune de Damas, est jaunâtre, plus ou moins coloré de rouge. Il est aigrelet, légèrement acerbe lorsqu'il n'est pas très mûr ; du reste en tout semblable à nos petites prunes blanches.

» Pendant le séjour, en quelque sorte forcé, que nous avons fait à Constantinople pour réunir nos collections éparses, et pour attendre quelque navire commode et sûr, Brugnières avait re-pris, sinon son premier embonpoint, du moins l'apparence d'une assez bonne santé. Notre voyage à Athènes et ensuite à Corfou, par l'isthme de Corinthe et jusqu'à Ancône, a été fort agréable, parce que nous avions avec nous dans ce voyage des personnes instruites, des Français avec qui il nous était bien doux de causer de notre patrie.

» Si nous avons pris le parti de prendre par l'isthme de Co-rinthe et l'Italie, c'est que la mer, comme vous savez, n'était pas libre, et que nous n'avons pas cru devoir hasarder nos nombreuses et riches collections. Nous avons fait, mais en vain, solliciter un sauf-conduit auprès de l'envoyé d'Angleterre, près la Porte-Otto-mane, pour nous embarquer sur un vaisseau neutre ; il a refusé net, et cette mauvaise humeur a mis de l'embarras et causé du retard dans nos dispositions.

» J'ai accompagné nos caisses jusqu'à Milan, et de là je les ai dirigées sur Paris par de prompts roulages. Il est superflu sans doute de faire l'énumération des graines, fruits, drogues, plantes, quadrupèdes, reptiles, insectes, poissons que j'envoie au mu-séum. Il me tarde d'arriver, il me tarde d'être près de vous et de satisfaire à l'empressement des naturalistes en leur offrant les doubles des échantillons qui seront placés dans les galeries de l'état.

» Rappelez-moi au souvenir de mes amis, et de toutes les personnes qui m'ont témoigné de l'intérêt.

» Je vous salue bien cordialement,

» G.-A. OLIVIER. »

J'aime à publier des lettres de l'ordre de celle-ci. On y voit le style et le cœur des hommes qui se recommandent par de grands

travaux et de rares mérites. Il est parti d'Angers dans ces derniers temps un assez grand nombre de poètes, de savants et
d'artistes, qui vont sur tous les points du globe, chercher,
fouiller, interroger, recueillir. On reçoit d'eux aussi des lettres,
on les imprime, et je remarque toujours qu'on les lit avec un
extrême plaisir. Celles que je donne n'ont-elles pas également
leur genre d'attrait? Toutes aideront à ceux qui font l'histoire des
voyages, l'histoire des sciences, l'histoire de l'humanité.

Olivier en rentrant à Paris fut nommé membre de l'Institut et
puis professeur à Alfort. Ses leçons étaient fécondes et pitto-
resques, il les semait de traits d'érudition et d'anecdotes. Il était
gai, charmant, et sa femme, qu'il adorait, était un ange. Mais
il la perdit et la pleura, et il eut le bonheur d'en trouver une
seconde non moins belle, non moins tendre, non moins digne
de son hommage et de ses vœux.

Cette manière de tromper ses regrets et sa peine, quoiqu'à
mon avis très singulière, est cependant assez commune. Une
perte affreuse, un chagrin profond, mènent, à ce qu'il paraît,
rapidement à des amours nouvelles. Olivier avait le cœur formé
d'éléments inflammables; il vivait au milieu des plus vives émo-
tions; un mot le soulevait, un regard le faisait pâlir ou l'enivrait,
et il y parut bien, car il mourut d'un anévrisme.

Son berceau fut à Fréjus; son tombeau est à Lyon; sa renommée partout!

MONUMENTS D'ANTIQUITÉ.

M. AUGUIS.

RECTIFICATION DU TEMPS. — ANECDOTES.

Nous rectifions un article du *Temps* sur M. Auguis, député
des Deux-Sèvres.

Il sera curieux de voir un livret de province mieux informé
sur les affaires parisiennes que les journaux de Paris eux-mêmes.

Le *Temps* dit que M. Auguis ayant fait une brochure où le
comte de Provence n'était pas bien traité, en fut payé deux fois
par la prison, et cela est positif. Mais il ajoute que ce savant,
très habile sans nul doute, ne sollicita rien, n'obtint rien sous
la Restauration, ou du moins ne fut compris que dans un comité
gratuit, formé par M. le comte Siméon, pour la conservation

des monuments, et ici il y a une petite explication qui devient, à notre avis, nécessaire.

M. Auguis, sorti de prison, fut reçu et consolé par M. Decazes, à cette époque ministre de la police générale, et quand ce comte, depuis duc, eut la présidence du conseil et le ministère de l'intérieur, il nomma M. Auguis, sur la demande de celui-ci, il le nomma, disons-nous, à la conservation du *palais des Thermes*, avec un traitement qui devait être de mille écus.

Louis XVIII, informé de cette nomination, la goûta peu, mais M. Decazes la maintint; il la regardait comme utile et conciliatrice, et l'effet en eût été suivi à la grande satisfaction de M. Auguis sans l'assassinat du duc de Berry, la crise de 1820, la chute du ministère Decazes, et la nouvelle direction bientôt donnée aux idées de gouvernement et au choix dans le personnel.

Le ministère Siméon n'opéra pas toutefois de mouvement brusque. Ce fut un cabinet de transition. Il fut appelé la *queue de Decazes*, et il est certain que sous une infinité de rapports il garda ou parodia les vieux errements. Contrarié et bridé dans ses vues politiques, il se jeta vers l'encouragement des sciences et des arts, et on le vit prendre des mesures de toute espèce pour la recherche et la conservation des antiquités non seulement de Paris, mais de la France entière.

Il y avait déjà des dispositions faites. A dater de 1810 des explorations avaient eu lieu, et c'était à l'aide de notes fournies par les préfets et les sociétés académiques que M. Alexandre de la Borde avait pu faire (ou faire faire) son grand ouvrage sur les monuments chronologiques.

Mais M. Siméon donna une impulsion nouvelle à ces travaux. Il fit nommer des inspecteurs, il forma des commissions, il fonda des prix, il distribua des médailles d'or, et suivit dans cette branche importante toutes les indications, ou adopta toutes les propositions qui lui vinrent de l'Académie des inscriptions et belles-lettres.

MM. Dacier, Quatremère, Daunou, Walkenaer, contribuèrent vivement aux succès de tous les arrêtés pris par le ministère, et ce fut par leurs soins et grâce à leur justice que se virent signalés et récompensés, dans tous les départements, un grand nombre d'hommes qui s'étaient livrés à des travaux intéressants sur les débris de nos antiquités nationales.

Nous citerons parmi les noms qui figurèrent sur les tableaux de l'Institut, ceux de MM. Golbery de Colmar, Schweighauser de Strasbourg, Weiss de Besançon, Monnier de Lons-le-Saulnier, Mège de Toulouse, Delpon de Périgueux, Allou de Limoges, Chaudruc d'Angoulême, Edmond Richer de Nantes,

Renouard du Mans, Toussaint Grille d'Angers, Champollion de Grenoble (1), et le Prévôt, Gerville, Asselin. Caumont, Lambert, de Normandie.

M. Auguis écrivait aussi beaucoup sur les monuments de notre histoire et de notre littérature, et, par parenthèse, il était en querelle avec plus d'un de nos érudits et éditeurs (notamment de Musset Pathay), pour des pages qu'ils se disputaient entre eux.

De traitement fixe, M. Auguis n'en touchait point, et ce que dit le *Temps* là-dessus nous paraît juste. Mais il omet les décisions bienveillantes de M. Decazes, et c'est en cela que nous avons cru indispensable de faire le présent erratum, ou plutôt une simple addition à son article du 27 juin.

Quand il s'agit de biographie historique nous aimons assez à mettre les points sur les I.

FONTEVRAULT.

LES TOMBEAUX DES ROIS.

L'AMBASSADE ANGLAISE ET NOS MINISTRES.

M. STUART, M. DE RICHELIEU, M. LAINÉ, M. DE VISMES

Premier acte.

I.

Tout dort, tout plie, tout s'efface. Plus un cœur ne bat, plus un front ne s'élève, plus un esprit ne se développe et ne s'étend. Tout se resserre, s'applatit, se raccornit. C'est un siècle obtus et mort-né, qui ne fera rien de grand, rien de beau ; car vous n'imaginez pas que je compte les chemins de fer et la vapeur pour quelque chose. Que fait la vapeur ? Qu'ajoute-t-elle à la morale, à la vertu, à la bonne foi, à la grâce ? Fait-elle les peuples plus doux, plus sages, plus généreux et plus honnêtes ? Et si elle ne fait rien de tout cela, que m'importe une invention pareille ?

On s'est moqué de Midas et de ses oreilles. On a ri de Crésus et de ses mets d'or. Eh ! que voyons-nous que des Crésus et des Midas ? Que trouve-t-on partout ? Deux sortes d'êtres ; les uns qui comptent des piles d'écus, et les autres qui tout auprès meurent de faim en maudissant les riches. Voilà le fruit de vos études, de vos enseignements à tous et de vos directions fatales.

(1) Il est maintenant conservateur à la bibliothèque du roi.

On brûlait autrefois les juifs, et aujourd'hui on les encense. Qui gagne règne, et quel est le mariage qui se fait par l'amour? Remarquez-vous là-bas ces courtiers qui vont de porte en porte ; ils frappent. — Qui va là ? — C'est pour un monsieur gros et court qui a besoin d'une dot et qui demande une femme.

— Voyez plus bas ; nous sommes en marché, vous êtes venu trop tard.

— J'offre pourtant des conditions avantageuses ; je ne paie pas de mine mais d'audace. J'ai une affaire, une ferme, un défrichement, une compagnie, quelque chose de bon et de sûr.

— Touchez-là ; vous n'aurez pas ma fille ; je l'ai promise à un marchand de bœufs.

Et le pauvre galant va tirer toutes les sonnettes, forçant toutes les consignes, ne doutant pas qu'il ne finisse par attrapper quelque beau-père parmi tous ces rentiers, propriétaires, parvenus, prêteurs à la petite semaine qui pullulent dans l'ouest ou dans le nord ; car le climat ne le touche guère, c'est le *magot*.

II.

Si c'est là le train des mœurs, les arts ne valent pas mieux je vous jure. Ce n'est pas le daguerrotype qui les relevera. C'est le mécanisme qui tue le génie. On ne forme pas de Raphaël avec la chambre noire.

Quant aux monuments, où sont-ils? On abat l'ogive, l'acanthe, la palme, et tout le pittoresque de nos villes, pourquoi? Pour les remplacer par des murs de tuffeau uni, poli, reluisant et fade, qui ne fait rien à l'œil que l'éblouir et qui n'a ni style, ni forme. On colle cela le long des églises comme une emplâtre, et l'on se frotte les mains en payant le maçon.

Il y avait au Logis-Barrault un escalier curieux qui se terminait par un parasol en nervures et sculptures très ingénieuses, qu'en a-t-on fait? On l'a badigeonné froidement, et l'on fait, par tous les voyageurs, crier au vandalisme.

J'avais ouï parler de Fontevrault, j'y suis allé, où sont les tombeaux? Dans un coin, perdus, dégradés, oubliés. Où est la chapelle ? Coupée en deux, moitié en atelier, moitié flétrie. Des prisons partout, de pensées nulle part. Un matérialisme brutal. Des comptes, des chaînes, des chiffres, des peines sans fin, et jamais de bonté, de poésie et d'espérance.

III.

Le temps de l'industrie n'est pas bon pour les femmes. Elles n'y tiennent que la place d'un ballot. Elles avaient jadis plus de dignité et plus d'empire. Elles brillaient à la cour, elles gouvernaient dans les couvents et les châteaux. Cela valait mieux, avouez-le, que de croupir et de se brûler le sang dans un comptoir ou dans une caisse.

A Fontevrault, il y avait deux sections, **celle des femmes**, celle des hommes. L'abbesse les dominait toutes les deux. Robert d'Arbrisselles, le fondateur, fut calomnié odieusement et défendu aussi avec chaleur. On crut que son institution était neuve ; on le croit encore ; on n'approfondit rien. Le fait est qu'il y avait des couvents tout semblables en Bretagne, plusieurs, et qu'il ne fit, naïvement, que transporter cette mode en Anjou.

La règle était sévère. Il y avait des jours, en grand nombre, où les religieux et les religieuses allaient au chœur et en procession pieds nus.

Pour éviter le scandale, quand une *sœur* était malade, on ne la confessait point à son lit. On la portait dans une chapelle exprès qui souvent la voyait à la fois communier et mourir.

Il y avait la nuit de fréquents offices, et comme les jeunes sœurs étaient sujettes à s'endormir, on chargeait les vieilles d'aller les tirer par la manche dans leur stalle, en leur disant à toutes : Chantez, chantez.

A la mort d'une religieuse, on lavait le corps, on le couchait sur un cilice, on couvrait le visage d'un voile, on cousait le reste dans un suaire ; ensuite l'abbesse prenait un cierge et faisait dégoutter de la cire sur le cercueil en forme d'une croix.

Tout cela n'était pas gaî.

Mais la mort n'est pas gaie. Je parle ici comme le monde ; ailleurs, on nomme la mort *une joie céleste*.

Il faut apprendre à mourir et s'y faire, car tour à tour on en vient là : *moi aujourd'hui, toi demain.*

IV.

En 1817, l'ambassade anglaise fit de pressantes démarches pour obtenir la remise des monuments érigés à Fontevrault à la mémoire des Plantagenet.

Le cabinet des Tuileries n'osait pas trop déplaire en ce temps là à celui de Londres, et l'on ne savait pas bien comment faire pour empêcher que des morceaux précieux d'antiquité nationale ne fussent livrés et abandonnés à l'exigence de nos alliés.

Lord Stuart, l'ambassadeur, était un général tout jeune, aimable, et qui allait tous les soirs à l'opéra. Les dames de sa loge prenaient son plumet et s'en caressaient le cou et les épaules. Les grandes dames anglaises ont des façons très dégagées. Lord Stuart donc, étant à Paris écrivit à M. de Richelieu, président du conseil, ministre des affaires étrangères, et celui-ci s'adressa au ministre de l'intérieur, M. Lainé, pour avoir des renseignements sur l'objet de la dépêche de mylord. Il s'exprimait ainsi dans sa lettre du 20 mars :

« Monsieur,

» Le gouvernement anglais réclame divers monuments, qui,

lors de la destruction de l'abbaye de Fontevrault, où se trouvaient déposés les restes des princes de la maison Plantagenet,
ont été déplacés et transportés avec assez de négligence dans un
édifice voisin. J'en joins ici la note indicative.

» En m'adressant cette demande à laquelle S. A. R. le prince
régent paraît attacher personnellement quelque intérêt, M. le
chevalier Stuart la subordonne toutefois aux considérations qui,
sous un rapport quelconque, pourraient engager le gouvernement
français à retenir ces objets.

» Si, comme il est probable, ils n'offrent, comme art ou comme
souvenir, aucun intérêt bien réel, vous penserez sans doute,
monsieur, qu'il est sans inconvénient et qu'il peut même être utile
de donner au gouvernement anglais ce témoignage de déférence.

» Je vous prie de vouloir bien me faire connaître à cet égard
votre opinion.

» Agréez, monsieur, l'assurance de ma haute considération.
» *Richelieu.*

Note jointe.

1. The monument bearing the effigy of Henri the II, king of
England.

2. The monument and effigy of Eleonor of Guienne, queen
of Henri the II.

3. The monument and effigy of Richard Cœur-de-Lion, king
of England

4. The monument and effigy of Isabelle d'Angoulême, queen
of John king of England. »

L'hôtel de M. de Richelieu était rue du Bac; celui de M.
Lainé était rue de Grenelle-Saint-Germain. Les jardins se tou-
chaient, et dans le mur mitoyen il y avait une porte par laquelle
les deux ministres passaient souvent pour se voir et se concerter.

En recevant cette lettre, M. Lainé se rendit chez le président
du conseil. — Tenez-vous beaucoup à cette restitution? — Pas
trop; examinez, prenez du temps.

Puisqu'il en est ainsi, dis-je au ministre, écrivez au préfet,
M. de Vismes, et vous verrez après quel parti il faudra prendre.

Une lettre, en effet, fut adressée le 26 mars à M. de Vismes;
copie de la dépêche du ministre des affaires étrangères lui fut
donnée, et son avis lui fut demandé en termes qui lui laissaient
toute liberté pour répondre selon l'état de l'opinion et des
choses.

Mais le chevalier Stuart était pressant. Indépendamment de la
lettre au duc de Richelieu, il en écrivit une au ministre de l'intérieur, directement, le 20 avril. Cette seconde missive portait :

» Monsieur,

» J'ai eu l'honneur de solliciter, il y a quelques mois (1), par l'intermédiaire de S. E. M. le duc de Richelieu, afin d'obtenir en faveur de mon gouvernement, l'aliénation de certains monuments intéressants de l'histoire d'Angleterre qui se trouvent en très mauvais état sur le terrain occupé par l'ancienne abbaye de Fontevrault, département de l'Indre (2).

» Espérant que votre excellence me fera connaître la détermination du roi à ce sujet, j'ai l'honneur d'être avec une très haute considération de votre excellence le très humble et très obéissant serviteur.

» Chevalier Stuart. »

Une nouvelle note, pareille à la première, des objets réclamés était jointe à cette lettre.

M. Lainé répondit à l'ambassadeur qu'il avait invité le préfet à lui fournir les renseignements qui devaient le mettre à même de faire au roi le rapport nécessaire; que ce rapport serait dressé par lui aussitôt qu'il aurait les documents convenables; que les ordres du roi seraient pris alors; et que la résolution de S. M. ne tarderait pas ensuite à être transmise à l'ambassade.

La réponse du préfet ne se fit pas attendre. Elle arriva à Paris le 22 avril; elle renfermait les détails qu'on va lire.

« Angers, le 19 avril 1817.

» Monseigneur,

» Par votre lettre du 26 mars vous me demandez des éclaircissements qui vous sont nécessaires pour répondre à S. E. M. le duc de Richelieu sur la réclamation faite par S. A. R. le prince régent d'Angleterre, de quelques monuments relatifs à la maison Plantagenet.

» M. le ministre des affaires étrangères dit dans sa lettre que si ces monuments n'offrent, ainsi qu'il est probable, aucun intérêt réel, il pourrait être utile de donner au gouverment anglais un témoignage de déférence.

» Des statues mutilées par suite de la barbarie des vandales modernes, et laissées jusqu'à présent parmi des décombres, peuvent en effet paraître des objets peu importants en eux-mêmes et cependant des Anglais voyageurs y retrouvant les traits de leurs souverains, ont pu le considérer d'un autre œil. Mais si l'on fait attention que ces souverains étaient en même temps comtes d'Anjou, et qu'ils sont morts sur cette terre, qui a reçu leur dépouille mortelle, on sentira que les monuments qui rappellent ces grands souvenirs, appartiennent essentiellement au sol français.

---

(1) Il aurait dû dire quelques semaines.
(2) Seconde erreur de l'ambassade; il fallait dire de Maine et Loire.

» Henri II mourut à Chinon en 1129 , dans l'excès de la douleur que lui causa la perte de ses fils. Son corps fut porté et inhumé dans l'abbaye de Fontevrault.

» Richard Cœur-de-Lion , son fils , blessé au siège de Chalus , petite ville du Limousin , et mort le 6 avril 1199 , des suites de cette blessure , fut aussi inhumé à Fontevrault.

» Eléonore de Guienne , femme de Henri II , après l'avoir été de Louis VII , dit le Jeune , acheva sa carrière dans cette abbaye et y mourut le 13 mai 1304.

» Isabelle d'Angoulême , femme de Jean-sans-Terre , et depuis comtesse da la Marche et de Toulouse par son mariage avec Hugues de Lusignan , ne mourut pas à Fontevrault , mais son corps y fut apporté par son fils Henri III , roi d'Angleterre , qui lui-même voulut que son propre cœur y fut déposé.

» Les statues de ces illustres personnages étaient placées sur leurs tombeaux dans l'attitude d'une personne couchée , comme c'était l'usage du temps , et elles portent l'empreinte du siècle où elles ont été sculptées. Quoique mutilées , elles me semblent très précieuses ; mais en même temps que je propose de les retenir , il me paraît convenable de les sortir de la poussière et de rendre un hommage nouveau à la cendre des souverains qu'elles représentent.

» Fontevrault n'est plus une abbaye riche ; la retraite des vierges du Seigneur est devenue l'asile du criminel flétri et frappé par la justice humaine ; mais la religion chrétienne se plaît dans ces contrastes de la grandeur et de l'humiliation , et l'on pourrait , dans l'église de la maison centrale , qui est le chœur de l'ancienne église de l'abbaye , ménager une chapelle sépulcrale ; on pourrait y consacrer aussi , et transformer en tombeau une tour gothique presque isolée , nommée la Tour d'Evrault , et dont la structure particulière appelle déjà l'attention des curieux. On y éleverait un autel expiatoire ; les quatre statues y seraient placées ; une partie des restes de Richard , qui ont été retrouvés et recueillis , y seraient déposés , et ont pourrait y retracer les inscriptions qui étaient sur le tombeau de ce prince et sur celui de Henri II.

» Cette dernière idée , je ne fais que la reproduire ; elle appartient à un auteur qui a écrit sur les antiquités de Saumur (M. Bodin , receveur particulier de cette ville) (1).

» *Les voyageurs* , dit-il , *se détourneraient de leur route pour voir cette chapelle sépulcrale , consacrée à la mémoire*

---

(1) Il a été depuis député. Son fils, Félix Bodin, auteur d'un résumé de l'histoire de France et de beaucoup d'écrits politiques et d'articles de journaux , fut député aussi après la révolution de 1830. Il est mort peu d'années après son père, dont il avait le dessein de remanier et mettre en meilleur ordre les quatre volumes , qui sont du reste fort intéressants , même dans leur forme actuelle.

des souverains étrangers. Les Anglais qui viennent en temps de paix s'établir à Tours et à Angers visiteraient sans doute avec beaucoup d'intérêt , et peut-être avec recon- naissance, ce monument funéraire qui serait pour eux un monument national

» Si votre excellence accueille ce projet , et si elle veut consa- crer des fonds à cette destination , je la prie de me faire connaître si j'aurai à faire dresser les plans et devis des ouvrages qu'elle ordonnera , ou si elle les fera dresser à Paris d'après l'échelle et le dessin des lieux.

» J'ai donné des ordres pour que les statues soient préservées de nouvelles mutilations.

» Je suis avec respect ,

» Monseigneur ,

« De votre excellence

» Le très humble et très obéissant serviteur ,

» Le préfet de Maine et Loire ,

» Le baron *de Vismes.* »

Cette lettre du préfet était excellente. M. Lainé la transmit le 24 avril au ministre des affaires étrangères , et il ajouta : « Le département désire conserver ces restes intéressants qui tiennent à son histoire. Ces monuments n'ont pas été oubliés. Ils ont été mutilés pendant nos troubles , mais les amis des arts ne les ont point perdus de vue, et récemment un auteur du pays avait donné pour la restauration des tombeaux dont il s'agit , des idées que le préfet était dans l'intention d'adopter.

» Ce magistrat indique des mesures à prendre , et demande des fonds. Je serais disposé à statuer dans le sens de ces propositions. Toutefois , avant d'arrêter définitivement mon opinion , j'atten- drai que votre excellence ait bien voulu me faire connaître la sienne. En Anjou, on s'occupe beaucoup de sciences, d'arts , d'antiquités , et l'on ne se verrait pas sans regret privé des mo- numents de Fontevrault. »

La décision fut prise conformément aux vœux de M. Lainé et des Angevins. Les statues ne furent point enlevées , et là se ter- mine le premier acte ; mais demain vous verrez le second.

LES CARACTÈRES, LES ROLES. — CHANGEMENT DE CABINET.

M. DECAZES. — M. DE CORBIÈRE.

LOUIS XVIII. — LA REINE VICTORIA.

Second acte.

I.

Il y eut un changement de cabinet ; c'est une manière d'éviter les révolutions. Quand un système déplaît, on en ôte les chefs, afin de les remplacer par d'autres qui ont mieux le secret du moment, et l'on va ainsi de concessions en concessions, de crises en crises, qu'on tâche de rendre le moins longues et le moins pesantes possibles, gagnant du temps et se traînant au milieu des difficultés et des périls.

Cette modification se fit au mois de décembre 1818. L'ordonnance fut signée le 29 ; les ministres ne s'installèrent que le 31 au soir ; en sorte que le lendemain 1.er janvier 1819, on eut deux visites et deux compliments à faire, ce qui était assez embarrassant. Il fallait pleurer chez le ministre qui partait, rire chez celui arrivait, et c'était vraiment un tour de force. Mais à Paris on a le merveilleux don de suffire à toutes ces exigences et de contenter son monde dans toutes les positions.

M. de Richelieu et M. Lainé se retirèrent devant M. Decazes.

M. de Richelieu n'avait pas précisément ce qu'on appelle un grand esprit, mais il avait l'esprit d'un grand seigneur ; point vain, point fat, point minutieux, point attaché aux niais détails, faisant assez bon marché de ses dignités, pourvu qu'on respectât ses opinions et sa personne. Bien avec les rois, bien avec les femmes, il avait été en Russie gouverneur d'Odessa, et c'était lui qui avait créé cette ville, qui lui avait donné ses établissements, son importance, ou plutôt qui avait laissé faire les gens qui avaient arrangé tout cela. Il aimait ce qui était grand, beau, généreux ; il agissait peu, n'écrivait guère, mais il approuvait et signait à peu près ce que l'on voulait, quand cela ne sortait pas des idées qu'il s'était faites une fois pour toutes sur la conduite des choses.

Il était français dans le cœur, mais il avait du russe et du nomade dans ses habitudes. Il n'avait point de voiture à lui, il en louait une au mois avec les chevaux et le cocher ; sa cuisine était d'emprunt et assez mauvaise ; sa garde robe entrait dans une valise ; peu de chemises, peu de bas, peu de suite en tout, et prêt à lever le pied au premier signe. Son costume avait de l'élégance sans recherche : un pantalon blanc, collant, des bottes fines, à plis, rondes, et ne venant qu'au mollet; un habit croisé sur la poitrine; cravate noire et tout à fait la tenue d'un officier général *en bourgeois*.

Quant à M. Lainé, il était long, mince, je ne sais quoi de maigre dans l'allure et pourtant de la dureté, et puis tout-à-coup, quand le jeu lui plaisait, de la douceur dans le regard. Il avait aimé, il avait souffert, il ne s'était point marié, et toute son affection s'était reportée sur la France, l'ordre, la justice, la gloire véritable, celle qui se fonde sur la bonté des lois.

Il savait tout, il avait tout appris excepté les arts. Il n'était ni musicien, ni statuaire, ni peintre; il ne sentait le charme ni de la note, ni de la forme, ni de la couleur. Un jour que je lui proposais de faire exécuter le buste de Montesquieu, il en adopta vivement l'idée. « J'ai étudié son livre, me dit-il, dans la forêt de la *Brède* » (1). Mais quand je lui demandai mille écus pour l'artiste, et de plus, le marbre qui en coûterait autant : « Mille écus et encore mille écus, ah! s'écria-t-il, c'est l'impôt d'une commune! » Cependant il signa; mais il aurait voulu avoir les arts pour rien.

Je ne crois pas que, durant son ministère, il soit allé deux fois à l'opéra. Il n'aimait que les bois, les prés, les landes; il voulait qu'on défrichât, qu'on desséchât, qu'on introduisît partout de nouvelles cultures. Il a beaucoup fait en ce genre. Il mettait les laboureurs au-dessus de tout, et ce fut lui qui m'apprit que notre René Choppin, d'Anjou, avait fait un traité admirable sur les *Droits des Rustiques*.

Il n'y avait pas de légiste ou de jurisconsulte dont il n'eût lu ou commenté les ouvrages. il savait les lois de l'Angleterre, les lois de l'Amérique et toutes les lois de l'univers comme les nôtres. C'était un homme d'état consommé, mais il manquait de plus d'une qualité comme administrateur. Chaud de cœur, il était froid à l'abord, défiant, irrésolu; résolu dans le danger, mais timide à la cour; prêt au besoin à sacrifier sa vie pour une cause sainte, mais ne sachant que faire quand il n'était question que d'une mesure secondaire.

Quand il était à la tribune et qu'il parlait, on eût dit qu'il lisait dans Bossuet ou Racine, tant il avait d'abondance et d'harmonie. Sa voix était sonore, pénétrante; il avait des convictions profondes qu'il faisait passer dans votre ame, et quand vous l'écoutiez, c'en était fait, il fallait vous rendre; ce qu'on disait

---

(1) C'est le nom du château de Montesquieu, près de Bordeaux.

de Cicéron, on le disait de lui, et je préférais encore son éloquence toute pleine d'abnégation, de dévoûment et de chaleur.

Richelieu et lui s'entendaient comme deux frères. Richelieu était l'ami de l'empereur de Russie, Alexandre, et par là il aplanissait les grands obstacles du dehors; Lainé se chargeait de la politique du dedans; il endoctrinait les préfets, les maires, et tâchait de dompter les émigrés, les députés, ce qui n'était pas alors chose facile. Il échoua un jour, et il fallut un nouveau cabinet pour le lendemain; ce fut M. Decazes qui en eut la présidence.

II.

Sous le ministère Richelieu, M. Decazes n'avait que la police, et c'était peu pour une telle ambition. Il renversa tout, brouilla tout, régla tout, mit à l'écart tout ce qui le gênait, et sous le bon plaisir de Louis XVIII, il se trouva maître des destinées de la France.

C'était un homme habile, aimable, ne doutant de rien, hasardant tout, et ayant réussi dans une infinité de rencontres où d'autres mille fois se seraient anéantis. Il était en délicatesse avec tous les partis, avec toutes les puissances, et notamment le chevalier Stuart le serrait de près, dans l'espoir de grapiller toujours, tantôt d'un côté, tantôt de l'autre, quêtant, *piaillant*, pillant, et ayant une cupidité, une soif anglaise que rien ne pouvait rassasier.

Stuart en revint aux statues des Plantagenets, et voici ce que, le 9 mars 1819, il écrivit à M. Decazes :

« Monsieur le comte,

» Le gouvernement britannique ayant été informé que, depuis la destruction de l'abbaye de Fontevrault, près Saumur, département d'Indre et Loire (1), et la violation des tombeaux dans ce monastère où se trouvaient déposés les restes de la maison royale anglaise de Plantagenet, les monuments de quatre de nos princes et princesses, ont été abandonnés dans les champs et bâtiments voisins, j'ai reçu les ordres du prince régent de témoigner l'espoir de son altesse royale que, dans le cas où le gouvernement de sa majesté très chrétienne n'y trouverait pas d'inconvénient, ces monuments pussent être mis à la disposition de la personne que je pourrais nommer, à la suite du paiement de la somme que l'administration locale ou les propriétaires du terrain pourraient exiger.

» Je prie votre excellence d'agréer l'assurance de la considération très distinguée avec laquelle j'ai l'honneur d'être son très humble et très obéissant serviteur. Chevalier *Stuart.* »

---

(1) Nouvelle erreur. On voit que l'ambassade anglaise n'était pas forte sur la géographie de la France.

Le système de réclamation était un peu changé. On voulait tenter le ministère par l'appât d'une somme qui serait payée pour les monuments. Les Anglais croient tout obtenir avec de l'argent; ils jugent notre gouvernement par le leur, notre nation par la leur. Pour la nation, ils se trompent certainement; près de M. Decazes, ils se trompèrent aussi.

Hélas! à l'heure qu'il est, si l'on consultait certaines gens de ma connaissance, je gage qu'elles diraient : « Prenons l'argent, c'est toujours cela, et donnons les tombes.»

Mais le ministre eut au moins plus de pudeur. Il aimait les arts, lui, et n'était pas d'humeur à s'humilier ainsi devant l'Angleterre. Ne sachant trop ce que l'ambassadeur réclamait, il mit à la marge de sa lettre : Répondre que je demande des renseignements sur les lieux. Il ignorait que ces renseignements étaient tout venus; je les lui portai, je lui expliquai l'affaire, je lui fis voir clair ce qui avait été fait et décidé avant lui; il l'approuva, et on n'en parla plus.

J'ai su qu'on avait été piqué à l'ambassade et à Londres de ce refus d'obtempérer à une demande quoique assez indiscrète, et que pendant son séjour de l'autre côté du canal, M. Decazes en avait reçu des reproches, dont il avait tenu au surplus fort peu de compte.

M. Siméon succéda à l'intérieur à M. Decazes, et un an ou quinze mois après M. de Corbière succéda à M. Siméon. Les Anglais revinrent à la charge et redemandèrent verbalement *leurs statues.* On m'en parla encore, et je fus, comme de raison, du même avis qu'en 1817 et 1819. Corbière balança : « Si c'était de vieux livres, passe; mais de vieilles pierres, que nous fait de les garder? » Il aurait volontiers tout *lâché.* Il alla, dans son incurie, jusqu'à en dire quelques mots au conseil; mais il fut, il faut qu'on le sache, arrêté tout court par Louis XVIII qui se rappela cette espèce de querelle. On l'en avait entretenu précédemment; et sur ce point il ne fut pas d'avis de céder à la persistance des Anglais : « Ils m'ont été secourables, disait-il, mais je les ai bien payés; ils m'ont pris mes écus, soit; qu'ils nous laissent nos sépulcres. L'Anjou m'est cher, j'en suis le duc et le roi, et je ne souffrirai pas qu'on l'appauvrisse des monuments qu'il veut garder; entendez-vous bien cela, monsieur? »

Villèle fit un signe, Corbière se tut : et pour le coup l'affaire des monuments fut éteinte.

III.

Je la ranime aujourd'hui pour savoir où nous en sommes?
Depuis vingt ans qu'a-t-on fait des tombeaux? Rien.
Ils sont là gisants dans l'opprobre.

Ce n'est pas qu'Eléonore de Guienne soit une reine bien bonne et bien pure.

Ce n'est pas que Richard Cœur de-Lion ait été pour nous bien humain.

Mais Henri II, c'est autre chose : il fut magnifique pour l'Anjou ; il fit des levées, des ponts, des hôpitaux ; il favorisa le commerce et les écoles.

Et quand ce ne serait que sous le point de vue de cette rivalité de l'Anjou avec Londres, il me semble que nous ne devrions pas rester si indifférents à ces figures qui, sous le rapport de l'art même, ne sont pas sans mérite.

Nous sommes en des jours de réparation, de sagesse ; je voudrais qu'on tournât les yeux vers Fontevrault, et qu'on s'occupât de cette chapelle sépulcrale dont un de nos écrivains donna le premier l'idée.

Nos ministres nous aideront, j'en suis sûr ; et pourquoi l'Angleterre elle-même, si elle tient tant à ses princes angevins, ne souscrirait-elle pas en une telle circonstance et ne paierait-elle pas une partie des travaux ?

Les Anglais veulent notre alliance, il faut qu'ils la méritent. Ils nous ont assez pris, c'est à leur tour de nous donner. Je ne demande pas mieux que d'être ami avec eux, mais il faut, à vrai dire, qu'ils soient justes envers nous. Tant que dura la guerre, ils nous harcelèrent de mille façons ; ils jetèrent des fusils, de la poudre et de faux assignats sur nos côtes ; à présent donc qu'ils nous aident galamment à rétablir les monuments de l'abbaye.

Je vais en écrire ce soir même à la Reine Victoria, et je vous ferai lire sa réponse. Les coups de pistolet qu'on lui tire, les avanies qu'on lui fait, les outrages dont on l'accable, tout la porte à la réflexion. Le miel pour elle s'est changé en absinthe. Elle chante, mais elle rêve. Buckingham est pour elle ce que fut Trianon pour Marie-Antoinette. Qu'elle y prenne garde ; il y a là plus d'une source d'ennui. Le chagrin rend superstitieuse, la peur rend dévote, et si dans un de ses jours de spleen la reine tourne sa pensée vers l'Anjou et Fontevrault, je ne serais pas surpris qu'en recevant ma lettre, elle ne dît : « Qu'on respecte les morts, qu'on redresse leurs images pieuses, qu'on suive les plans du préfet et de Bodin, qu'on m'envoie ensuite les mémoires, et c'est moi qui les acquitterai, seule ! »

LES EAUX, LES BAINS.

LES AVIS POUR ET CONTRE.

LES APOTHICAIRES, LES MÉDECINS ET LES MALADES.

> Debout, on se moque du médecin ;
> couché, on l'appelle.
> **DIDEROT.**

I.

Que pensez-vous des bains ? Sont-ils bons ou mauvais, salutaires ou funestes ? Faut-il les prendre chauds ou froids ? Dans quel cas ? Préférez-vous les bains de mer aux bains de rivière ? Irez-vous à Bade ou aux Pyrénées ? Que dit le médecin ? N'y a-t-il pour vous aucun obstacle ? l'argent du voyage est-il prêt ? A quand le départ ?

Ce sont là les questions du moment. Voici l'heure des eaux, des douches et de tous ces remèdes ou ces plaisirs ruineux que prescrit la faculté à ceux dont, ne sachant que faire, elle veut se débarrasser. Elle envoie le mari d'un côté, la femme de l'autre ; c'est un secret pour obtenir plus vite la guérison.

J'avais à Paris un vieux médecin qui disait, lui, toujours à ses malades : Fuyez les eaux, fuyez les bains, restez avec moi, sous ma main, je vous ferai des visites tant que vous voudrez, sans jamais me lasser ; je vous donnerai du gayac favori de Charles-Quint, ou du quinquina chéri de Louis XIII, ou du sagou de Bonaparte, ou du racahout de Joséphine, et d'une foule d'autres mignonnes et honorables drogues que des princes et des princesses illustrèrent par l'usage ou l'abus qu'ils en firent.

J'ai connu à Sussy, au-dessus de Charenton, un grand propriétaire, M. Bernard, qui avait pour lui seul un gentil petit médecin (M. Peyre), et qui l'emmenait à son château dans une bonne calèche avec son chien, son singe et sa femme. Ils vivaient ensemble (le docteur et lui) comme deux frères et ne se quittaient pas plus que leur ombre. Le docteur prescrivait des pilules, quatre, six ou huit par jour, et le malade en prenait trente, quarante, cinquante, pour gagner du temps, disait-il, et dépêcher la fièvre ou les vapeurs. D'un remède doux il faisait un remède de cheval ; il avalait les bols en cachette et maigrissait, maigrissait. Le médecin engraissait ; l'air était bon, la chère délicate. A la fin les deux amis se brouillèrent, et les rôles de changer : ce fut Peyre qui maigrit et Bernard qui engraissa.

II.

Les pharmaciens n'aiment pas l'été, c'est leur saison morte ; ils préfèrent de beaucoup l'hiver, où l'on ne court point, où l'on ne s'absente point, où l'on se calfeutre chez soi avec de bons rhumes ; où l'on se médicamente au coin de son feu, en robe de chambre et en pantoufles.

Il y a tel catarrhe périodique qui rapporte à l'apothicaire, bon an mal an, vingt-cinq ou trente louis, peut-être pas à Angers, mais à Rouen, à Caen, à Paris et dans le nord, où le vent est plus aigre. On s'abonne pour tant de locs, tant de potions, et l'on se fait ainsi d'aimables habitudes qui distraient l'un et enrichissent l'autre.

Un pharmacien de Bruxelles me disait un jour presque en colère et comme je lui parlais d'aller aux eaux d'Aix-la-Chapelle : « En vérité, je ne vous conçois pas avec vos idées saugrenues. Vous ne savez donc pas, monsieur, que les bains sont au monde ce qu'il y a de plus pernicieux ; ils rendent mous, flasques, ils gâtent les dents, font tomber les cheveux et vous poussent à la caducité et à la mort comme on vous y pousserait par les épaules.

» Ce qu'on peut tout au plus se permettre, c'est, savez-vous quoi ? le bain de propreté, mais avec des précautions et en le préparant avec de légers cosmétiques comme j'en ai là des doses toutes prêtes (à 2 fr. le paquet) dans un bocal.

» Il faut se *laver* et ne se *baigner* pas ; c'est ce que recommandent expressément les anciens. »

Car les anciens, c'est-à-dire les médecins du moyen âge, ont dans le Brabant une grande autorité. On ne jure que par eux. Il est vrai de dire que se laver, se frotter et s'éponger à grand gué devant un feu vif, les portes bien closes, est une des choses les plus agréables et les plus saines.

J'avais dans ma compagnie, rue du Bac, un chasseur qui passait la soixantaine, et qui restait dans la garde par zèle et par plaisir. Il était plus vigoureux que nous tous ; et comment arrivait-il là ? par s'éponger et se brosser le matin devant son miroir pendant une heure. Il entretenait ainsi la circulation du sang et des humeurs, et toute la journée il était souple et leste comme un Basque.

III.

A Anvers où j'ai demeuré onze mois, mon apothicaire était aussi un grand ennemi des bains trop répétés.

« Peut-on, disait-il, peut-on mettre, comme nous le voyons quelquefois, le corps de l'homme à infuser dans des tonnes d'eau tiède ou froide, n'importe !

» Sommes-nous des animaux amphibies, des castors ou des crocodiles ? Non, certes ; et pourquoi donc agir comme eux ?

» Beaucoup de personnes s'évanouissent dans le bain ; d'autres s'y endorment et s'y noient ; d'autres n'en sortent que perclus. Ce sont là des exemples qui effraient et qui doivent porter à réfléchir les gens sages. »

IV.

Je ne tairai pas l'opinion d'un apothicaire de Versailles, qui résumait ainsi en grommelant les arguments contre les bains et les eaux, dont la mode le désespérait par le vide qu'elle laissait dans son laboratoire.

« Ces lénitifs, tout bien considéré, sont plus fâcheux que favorables. C'est la médecine des fous et des blasés, c'est le pis aller des imbéciles.

» Y a-t-il rien de plus stupide et de plus sot, que d'imaginer qu'on va se guérir en se plongeant deux ou trois fois le jour dans des boues fétides et brûlantes ?

» Mais ce n'est pas tout que ces immersions ; il faut avaler coup sur coup des rasades avec un courage héroïque : dix, vingt, trente verres, progressivement, et si, comme le prétend Figaro, *boire sans soif* est une de nos passions, vous savez bien que c'est du vin dont il parle, mais boire de l'eau, c'est un supplice.

» On ne saurait dire, sur ma parole, lequel a le plus droit d'étonner, ou du savant à patente et à diplôme qui ose ordonner un tel régime, ou du patient qui s'y soumet. »

C'est là généralement le langage des chefs de la thérapeutique.

V.

Parmi les médecins, partisans et défenseurs des bains, médecins de ville et de campagne et officiers de santé (de santé, les traîtres!) il y a constamment des disputes sérieuses pour l'espèce et la qualité des eaux. Faut-il des gazeuses ou des ferrugineuses ? Sont-ce les thermales ou les glacées ?

L'eau glacée, assure l'un, raffermit les chairs, fortifie le corps et le rend visiblement moins sujet aux influences des saisons, des autans, des pluies et des intempéries de toute espèce qui nous assiègent.

Ne donnez pas dans ce pathos, s'écrie l'autre ; l'eau froide fait plus de mal au dedans qu'elle ne fait de bien au dehors : elle resserre les pores, épaissit la lymphe et donne des spasmes, des coliques dont il faut surtout en ce moment se défier.

C'est l'eau chaude qui est la panacée universelle; elle fait couler et sortir la bile, dilate utilement l'estomac, détruit la lassitude des membres, dégage les viscères, éclaircit le cerveau et procure une infinité d'avantages qu'il serait trop long de détailler.

Pauvres malades, choisissez donc entre tous ces avis qui se croisent, se heurtent, se contredisent, se renversent, s'anéantissent !

VI.

Deux médecins de l'antique Marseille furent surtout célèbres par leur manière tout o: posée d'apprécier et de traiter les bains.

L'un se nommait Ctinus et l'autre Charinus ; l'un d'origine grecque, l'autre arabe. Tous deux entêtés comme des mules, vains comme des paons, durs comme du fer, pas plus de cœur qu'un moine ou qu'un roc.

Ctinus, qui rapportait tout au mouvement des astres, était exclusivement pour les bains chauds ; seulement il fallait les prendre selon le mois, le jour et l'heure. Il voulait qu'on bût et qu'on mangeât, qu'on dormît et qu'on se baignât suivant qu'il convenait à la lune, au soleil, aux planètes et à leurs anneaux ou satellites.

Charinus, bien différent, faisait mettre ses clients dans la neige ou, pour le moins, dans l'eau courante des ruisseaux, dans le flot écumeux des torrents, au fond de l'hiver comme au printemps, en août comme en octobre, au risque de ce qui pouvait en arriver. Bancal ou bossu, pituiteux, cacochyme, jeune ou vieux, gros ou mince : « Plonge, plonge, *c'est le moyen de vivre.* » C'était aussi celui de mourir.

Mais la pierre couvre tout. On ne revient pas de là-bas pour se plaindre. Un de plus ou de moins, que fait cela ? Il faut que la médecine marche. C'était un essai que chacun de ces messieurs faisait. Tous les habiles font de même, ou presque tous. Il n'y a que les ignorants qui soient timides. Quant aux maîtres, la science est pour eux comme une mer agitée, et nous sommes les avirons et les nageoires dont ils se servent pour tendre et voguer vers la fort une et vers la gloire.

L'histoire ne nous dit point quel fut le succès des études de ces braves Marseillais. C'est mauvais signe. Il est probable que les pauvres malades faisaient grise mine entre leurs mains, et que plus d'un fit les honneurs et paya de sa peau les frais de la discussion.

Je ne fais aujourd'hui que d'aborder la matière. Elle est féconde, et j'en tirerai si je peux, tous les traits curieux, amusants, instructifs. Je parcourrai les temps, les lieux, et après avoir fait mes remarques sur les siècles passés, sur les pays lointains, je descendrai aux particularités de nos bains d'Anjou et j'indiquerai peut-être quelques perfectionnements qui seront de nature a me faire bienvenir des amateurs, surtout des jolies femmes dont je me plais fort à m'occuper.

LES FLEUVES ET LES FONTAINES.—L'INDE ET L'ÉGYPTE.

LES BAINS TURCS.—WISBADE ET SON PROGRAMME.

I.

Nous avons un Angevin qui est à Pondichéry; bientôt il sera à Calcutta. Il glisse mollement sur les eaux du golfe : et quand il aura mis le pied sur la terre fleurie du Bengale, il remontera le fleuve sacré, le Gange, et passera sur son navire léger, au milieu des morts et des cadavres qui sont pieusement livrés au courant et aux vagues par les familles éplorées.

Pauvre espèce humaine, on n'en sait que faire! tantôt on l'enterre, tantôt on la brûle, tantôt on la noie, tantôt on l'expose sur des perches où viennent les vautours qui la dévorent.

Quand un Hindou est malade, on le porte au Gange pour le baigner et le guérir. Quand il meurt, on l'y porte encore pour le purifier et l'engloutir.

C'est une idée simple et qui est de nature à frapper le peuple : ce qui lave le corps, lave l'ame; c'est une conséquence facile à tirer. Oh! que les sens exercent d'empire, et que l'homme a de peine à se conduire par d'autres règles que celles qu'il emprunte à la forme, au positif et au toucher! Le monde enfant raisonne comme il compte : par les doigts.

Etre *net*, c'est être *pur*. Une fois ce principe admis, vous concevez l'empressement de la foule à se précipiter dans le fleuve. Mais non seulement le Gange est sacré, l'Indus l'est aussi, et tous les autres grands cours d'eau le sont dans l'une et l'autre presqu'île. On s'y *blanchit* de ses défauts, de ses crimes, et ce besoin général de toutes les races de secouer le mal et de retourner à la candeur native est un caractère et une preuve des grands enseignements du passé.

II.

Le Nil fut sacré; le Tibre, sacré; la Maine, la Loire et nos fontaines ne furent-elles pas l'objet d'un culte?

L'*humide* eut ses autels; le nuage, la feuille, et la mer qui le donnent, eurent long-temps leurs adorateurs. Or, voici des rêves contraires; voici le temps du sec et de l'aride; on abat, on rase, on défriche. Les rocs chevelus vont devenir chauves. Cybèle, comme une vieille femme, voit tomber ses boucles, ses nattes, et découvrir son front ridé.

L'étang se dessèche, le fleuve se resserre, et s'il y avait action sur l'Océan, vous le verriez refoulé par des digues et sillonné en chaussées nues et longues sur lesquelles voleraient de leurs

ailes noires les locomotives haletantes, chargées de masses in-
quiètes et avides qui s'en iraient chercher, je ne sais où, ce je ne
sais quoi qu'on appelle bonheur et qui se compose de luxe, de
perles, de vœux insatiables et de grandeur vaine !

III.

En Egypte, sous Sésostris, il y avait de vastes cuves de granit
dans l'intérieur sombre des temples. Là les prêtres faisaient leurs
ablutions, et ne laissaient qu'un à un pénétrer les initiés. C'était
une suite de pratiques et de mystères qui ne descendaient pas
jusqu'au menu peuple. Le *fellah* (paysan brute) se baignait dans
le Nil ; c'était assez pour lui, et le fleuve, après tout, ne se bornait pas, au dire des devins, à effacer les taches de la peau, il
épurait l'esprit. C'était l'essai, le début, la préparation solennelle
pour arriver progressivement et quand on s'en montrait digne,
à de plus hautes leçons, à de plus saintes œuvres.

A la chute des Pharaons, à la chute de Memphis, à la chute
de toute la cabale hiéroglyphique, le fleuve continua de couler,
et le flot des populations conserva de même ses vieux prodiges.
Mahomet vint, le sabre au poing, qui renversa Isis et Osiris,
qui mit Apis et Anubis en pièces ; mais il consulta le thermomètre
(ou quelque pareil instrument), et garda le bain, dont il fit de
son Coran un capital précepte.

On se baigne au Caire comme on se baignait à Thèbes. On se
baigne en Syrie dans le Jourdain qu'on soit Turc ou Juif. Le
climat fait la loi ; on n'y résiste guère. On se baigne à Smyrne
dans des *cabinets à la française*, et le Musulman des ports se
fait presque aujourd'hui Parisien. Mais le vrai croyant, celui des
terres et des cantons reculés, en est encore à ses bains couverts,
retirés, secrets pour les femmes du riche, ne donnant la liberté
qu'aux pauvres, et semblant ainsi vouloir compenser pour celles
que trahit la fortune, les avantages sans fin dont les autres se
croient dotées.

Nous gémissons sur l'esclavage des femmes de l'Asie, mais elles
(écoutez-les), elles tiennent à honneur leurs chaînes, elles s'en
font gloire, et c'est à qui, parmi les plus jolies (voyez la force de
l'éducation !) sera choisie et préférée pour être enfermée dans un
harem.

Si l'expédition de Saint-Jean-d'Acre eût réussi et si l'armée
française, s'établissant dans ces contrées, eût fait souvent la route
de Jérusalem à Stamboul et de Scutari à Damas, il est à croire
que ces mœurs antiques auraient changé et que tout le sexe, en
Orient, eût crié comme le nôtre à l'émancipation.

IV.

Les Turcs de la classe ordinaire se baignent en troupe et en
commun. Ils ont des rotondes ouvertes au sommet pour que l'air

s'y puisse renouveler. Une large estrade, divisée en compartiments, règne autour ; c'est là qu'on dépose ses vêtements. Au centre de l'édifice, un jet d'eau qui part comme une flèche et retombe en gerbe, rafraîchit la pensée et divertit la vue. Quand on s'est débarrassé de ses habits on ceint les reins d'une serviette souple et fine, autant qu'on peut ; on prend des sandales ou babouches et l'on se rend par des corridors ou défilés jusqu'à une salle voûtée et spacieuse, pavée et revêtue de marbre, où est le bain tiède ou froid, à volonté, selon le jour et l'heure ; bain dans lequel on se plonge sans rire avec toute la gravité orientale.

Près de là est un bassin d'eau chaude qui sert au besoin à élever ou abaisser la température de ce bain-omnibus. La vapeur qui sort du bassin se mêle à celle des parfums qu'on brûle sur divers points de la salle. Un nuage odorant enveloppe les baigneurs, qui sont mollement couchés sur des coussins et des tapis.

Un enfant gentil et léger vient vous servir, vous émoucheter, vous éponger, vous faire les ongles ; le tout se termine, comme on devait s'y attendre, par la pipe, les sorbets et le moka.

Ce sont-là les bains des hommes. Jugez par eux de ce qu'on peut raconter des bains des femmes. Il y en a où la réalité dépasse de bien loin tout ce que la poésie européenne pourrait imaginer. Il faut y aller pour y croire ; et comment y aller ? Vingt descriptions nous ont été données de ces féeries : Chardin, Chateaubriand, Forbin, Lamartine, ont écrit et parlé ; mais pas la centième partie de ce qui existe n'a été dit, et quoi qu'on fasse pour deviner et pour décrire les coutumes de ces peuples, il restera encore pour nous, sur leurs modes intimes, pendant des siècles, de profondes énigmes et de désespérantes obscurités.

V.

Il circule à l'heure qu'il est en Allemagne un programme bizarre, extravagant et dont je veux vous entretenir. Il s'agit du prospectus des bains de Wisbade, dans le duché de Nassau, duché qui fut, en 1806, fondé par Napoléon, et qui resta après lui comme tant d'autres choses dont on profite sans lui en savoir gré. On dit le mal, non le bien, ou peu. On va quérir ses cendres, mais sans trop se soucier d'honorer sa mémoire ; c'est un drame qui à l'air d'une parodie.

C'est de Wisbade enfin que je veux parler. La ville a sept ou huit mille ames dans les temps de calme ; elle en a le double dans la belle saison. Ce lieu était célèbre dès le temps des Romains. Ils en fêtaient les eaux, les sources ; ils y avaient des bains très fréquentés, et tout auprès, aux premiers siècles du christianisme, s'éleva un monastère, celui d'Erbach, dont les ruines attestent la splendeur et prêtent leur charme au paysage.

Le peintre aime les ruines, le philosophe aussi ; l'un pour dessiner, l'autre pour méditer. Ce qui est debout plaît par le souffle et la vie ; ce qui est tombé, par l'immobilité et le silence, la mort. Pour moi, je m'accommode de tout, excepté de l'immoralité. Or, sachez ce qui me choque dans les placards imprudents que je signale, et dont l'indécence va, comme moi, vous frapper.

Wisbade est guindée et paisible pendant neuf mois de l'année. Mais pendant les trois autres mois, c'est un enfer. Joueurs, désœuvrés, filous, cuisiniers, gourmands, débauchés, ivrognes, banquiers, flâneurs, bateleurs, touristes, c'est là le gibier qu'on trouve sur le terrain. Les femmes y abondent, faisant trafic de tout. C'est la Gnide moderne ou Babylone. Eh bien ! c'est de cette tourbe effrontée qu'on vante l'éclat dans les feuilles impertinentes que j'ai vues traduites et qui se répandent par milliers dans toute l'Europe, qui se lisent partout et se propagent chez les plus honnêtes gens et dans les maisons les plus sages, tant cette *brélanderie* est contagieuse.

Pour justifier ma censure et mes attaques, je citerai les phrases et j'y joindrai mes commentaires, en les rédigeant par ordre alphabétique, afin d'éviter la confusion.

A. — On écrit de Biebrich, résidence du duc de Nassau, à une lieue de Wisbade :

« En voyant la foule d'étrangers *riches* et de distinction qui
» afflue dans notre ville et y sème *son or* à pleines mains, on se
» demande comment le gouvernement français n'a pas su trouver
» d'autre remède au scandale de ses maisons de jeu, qu'une sup-
» pression totale, sans exception, sans modification, et, passez-
» moi le mot, peut-être aussi sans discernement. »

Remarquez les mots soulignés, *riches et or*, comme cela sonne par le temps qui court ; ce sont là les dieux qu'on encense !

Voyez-vous ensuite la France qu'un Juif de Francfort ou de Mayence taxe d'imbécillité et d'idiotisme pour avoir supprimé ses *roulettes* et ses *trente-et-un*, tandis qu'elle aurait si bien pu, en évitant le bruit, tirer de bons écus de ses tripots, et leur vendre à beaux deniers comptants sa tolérance.

B. — « Si nos rigoristes voyaient ici le jeu réduit à un amu-
» sement de bon ton, de bon goût, raisonnable, en harmonie
» avec la fortune et la position sociale des joueurs ; épuré par une
» police sévère et bien inspirée, de cette tourbe de *spéculateurs*
» *indélicats* qu'une incurie blâmable admettait dans les maisons de
» Paris, et que la suppression a fait refluer dans certaines localités
» de la frontière, ils comprendraient qu'ils ont été plus loin qu'il
» ne fallait, et que, pour remédier à un abus fâcheux, ils ont
» tari une source riche de prospérité publique qu'ils pouvaient
» aisément clarifier au grand avantage du gouvernement et de la
» nation. »

Les malheureux! c'est là ce qu'ils osent publier dans leurs gazettes-stipendiées, et c'est là ce que l'amour du tarif à tant la ligne fera peut-être admettre sans contrôle dans les quatrièmes pages de nos régents de la presse française!

Stupide avarice, où nous mènes-tu? cynisme effréné, qu'oses-tu dire?

Quoi! c'est au détriment de la nation qu'on a fermé les maisons de jeu!

Quoi! c'est là cette source de prospérité publique que vous n'avez pas honte de regretter!

Que parlez-vous d'une tourbe de spéculateurs indélicats? Quel est ce langage et ce style? c'est la rédaction d'un *bout-de-table* et d'un *chef de partie*; c'est quelque fermier déchu ou en herbe qui des forêts germaines lance des hameçons et des *asticos* dans le trafico-journalisme, pour tâcher d'y faire mordre quelqu'une de nos puissances du jour.

O morale, où *es-tu*? O police, où es tu? Ils parlent de police, eux aussi, mais vous savez laquelle : c'est celle qui chasse et expulse les joueurs en guenilles, pour n'ouvrir la porte qu'aux enfants de bonne famille, aux gens titrés, musqués, rentés, emplumés et passionnés, qu'il est si facile de tromper, de dépouiller, de sucer jusqu'à la moëlle des os et de renvoyer nuds et pantois, quand ils n'ont plus rien à risquer et à perdre.

C'est le conte d'Halil régénéré et qui m'enflammait tant dans ma jeunesse; je vous engage à le lire.

C. — « Représentez-vous la petite ville ducale peuplée d'hôtes
» illustres : princes et princesses, barons et comtes, feld-maré-
» chaux, généraux, chambellans, aides-de-camp, militaires de
» tout grade, nobles de toute cocarde; figurez-vous cette cour
» étincelante et tout ce peuple doré et brodé qui anime de
» ses magnifiques équipages cent routes et avenues si pitto-
» resques et si belles, et qui se réunit le soir dans les vastes sa-
» lons de marbre et d'or que le gouvernement de Nassau a fait
» élever avec tant de goût, pour y jouir du bal ou du concert;
» voyez ces *tables chargées d'or* qu'approchent sans *rougir* des
» femmes, des jeunes filles, de graves magistrats, des dignitaires
» ecclésiastiques, et vous comprendrez que moraliser et détruire
» ne sont pas synonymes. »

Que dites-vous de ces images? Ces tables chargées d'or n'ont-elles pas le droit de vous séduire? Ne voilà-t-il pas de beaux exemples qu'on vous cite, et ne reconnaissez-vous pas que pour vous il n'y a plus à craindre de vous compromettre et de déroger?

Partez, messieurs les gentilshommes; partez, chevaliers, vidames, vicomtes; partez, richards de toutes les conditions. Wisbade vous attend, les dés vous appellent; il y a, aux bords de l'Ems, bonne compagnie pour vous recevoir : femmes, filles, prédicants, juges et toute la cohue empanachée est aux bains et au jeu, sous les armes, pour vous en faire les honneurs. Allons vite, montez en voiture, courez la poste, passez le Rhin, les chemins ne manquent pas ; il y a des chemins de fer et de feu ; on vous portera, s'il le faut en ballon par les airs, à l'aide des nouveaux moteurs atmosphériques ; car on va à Wisbade, on y *vole* de plus d'une manière, et vous n'avez qu'une chose à faire avant de partir, c'est de bien garnir votre bourse. Sans cela, vous seriez traité comme un lépreux. Mais avec une saccoche bien pleine, fussiez-vous un savoyard, un banqueroutier, un malo-tru, un *pleutre*, vous aurez d'emblée le grade de major et vous serez, jusqu'à épuisement, l'ami de tous les *baigneurs* et la co-queluche de toutes les *buveuses*.

D. — « Dans la voie de perfectionnement tout se suit et s'en-» chaîne. D'heure en heure à Wisbade on voit débarquer cinq » cents visiteurs pour le moins. D'autres s'en vont ; c'est un flux » et reflux.

» Le Kur-Saal, l'établissement le plus *riche* et le plus élégant » de ce genre qui existe en Europe, réalise les Mille et une nuits. » La foule en y abordant rend hommage au prince souverain » qui, par ses efforts, est parvenu à embellir encore des lieux » que la nature avait déjà créés si merveilleux.

» Honneur cent fois et respect au prince éclairé qui sait entre-» tenir ainsi dans ses états un faste utile et louable, et faire » tourner au profit de son peuple des passions qu'ailleurs on » condamne, faute de savoir les *diriger !* »

Faute de savoir les *exploiter* ; c'est ce que l'auteur a voulu dire. La plume lui a tourné dans la main ; mais la plume aussi tombe de la mienne.

Ah ! traître, empoisonneur, athée ! c'est là ce que tu vends au public ? Eh ! dis-moi, tu ne crains pas les galères ?

Tout mon esprit se révolte à ces indignités ; tout mon cœur se soulève à ces impuretés qui infectent nos villes, infectent nos campagnes, et qui, sorties des piscines allemandes, roulent par torrents dans nos vallées, après avoir passé par les vomitoires lutétiens.

LES EAUX DE L'ANJOU.

L'ENGOUMENT ET L'ABANDON. — COMME TOUT CHANGE DANS

LA VIE

I.

O mon Anjou, que tu es beau, mais que tu es bizarre, que tu es favorisé du ciel et que tu abuses des dons que tu as reçus de toutes parts ! que ta terre est féconde , riche , productive , et que l'esprit de tes habitants a de mollesse , d'indolence et d'inertie !

L'Anjou se laisse traîner à la remorque par tout ce qui veut marcher devant lui. Il pense , il sent , il sait , mais il néglige de se servir de ses facultés brillantes. Il remet à d'autres l'initiative et la direction ; il ne se forme point de convictions qui lui soient propres , il ne s'en soucie point , il n'en prend point la peine ; il aime les opinions toutes faites , les avis tout mâchés , les résolutions toutes pétries , poivrées et préparées.

O génie dormeur, qui te réveillera ? O puissance intime et réelle , qui te mettra en œuvre et t'amènera à la surface ? Où sont les écrivains qui auront sur toi de l'empire , qui t'ouvriront les yeux , et qui te placeront au rang élevé que tu devais avoir dans les provinces ?

J'essaie de t'émouvoir et de te secouer ; je te tire les bras , je te pousse par les épaules , mais que je suis faible pour une telle entreprise , et que tu te moques , en dessous , de mes efforts !

II.

Les eaux de l'Anjou ont pour la plupart du fer oxidé qui se dissout en elles , en quantité plus ou moins grande , si bien que , toutes rendues par là légèrement purgatives , elles finissent par fatiguer les estomacs débiles et altérer trop souvent la santé.

Nos pères étaient apparemment plus forts ou moins délicats que nous ne le sommes , car ils buvaient cette eau sans souffler , sans mot dire , sans avoir ni crampes ni coliques ; mais n'est-ce pas plutôt qu'ils ne buvaient que du vin , laissant l'eau à leurs enfants et à leurs femmes , et n'en avalant jamais que réduite en bouillon , dans les potages gras ou maigres dont ils n'étaient pas même très friands ?

On s'enivrait alors par précaution au moins une fois la semaine. La mousse pétillante et le jus capiteux de la treille entraient dans le régime obligé , et l'on trouvait bon de se rouler de temps en temps sous la table (comme le font encore les Anglais) plutôt que de rester étendus , fiévreux , grelottants , souffreteux et malingres sur un lit de misère en proie aux tortures du cauchemar.

Si par aventure l'eau prise quoiqu'à petite dose gâtait l'estomac , le vin le relevait et le ranimait ; il y avait compensation. Mais aujourd'hui que nous ne sommes tous absolument que des buveurs d'eau , des preneurs de thé , de café ou de limonade , il nous faut de l'eau de Loire ou de l'eau de Maine épurée , et le double service qui s'en est établi prend tous les jours , chez nous , plus d'extension. C'est un véritable commerce. Honneur à la *chimie* à qui nous devons cette ressource précieuse, devenue indispensable dans l'état de notre hygiène et de nos mœurs et qui, grâce à elle, nous est offerte abondamment, commodément et à très bon compte.

Quant aux eaux médicinales, il y en a dans le département sur divers points. Je vais passer en revue les principales.

III.

Les *eaux de Jouannet* sont particulièrement en réputation. On y va de Saumur, de Niort, de Cholet, d'Angers bien entendu, et de Nantes. Là, comme toujours, la promenade, le jeu, la gaîté, la danse, la bonne chère, sont les grands auxiliaires de la fontaine.

Il y a plusieurs sources dont l'une est teinte de sulfure et est dite : *La Fontaine des Galeux.* C'est une enseigne qui en éloigne les élégantes, mais qui ne fut peut-être pas inutile à plus d'un de nos recherchés, de nos dandys, de nos fashionables. Il y a mille occasions fatales, mille accidents de pêche, de chasse, de courses vagabondes, de rencontres de diligence et d'auberge où les plus fins sont attrapés. Qui est allé en Bretagne saura qu'en dire. Jouannet est un recours et un refuge où les voyageurs imprudents font sagement, à leur retour, d'aller se plonger et s'abreuver.

Martigné et Chavagnes sont les bourgs voisins où se tiennent et résident les buveurs et les baigneurs. Des hôtels bien fournis, des ombrages délicieux, des fleurs, des sites, des vignes, toute une nature qui attire et enchante ; sans parler de la *Canonnière,* qui est là tout près et dont le crû, le vin rouge lutte et rivalise avec Bourgueil et mieux que cela même, avec Cahors, Saint-Georges, Bordeaux, selon les années : je prédis d'avance que celle-ci sera bonne.

Proust, Guépin, Guitet, Godefroy, Cadot, tous médecins et pharmaciens habiles, ont analysé les eaux et les boues de Jouannet, et ils en ont bien et dûment constaté les propriétés salutaires. J'ai vu là quelquefois des familles entières, du Nord et du Midi, qui se donnaient rendez-vous ; et il s'ensuivait des fêtes, des causeries, des mariages et toutes sortes de choses bonnes et agréables, car je suppose que tous les ménages étaient heureux.

Remarquez-le : il y a dans ce siècle fort peu de mauvais ménages. Il est de bon ton de se bien conduire quand on a prononcé le *oui* sacré ; ou peut-être encore est-ce la mode de plier, de courber et de se taire quand il arrive de ces événements dont la faiblesse humaine ne peut répondre.

Les vers du poète Lanoue font loi :

> « Le bruit est pour le fat, la plainte est pour le sot ;
> » L'honnête homme trompé s'éloigne et ne dit mot. »

IV.

Vous êtes allé voir le Plessis-Bourré ; c'est un vieux re.
de la finance de Louis XI. Non loin de ce château en loque.
en traversant Feneu, demandez la *Fontaine aux Miracles ;* j
pense qu'on vous la montrera. On y accourait des environs. Les
jeunes filles y venaient pâles et s'en retournaient roses ; les
rousselées avaient bientôt la peau unie ; les rouges devenaient
blondes ; les paralytiques avaient à peine bu quelques verres
qu'ils jetaient leurs béquilles et s'en couraient sautant. Je ne sais
qui ou je ne sais quoi a brouillé cette source et troublé cette
vertu. Le fait est qu'à l'heure présente, il n'y a plus à Feneu
que quelques *bonnes femmes* qui aillent encore à la fontaine
pour les oreilles et pour les yeux, mais ni l'ouïe ni la vue ne leur
reviennent ; ce qui est parti est parti ; toutes les eaux ferrugineuses du monde ne pourraient y apporter remède

« Et réparer des ans l'irréparable outrage !... »

V.

Chalonnes qui fait tant de frais pour avoir un pont ; Chalonnes
qui brûle du désir de s'élever à l'état de ville et qui a de l'ambition plus qu'on ne peut croire, ce qui après tout n'est pas un
crime et passe même pour une qualité, Chalonnes avait sa *fontaine Saint-Maurille* qui remontait à ce grand évêque, à ce
vigoureux apôtre, lieutenant généreux de Saint-Martin, et qui
brisa à lui seul dans tout le pays plus d'idoles qu'il n'y avait
d'arbres ; que dis-je, la fontaine datait de plus loin, puisqu'on
prétend qu'elle était connue des druides et adroitement exploitée
par eux. Ils y avaient un barde, en robe blanche, toujours
debout, veillant toujours, toujours prêt à ablutionner ou im-
merser les croyans, les croyantes, ou les curieux et les curieuses.

La foi nouvelle s'empara de cette source, elle en chassa les
maléfices ; elle la bénit, la purifia et s'en servit non seulement
pour guérir et redresser le corps, mais pour cicatriser les plaies
de l'ame.

Pauvre ame, tu es si faible, si prompte au découragement et
à l'erreur !

On disait au pays que l'eau de Saint - Maurille apaisait les
douleurs de tête et les maux de cœur, rompait les méchants
rêves, les pensées folles et rétablissait l'équilibre dans le sang, la
bile et les passions.

L'idiot y retrouvait la raison ; l'avare maigri perdait la soif de
l'or et reconquérait son embonpoint ; l'homme atteint d'orgueil et
de bouffissure y voyait ses plans trompeurs se dissiper en fumée,
et dans ces vallées étroites du Layon et des planches d'Enferney
où les malades allaient chaque jour passer trois ou quatre heures,
il se fit des cures merveilleuses dont les *anciens* ont gardé le
souvenir.

La révolution qui a passé par là a tout changé, et au lieu des gouttes de Saint-Maurille il n'est plus question que des *liqueurs de Chalonnes*, liqueurs douces et parfumées qui ne visent pas à moins qu'à faire oublier celles de Venise, de la côte Saint-André ou de la Martinique. Je leur en souhaite !

VI.

Grand nombre des sources, dans vingt communes, offrent ce phénomène que leur température, comparée à celle de l'air environnant, paraît chaude en hiver, et de là l'idée que ce sont positivement des eaux thermales. Mais il n'en est rien, pas plus à *Chaudfonds* qui se vante de ses fontaines qu'ailleurs.

J'en avais à l'Étang, près Marly, où je demeurais, deux de cette espèce dans mon jardin. Jamais elles ne gelèrent quelque froid qu'il pût faire, et l'on y pouvait puiser et lessiver tant qu'on voulait, en toute saison, ce qui ne laissait pas d'avoir ses avan-tages ; mais tout cela n'avait rien de thermal, proprement dit, et pourtant jadis on y venait en pélérinage, ayant beaucoup plus d'imagination qu'aujourd'hui ; étant moins éclairé, je le veux croire, mais moins blâsé aussi et se plaisant mieux à voir et à trouver partout des effets magiques, des choses surnaturelles qui coupaient et variaient les chances blafardes et monotones de la vie.

« Le raisonner tristement s'accrédite. »

Hélas ! qu'y gagnons-nous ?

VII.

Citerai-je dans l'arrondissement de Beaupreau et dans le parc même de la famille Civrac une fontaine ferrugineuse qui dort là sans reflet et sans gloire ; ou la *fontaine Salée*, de la métairie de Bernon, à la Séguinière ; ou, dans l'arrondissement de Baugé, la *fontaine Rouillée*, commune du Ménil, près la Roche-Boëte ; ou, dans l'arrondissement d'Angers, l'eau minérale de Luigné, canton de Thouarcé ; l'eau de Saint Augustin-des-Bois qui touche le Louroux-Béconnais, et l'eau d'Écuillé, un peu jaunâtre, et qui se mêle si bien au petit vin de Briollay ? Demandez aux braves qui pendent à leur porte une pomme de pin.

M. Desvaux a visité à pied toutes ces sources. Il en a rapporté des fioles, comme Châteaubriand fit du Jourdain, mais il y avait moins de confiance, et à vrai dire sa science était un peu railleuse. Il mettait du vin dans son eau et sa pointe était un peu vive.

Souvent aussi il s'égarait dans les verts labyrinthes de sa pensée ; savant aimable qui voyait la nature, ces jours-là, à travers la poésie, et qui prêtait au granit et au schiste des robes de pourpre et des manteaux de cachemire.

Il est parti, nous le regrettons, mais on voit que sa mémoire nous reste.

VIII.

A Cheffes, dans le beau domaine de Soudon, qui appartient à M. Pilastre, fils de notre ancien maire et député, est un bassin d'eau de fer qui a fixé long-temps l'attention des amateurs. On espérait d'avoir trouvé là de quoi chasser les insomnies, les migraines et toutes les vapeurs de la contrée, mais le prestige n'a pas duré; chez nous rien ne dure! Et maintenant tout se borne à peu près (m'assure-t-on) à nourrir des petits poissons rouges.

IX.

J'ai réservé pour le bouquet la *fontaine de l'Épervière*. Oh! qu'est-elle devenue? qui l'a cachée, accaparée, entourée de murs? qui lui a ôté sa naïveté première? quelles chères matinées elle nous a fait passer! quelles parties de barres on faisait dans ses prés; quels pique-niques ravissants sur l'herbe, dans les bois d'Eventard, et quelquefois à Echarbot où les charmilles, taillées en théâtre, nous permettaient d'improviser la comédie. O temps! ô mœurs! tout le monde était pêle-mêle, tout le monde était content; on sortait de la terreur et des guerres, on venait de signer la pacification, et les classes, les nuances, les partis, les âges se rapprochaient et se tendaient la main. Ci-devants et parvenus, patauds et brigands, jeunes et vieux, jolies et laides, une fusion complète, un appétit d'enfer, des rondes croustillan'es, et des mères toutes simples, qui riaient à gorge déployée auprès de leurs fillettes tout innocentes, toutes chastes et qui n'y voyaient que du feu.

« Jarni! quel nez que le nez de ce moine! »

C'était le refrain d'une chanson du vieux bonhomme Prévost qui a vécu près de quatre-vingts ans toujours chantant, chassant, piaffant et apportant des paniers de Champagne dont les dames en vérité buvaient plus que les cavaliers. Tudieu! quelles commères! c'était là des femmes! point minaudières, point coquettes, mais franches, libres et faisant le bonheur de tout ce qui les entourait.

Un matin nous allâmes à *Mon-Plaisir;* gentille maison sur la porte de laquelle on lisait :

« Venez ici vous et les vôtres,
» Je veux que Mon-Plaisir soit le plaisir des autres. »

Devise excellente et qui sentait son épicurien d'une lieue. Nous y allâmes donc plus de cent-vingt à cent cinquante, tous bien disposés à rire et à nous divertir. Mais je ne sais comment, tout à coup, il vint du vent, une trombe, un orage affreux. On eut peur, on jeta des cris, on s'enfuit à droite et à gauche comme une nuée d'étourneaux devant le fusil d'un garde. Adieu les pâtés, adieu la dinde aux truffes, adieu les macarons et nougas. Chacun remonte en calèche, en charabanc, à cheval, en cariole, car il y avait toutes sortes d'équipages ; d'autres s'en vont à pied, tout trempés, tout *guenés*, plus d'une jolie femme y perdit ses souliers. C'était compassion que ce désastre. Des voiles déchirés, des colliers défilés, il y en eut par douzaine et, pour ma part, j'ai gardé plus de dix ans, comme des reliques, deux perles qui valaient mieux pour moi que celle de Cléopâtre.

Je me rappelle qu'il y avait une vieille sorcière qui s'en venait tous les jours, au lever du soleil, à Angers, avec un âne et deux mannequins remplis de bouteilles de grès pleines d'eau de l'Eper-vière. Nos mères et nos tantes buvaient cela par verre en faisant les cent pas sur le Château, sur les Lices ou dans le *clos des Marchands*. On y joignait du sel de Sedlitz, et ce remède anodin vous enlevait le mal (quel qu'il fût) comme avec la main.

Comment toutes ces caraffes se sont-elles brisées? Pourquoi ce qui était si étonnamment bon ne l'est-il plus? Qui fait que la médecine a ses phases comme la lune? et qu'en guise d'eau, à présent, on ne veut que des pâtes, des gommes, du lichen, de l'opium ou du quinine?

Expliquez cela ; impossible. Mais patience, l'eau reviendra. La faculté suit les caprices du temps. On abat les chênes, on tarit les sources, et c'est là ce qui rejette vers les compositions pharmaceutiques. *L'art pour l'art,* c'est le cri des docteurs comme des peintres. Au lieu de dire *eau,* on dit *sangsues.* Mais il y aura une réaction ; je m'y attends, j'y compte, je m'arrange pour cela et je me réjouis déjà de ressaisir mes jeux de l'Eper-vière qui furent les noces de ma jeunesse. Seulement, hélas ! voilà ce que je crains : c'est qu'à l'heure où renaîtront ces fêtes, je n'aurai plus (ô réflexion terrible)! je n'aurai plus ni dents, ni cheveux, ni cœur, ni jambes !

Ce sera bien la peine !

LES BAINS DE SUISSE ET LES BAINS DE MER.

CURE MERVEILLEUSE OPÉRÉE SUR UN AMOUREUX PARISIEN.

> « *J'ai mêlé la crème à la moutarde?* »
>
> SCARRON.

I.

«Madame Thiers est aux eaux de Louesch, en Suisse » : voilà une nouvelle que donnent tous les journaux. L'entendez-vous? en comprenez-vous la portée?

Autrefois on eût dit : M. le duc de Fronsac est à Plombières,

M.me la princesse de Craon ou de Tingry se rend à Bourbonne.
Cela était tout naturel, tout simple ; c'était là les noms qu'enre-
gistrait la *Gazette de France* ou le *Mercure*, mais aujourd'hui
lisez et retenez bien cette annonce : M.me Thiers est aux eaux
de Louesch !

M.me Thiers, la femme de M. Thiers, celui qu'il y a huit ou
dix ans on nommait le petit Thiers, mais qui a grandi, qui est
devenu ministre, qui est président du conseil et qui influe à
l'heure qu'il est sur les destinées de l'Europe.

Cette révolution là en vaut bien une autre, ou plutôt c'est là
qu'il faut voir toute la révolution : tout le monde égal, excepté
quand il y a du talent qui fait des degrés et des nuances.

Les sots sont de la classe inférieure ; les gens d'esprit sont de
la classe élevée. C'est là une belle et vraie distribution de la société française.

La richesse réclame et veut avoir un rang, mais au fait, si elle
est idiote et stupide, elle est condamnée à végéter sur son or et
à ronger son frein de diamans et de perles. Pour être comptée il
faut qu'elle sache écrire. L'intelligence règne, et la force maté-
rielle est à ses pieds.

Conquête admirable du demi-siècle qui vient de s'écouler et
retour auguste aux grands principes de la civilisation héroïque.

II.

Louesch vous occupe et vous voulez savoir ce que c'est. Un
peu d'attention et je vais vous l'apprendre.

Imaginez un petit vallon étroit, qu'entourent des pics glacés,
à perte de vue. Dans ce creux semi obscur on entend couler une
source qui bouillonne et dont le cours se marque sur le gazon flétri par un nuage tourbillonnant de fumée.

L'eau est limpide, mais chargée de parcelles métalliques en fusion ; elle réduit en cendre tout ce qu'en passant elle touche.
Le fer et le sel qui roulent avec elle dorent le canal qui la reçoit ; il en sort des étincelles, c'est un ruban de flammes ; Hal-
ler a peint cette magie dans son poème des Alpes.

III.

La vallée forme un triangle ; la base est au mont Emmi
qu'ont décrit les touristes ; les côtés formés de rocs élevés se
rapprochent peu à peu, et s'unissent presque sur la rive droite
du Rhône naissant.

A l'ouverture, au sommet du triangle sort un torrent qui vient
de Balmhorn et qui creusant son lit dans le schiste ardoisier, va
se perdre et se précipiter dans le fleuve à l'endroit même où
Louesch est bâtie.

Est-ce une ville, un village ? c'est selon. Durant les bains,
tout ; après, rien. Sa vie est dans les étrangers. Autrefois, Ma-

thieu Schinner, le cardinal de Sion, fit bâtir là des palais ; autour, des maisons se groupèrent. Mais une avalanche vint qui
emporta les colonnes, les arcades ; puis une autre, qui acheva
de renverser tout ; et depuis lors adieu le luxe et l'éclat ; il n'y
a plus que des cabanes en bois, des salles de bain en bois, une
auberge en bois ; dont la propreté du reste est admirable.

Ceci est à remarquer : la Suisse est sale en général ; on croi-
rait être en Picardie. Mais à Louesch on se mire dans les plats,
les meubles et la batterie de cuisine. C'est une chose à considérer.

Quant à la table elle est assez maigre. Il n'y a pas là de gourmands, c'est une bizarrerie qui attire et qui pique au vif les Pa-
risiens, les Belges, les Berlinois, les Bavarois, les Anglais, les
Russes. On vit en commun, comme dans un cloître. Ailleurs on
crie, on joue, on met tout en pièces pour tuer le temps et l'on
ne se fait pas faute de médisance ; ici on est calme, rassis, presque austère, on lit peu, on parle peu, on rêve, on boit et on se
baigne.

C'est la *Trappe* des buveurs d'eau, et cette eau qui est bouillante, on l'avale de sang froid, sans que jamais elle incom-
mode.

La *cure* est de trois semaines. On va en croissant pour les
bains, les douches, les verres, puis on décroît et l'on appelle
cela *haute-baignée* et *débaignée*. La *poussée* est une déman-
geaison affreuse qui vous prend au bout de dix jours et qui fait
qu'on se gratte, qu'on se déchire, qu'on s'écaille, puis qu'à la
la fin on fait peau neuve comme le serpent. C'est fort agréable.
Entre l'homme et le reptile il y a plus d'une analogie.

Si l'on n'a pas assez d'une *cure* on en tente une seconde, une
troisième, selon qu'on a de constance et de courage. On commence en juin, on finit avec août.

IV.

Au-dessus de Louesch, est le bourg d'Albinem, adossé à des
rochers escarpés et nus. De l'un à l'autre il y a un sentier, mais
coupé en un endroit et qui ne se joint que par huit échelles,
comme dans nos carrières. Jugez de l'aspect que présente ce
passage quand de petites dames s'accrochent aux barreaux, et
se risquent à ce voyage, avec ou sans leurs maris, mais toujours
accompagnées de montagnards agiles qui leur servent de soutiens
et de guides.

V.

La vallée abonde en sources thermales ; il y en a vingt-deux
dans un rayon de mille mètres. Leurs eaux se jettent dans la
Dala.

L'une de ces sources a une singulière propriété : quand on

en avale quelques gouttes il semblerait qu'on eût pris de l'émé-
tique, et on en ressent tous les effets. D'où vient? on ne sait. Et
que sait-on dans ce monde? quel secret a-t-on bien sérieusement
arraché à la nature? O Dieu créateur, tu as tout caché à l'homme, excepté toi, et tu lui as dit : « Jouis et adore! »

C'est la source dite Saint-Laurent qui fournit aux bains, aux
grands bains, où l'on arrive ensemble hommes et femmes,
mais après (comme de juste) avoir fait sa toilette dans des cabinets particuliers.

Autour des salles de bain, règnent des galeries où se tiennent
les *causeurs*, et les prétendus musiciens qui, tout Allemands
qu'ils sont, vous écorchent trop souvent les oreilles.

Chaque baigneur a son siège mobile et sa table flottante sur
laquelle il peut mettre des fleurs, des simples, des plantes alpines
dont l'odeur pénétrante n'est pas saine pour tous les nerfs.

La chaleur du bain est de 42 degrés de Réaumur, et le merveilleux, c'est qu'à cent pas de là est une source d'eau pure et
froide comme en Laponie.

VI.

Les eaux de Louesch étaient connues mais non pas célèbres;
on y venait peu. Un jour le docteur Marjolin partit de Paris
pour aller faire l'amputation d'une jambe à Milan. On enterra
la jambe et l'amputé s'en fit faire une de bois, mais il souffrait
toujours de la jambe absente. Le docteur l'emmena pour le
distraire et lui dit : « Allons en Suisse. » Ils y allèrent, chemi-
nant par monts et par vaux dans une berline bien suspendue
traînée par des mulets. Ils tombèrent à Louesch, et s'y arrêtèrent. Marjolin à tout risque ordonna des douches; elles réussi-
rent, les douleurs de la jambe se calmèrent, et bientôt le médecin
et le patient se séparèrent, l'un bien content, l'autre bien payé.
Mais par reconnaissance ils envoyèrent de France et d'Italie, à
Louesch, toutes les jambes et les cuisses coupées, tous les bras
amputés. Cela fit foule; le monde attire le monde. Après les
blessés vinrent les goutteux, les fiévreux, et la suite, puis enfin les femmes d'officiers ou de ministres qui sont toujours en été
un peu malades et ennuyées. C'est là quel est partout le principe
de la vogue.

VII.

Des bains de Suisse allons aux bains de mer. Toutes nos côtes
sont couvertes de gens des terres et du centre qui vont se plonger à l'envi dans la Manche et l'Océan.

Il n'y a pas de grand ou petit port qui n'ait son bâtiment neuf
pour abriter les amateurs, et des arrangements de toute espèce
pour leur faciliter les immersions dans l'eau salée.

Il y a cinquante ans, pour aller à la mer il fallait être mordu d'un chien enragé. A présent les femmes les plus calmes, et les moins frappées d'hydrophobie vont à Boulogne, à Dieppe, au Hâvre, à Trouville, à Luc, à Cherbourg, à S.t-Mâlo, à la Plaine, à Pornic ou aux Sables pour se rafraîchir le sang et s'amuser un peu avec les lames, les algues, l'écume et la phosphorescence.

Les habitants du littoral se baignent peu. Je connais une dame et son frère qui sont à cent pas des dunes et qui ne vont pas s'y asseoir une fois tous les deux ans. Tandis que de Paris, du Mans, de Tours et d'Angers, c'est à qui fera le voyage, à qui verra la mer, à qui se trempera dans l'onde mugissante, d'abord jusqu'à la cheville, puis jusqu'aux genoux, puis jusqu'aux épaules. On nage, on se laisse aller, on se plaît tant à ce jeu qu'on y reste des heures entières.

Cet exercice forcé, savez-vous pourtant à quelles natures de personnes il convient? aux flegmatiques, aux moroses, aux dolentes. Il est souverain pour elles. S'il y a une jeune fille mélancolique, une veuve éplorée, une femme jalouse d'un mari volage, menez-les à la mer bien vite et vous m'en direz des nouvelles. Les amans malheureux y trouvent la paix du cœur. J'en connais un, un gentil garçon, un avocat (Francque) qui était dans une désolation extrême et qui, même aux bains, s'isolait, cherchait les brisans, allait se perdre dans les cavernes. Un de ses amis, qui le suivait de près, lui adressa cette petite pièce de vers qu'on ne trouvera nullement à la mode, mais que je donne pourtant à cause de l'intention :

> Il ne faut pas à ta maîtresse
> En vouloir pour sa trahison.
> J'admets un moment ta tristesse,
> Elle est peut-être de saison,
> Car ta belle avait mille charmes
> Qui peuvent bien causer tes larmes,
> Mais sans déranger ta raison.
> La colère serait folie;
> Puisqu'elle était femme et jolie,
> Puisqu'elle avait les yeux ouverts,
> Ouvertes aussi les oreilles,
> Elle s'est dû prendre aux merveilles
> De l'or, des perles, des concerts;
> Elle a dû croire aux cent promesses
> Qui lui venaient de toutes parts.
> Ni tours, ni verroux, ni remparts,
> N'auraient empêché les prouesses,
> Ni les progrès, ni les caresses
> De tes rivaux partout épars,

Et prompts à saisir les hasards.
C'est donc de sa faible nature,
De sa bonté naïve et pure,
Puis des réseaux, puis des appâts
Que l'on a tendus sur ses pas,
Qu'il faut te plaindre, non pas d'elle;
Elle est à son destin fidèle,
Subis le tien et ne meurs pas!

L'avis était bon, notre amant l'a suivi, et après quelques plongeons bien conditionnés qui lui ont assoupli les articulations et lavé la tête, il a repris la route de Paris, frais, gai, dispos, chantant comme un pinson.

TRAITANT, L'HERBORISTE.

Allez au marché des Jacobins, à Paris, et vous trouverez dans une boutique à gauche en entrant par la rue voisine de celle de la Sourdière, l'herboriste Traitant, qui est un homme excellent et très curieux à entendre.

Son frère aîné était chirurgien. Il fut de l'expédition d'Egypte et mourut de la peste à Jaffa; il est représenté dans le coin du tableau de Gros.

L'herboriste dans sa jeunesse était jardinier à la Malmaison. La conscription l'ayant atteint, il partit et Joséphine lui fit cinq sous par jour de haute paie. Il fit les campagnes d'Allemagne : blessé grièvement au bras et à la main, il fut forcé de quitter le régiment et de revenir en France. L'impératrice le revit avec plaisir, le reçut avec bonté et le fit rentrer dans ses jardins. Il lui est demeuré reconnaissant et fidèle. Il a eu de la famille une pension de 300 francs. Beaucoup d'anciens serviteurs ont ainsi obtenu des Bonapartes, de petites sommes annuelles, qui sont bien régulièrement payées.

Traitant a acheté la *planche* sur laquelle Joséphine dessinait sous les arbres, dans son parc. On lui en a offert dix fois des sommes considérables; il a refusé. Cette planche a ses tréteaux légers et intacts. On ne la montre pas à tout le monde.

Sur la mort de Joséphine, voici ce que généralement on raconte parmi les personnes qui étaient employées à la Malmaison : Alexandre vint dîner le 28 mai (1814), il donna un bouquet à l'impératrice; elle en aspira le parfum; bientôt elle se mit au lit, ayant la tête, la gorge, le cerveau enflammés. Mais d'autres disent : elle alla à S.t-Leu, se sentit mal, revint, se coucha et ne se releva plus. L'idée de poison n'est pas depuis lors sortie de l'esprit des serviteurs. On ne nomme pas les coupables mais on ne croit nullement que le czar fut complice. On craignait plutôt son amour que sa haine.

Dans la vente qui a eu lieu à la Malmaison on ne s'est défait que de l'ancien mobilier des Leconteulx. On n'a laissé aller que très peu des objets qui ont appartenu à l'empereur et à l'impératrice. Tout ce qui tenait à leur service particulier; tout ce qu'il y avait de précieux enfin fut, par l'ordre d'Eugène, mis dans cinquante caisses et expédié à Munich.

Un soir après l'abdication et le départ pour l'Ile d'Elbe, Joséphine fit dire à Barras : «Venez, j'ai à vous parler.» Il était goutteux et, à son grand regret, il tarda de quelques jours, puis quand il fut debout et qu'il voulut la voir, elle était morte : ah! (s'écria-t-il lui aussi) ils l'ont empoisonnée!

FIN.

TABLE.

LE SIÈGE D'ANGERS, DANS LE MOIS DE DÉCEMBRE 1793.

FIN DE LA TABLE.

www.ingramcontent.com/pod-product-compliance
Lightning Source LLC
Chambersburg PA
CBHW062327070726
47596CB00008B/316